王后飄歐記

自助旅行
就是一場人生修行

賀紅 著

自序─啟程

十二年，又稱為一輪，一段不短的歲月，踩遍了多少道路已無法細數。五年，一段過起來卻比一輪還要漫長的寫作歷程，才知道自己動筆書寫，比起口說，要花費的時間與專注實在多太多。

也許惰性總是拉長了該完成的時間，但最終發現，綜合越多旅程，更能細細品味不同時空所經歷的相似故事。細火慢燉，換了不知多少臺筆電，寫作的場景從臺北到臺東，從英國到西班牙，從家裡到圖書館，從教室到海灘，千呼萬喚始出來，也許完成的時間是上天的安排，就像是一個階段性的成果展，在自己堅持要寫出一部書籍，方能對自己的曲折且豐富的旅程有個完整呈現。

寫作的過程沒有想像中的容易。玩很開心容易，回顧卻要花上相當多的時間。拜科技與自己愛拍照所賜，才能幾近完整呈現原貌。軼事之所以成為軼事，就是人們在記憶破碎的情況下，加了一些非真實的印象，而流傳下來一些有趣但非原始的故事。當然真實並非最重要，卻也不想要失了原貌。也許寫作的過程孤獨，又或許把自己關在一座山裡與外界斷聯方能快速產出，但創作此書只是想要把發生的故事分享給大家，沒有什麼太過偉大的目的，也就不用操之過急。

每段啟程，心情各有高低。總是在搭夜車的晚上，觀賞即將離開城市的燈火通明，回想起那一段段曾走訪過的景點，從臺北到倫敦，從羅馬到巴塞隆納，從上海到花蓮，從杭州到巴黎，每段過目不忘的景象，景象或許仍在，人事卻已非。昨夜還一同把酒言歡的旅人，今日卻已各奔東西。

有人說：月是故鄉圓。也許吧！但我深信每個人都會在世界的某一處找到自己最舒適的角落。也許是因為氣候，也許是環境，也許是民族，又或許是文化。我們即便蹲窩在那處角落都不會發出半點怨言，因為看到的人事景物以及我們綜合首選的舒適感評分，早已令我們露出滿足的微笑。家人看到我每年這麼不顧一切地前往歐洲，總說：「咱們家沒有吉普賽人的血液，怎麼出了你一個漂泊流浪的個性？」

對於拉丁語系國家的喜愛，也許是冥冥中注定。小時就愛拉丁音樂，想學拉丁舞；第一個去過的國家是法國，第一次獨自旅遊的國家是英國，還因此結交一群西班牙朋友；自己辦的第一個申根簽證是義大利，之後最常去的國家亦是義大利。這就是源起。

獨身旅行的意義沒有那麼偉大，只是一種精神上的體驗與各種能力的訓練。也許書裡的故事充滿了各種主觀的感想與判斷，又或許與專業或事實悖離。但人生不就是由一段段的體驗中做個人解讀嗎？笑笑就好，也就不必太過認真了！

目錄

想玩的心永遠能戰勝小病小痛（法國）

出門在外，最怕的就是身體狀態不好不健康，在旅程中難免會錯過許多該玩該走的路。但若是一些小病小痛，諸如生理期不舒適、小咳嗽、流鼻水、腰痠背痛、鐵腿、小外傷、腹瀉……為了不白花那筆旅費，往往都能略過不計，一顆想玩的心讓病痛頓時消失，無所遁形。

最令人印象深刻的莫過於在優雅的凡爾賽宮了。話說法國是本宮第一個踏出小島而抵達的國度，早就在孩提時期見識過法國的無聊，哈哈，以小朋友的眼光確實無法體會那麼多藝術品與博物館的美好，自然是無聊至極，以歐洲來說最好玩的可能就屬瑞士了，至少還可以坐個纜車滑個小雪。所以長大之後再去的凡爾賽宮算是第二次踏進。小時候還覺得這座皇宮無聊得緊，就是一直無止盡地走，在看些什麼也不是很明白，一些美麗傢俱也不能亂坐亂碰，無法想像過去宮廷的繁景盛況。反倒是推崇羅浮宮，因為有蒙娜麗莎的微笑，還有導遊重點講解畫作，相對之下就變得有趣許多，但殊不知兩座「宮」的作用型態不同，根本無法相比擬，但對兒童來說，比較不無聊的就是比較好。

由於人生第一次出國就去了荷比法瑞德，因此長大之後再度踏上歐洲，就會對沒去過的國家比較感興趣，即便小時候的記憶根本微乎其微，還是認為去過就是去過了，沒有沒去過的來得有新鮮感。終於在一陣人生計劃趕不上變化之後，來個小遊歐洲大陸，搭乘了歐洲之星抵達法蘭西。

在歐洲若是觀察過民宅可以發現一件有趣的事，就是當你要按門鈴時，一些公寓會在門鈴上寫著屋主的名字，好處是郵差或訪客不用擔心按錯門鈴或忘記樓層與戶碼，但也令人驚訝這些人都不擔心有心人可以輕易地來騷擾嗎？

在歐洲之所以能夠歡快地在街頭遊走以及鑽進許多有趣小店或餐廳，就在於歐洲人除了擁有許多具有歷史的建築外，還相當注重室內裝潢，無論任何小店，尤其是牆面的裝飾絕不會少。可能有新創畫家的一連串畫作，或是用壓克力創作一些彩色文字，總而言之，不會有著只有餐桌、椅子的空蕩蕩廉價之感，這與臺灣大部分的餐廳不同，許多室內裝潢讓人為之搖頭，只好將專注力放在食物如何如何地好吃，但對於第一次踏進的人，美感上就有相當大的不適，尤其是那些白日光燈。

在法國的那幾天，由於太過於緊張人生關鍵性的結果即將公佈，導致連續好幾天腹瀉，腹瀉到把友人家的馬桶一日洗了好幾遍，友人們都說奇怪，大家每天吃的食物都一樣，怎麼偏偏就老娘有著「火燒的屁股」呢？大概由於心理影響生理，這道理就好像是明明自己不緊張，但聯考前三天連續拉肚子；人生第一次一個人出國也沒啥了不起，但出門前幾天就是會做惡夢夢到在機場迷路。

總而言之，該瀉的肚子不會停，該走的行程不會少。終於又再度踏上相映本宮的凡爾賽之旅。凡爾賽宮位於法國巴黎西南郊區，主要是法國十七到十八世紀的王政中心，共有七百個房間，六十七座階梯。最令人印象深刻的廳堂之一就是皇家教堂，建於十七世紀，用的就是當時最流行的巴洛克風啦！

雖然能夠參觀的廳堂有限，但拿著語音導覽一間間放空地聽著歷史，腹中的攪動彷彿也暫時以一種遲緩的狀態進行，以發呆的形式作一種安撫，在這為時起碼兩小時的室內參觀中，體內的作用雖不曾停擺卻也給足了本宮面子暫緩爆發。

凡爾賽宮之所以會為眾人喜歡，就是因為幸運地在巴洛克風最流行的十七世紀背景下建造，所以每座廳堂都是華麗的雕塑，很符合我們所了解的誇張與富奢的法蘭西風格。比如海格力斯廳就是一座擁有頂棚畫的房間，至於海格力斯是誰呢？就是古希臘羅馬神話中宙斯的英雄兒子啦！這座房間的唯美頂棚畫畫的就是這位大力士的神化，所以以此命名。據說國王路易十五當時以此為舞廳，因為瑪爾斯廳太小，鏡廳太大。這對習舞之人來說可真是講究，跳舞講求空間，卻也得注重視覺呢！

最有名的莫過於鏡廳了，這間長到幾乎看不到盡頭的房間總長六十七公尺，面對窗戶的整座牆有著三百五十七面鏡子反映著窗外運河所反射的日光，讓整間廳堂有著充足的光照。想要在這間房間照到背景沒有人的照片，我看就只有宮內工作人員還有貝克漢夫妻包場慶祝生日可以辦到了。

想要弄一座這麼華麗的廳堂，可不是有整排鏡子和波希米亞水晶燈就可以搞定的，整座長廊的頂棚畫連續不斷，描繪著路易十四的豐功偉業，油畫必須在畫布上先畫好，再一一嵌入到拱頂。一路走還可以看到比人身還高的整排華麗巴洛克風黃金燭臺，忍不住想要在裡頭翩然跳起舞來，此時見光不是光，腸胃在凡爾賽的高潮處也禁不住興奮起來，讓本來沉寂一陣的五臟廟乍然甦醒，本宮一步一腳印，欣賞著襯托著自身的雍容華麗，鎮定地向前行。

接下來就是著名的巨型畫作「約瑟芬的加冕典禮」啦！約瑟芬是哪位？就是大名鼎鼎拿破崙的髮妻啦！還記得前頭本宮提及小時候就造訪過羅浮宮和凡爾賽宮嗎？整趟法國之旅最令人印象深刻之一就是這幅畫作了。這座巨型畫總共有一模一樣的兩幅，一幅在小羅，一幅在小凡，但裡頭有一處些微地不一樣，且待本宮娓娓道來。

雖然本宮不喜歡走馬看花的團體之旅，但不得不說在語言不精通的情況之下，有個專業導遊可以重點介紹，絕對可以讓整趟博物館或藝術之旅有著人生上的記憶點。話說這幅巨型畫作把約瑟芬畫得美到不行，身高只有一米五七的拿破崙先生站在高處好像小巨人，由古至今沒有一幅加冕或結婚圖像能夠勝過此幅畫作，畫家是位法國人名叫賈克路易大衛。這位大衛先生您也行行好，畫一幅裡頭和有上百人的加冕典禮就已經夠難了，還要畫到一模一樣的第二幅？

這位大衛先生或許天性羞赧，居然偷藏自己的小心思，把拿破崙一位妹妹的衣服，在凡爾賽宮的那幅畫中塗上象徵愛情的粉紅色，與在羅浮宮的白色衣服不同。示愛，懂了唄！那位粉紅色衣服的姑娘若在沒有導遊提示的情況下簡直不會注意，充其量就是觀禮的一位賓客罷了，豈料真的知道時，才發現在以整體為紅與白色的畫作中相當顯眼，可見粉紅色的溫柔力量不可小覷，大家要好好善用這個顏色，才能弭平暴力，邁向世界和平。

咳咳，言歸正傳。重頭戲來了。就在結束這一切後，友人們與我前往茶室享用下午茶，此時腸胃再也不願隱忍開始鬧騰，本宮緩緩起身，道聲：「失陪！」便優雅轉身頭也不回地前往化妝室。進到約莫只有三間的洗手間，視覺上的渴望讓差點憋出內傷的老娘淅瀝嘩啦地開始一場驚天地泣鬼神的釋放，就在爽度飆破一千痛感也達到滿點的狀態下，最終回歸平靜，欲到凡爾賽茶室稍事歇息。虛弱步出化妝間，豈料不出兩步，糟了個糕，看似餘黨未滅，趕緊回頭，再度進入這座有歷史性的洗手間。

又一陣翻攪，再一段纏鬥，瀉了又瀉，待了又待，確認沒有殘留，這才又站了起來，輕輕飄出了小隔間。把玉手洗香過後，經過門口，唉唷不得了，居然大排長龍，這不是好在本宮第二次毫不猶豫地返回戰場勇敢奮鬥，否則和場外這些人拚持久戰那才是要命！就這樣，一個偌大的皇宮成為了老娘的傾瀉之地，雖然優雅動人，卻也免不了有種噗嗤之感，只能說希望凡爾賽宮的化糞池運作得宜。

後來的幾天依然沒有好轉，終於到了跨年的那一個晚上，緊縮的小肛再也承受不住，除了用火燒的「霹」一眼可以形容外，再下去就要脫肛了！整個就是有種肌肉不肌肉，矜持也矜持不住的無力感。但無論如何，該走的行程仍然要走，該跨的年依然要跨。豈料到達巴黎鐵塔觀景臺，五四三二一沒人倒數就算了，當年居然沒有煙火！一查之下，才發現是因為安全考量取消煙火施放！另外一件損失就是，從迪士尼回家時看見地鐵閘門大開，友人說雖然如此，她還是要買票，以免被罰錢得不償失，於是乎大家跟著買。之後再一查，才發現不知幾點以後為了疏導人群地鐵就免費自由進出了，哇哩咧，總而言之，沒做功課的情況下，就是要來點失望與虧損。

後來幾次的旅行，不是其中一年伴隨著大咳特咳，要不就是重感冒兩個星期但還是天天去海邊曬，到最後免疫系統自我恢復也就好了，只要身體不感到超級不適，所有該做的事情，該走的行程仍然不會阻擋你一顆愛玩的心。就好像一次和友人去西西里島，友人整趟行程和我在那裡大嗑義大利冰淇淋，最後才坦承說是生理期，等到最後幾天身體稍有不適，但也沒因此耽誤了我們的行程，直到上飛機才倒下，一回到家才發現已經發燒了，真的是意志力與愛玩的心讓身體直到最後一刻才病發崩潰。

再有一次，一位友人和我連續好幾天一起吃喝玩樂。最後一天的凌晨四點，娘娘胃攪腸疼，開始想著當天與前一天到底吃了些什麼，就這樣折騰到早晨八點，這才搭了計程車抵達附近中型醫院，醫師開了藥後，老娘就匆匆回到家吞藥想著一切妥了。豈料十分鐘後，又一陣噁心，居然把藥給吐了出來，喝水吐水，什麼都入不了胃。這下好了，再度回到原診所，醫師說看樣子要吊點滴了，否則藥進不去最後會脫水。但該醫院不負責吊點滴，因為要關診了，要我跑大醫院。

本宮生平最憎厭大醫院，因為大排長龍，實在沒必要為了一個急性腸胃炎跑去那裡。於是拎了一個塑膠袋免得中途噁心，又跑去了家裡附近的中型醫院，豈料初診要等上許久，沒想到這間中型醫院候診的人還不少，腸胃科居然在下午也沒診，在頭昏的情況下最後搭了公車坐錯邊，本來可以前往本宮的娘有認識的醫護人員的大型醫院急診（當時為時已晚已無門診），豈料自己雞婆中途下車到對面的站又折返想要前往另一所中型醫院掛急診。一下車衝進急診室，護士疑惑地看著我問我要幹嘛，我說要掛急診，護士說只接兒童的急診。哇哩咧！此時本宮快要不行，問了最近的醫院，我的老天爺，最近的大醫院就是本宮的爹御用醫院，人潮洶湧到本宮向來避之唯恐不及。

木已成舟，最後前往了爹爹的御用醫院，一踏入急診室差點沒昏倒，人滿為患，老娘我的急性腸胃炎算是最輕的疾病了。就在等待的同時，又衝廁所好幾次，上吐下瀉，甚至有一個時刻，上吐和下瀉要一起來，吐的灰綠色，簡直就是前所未見，腸胃炎不是沒有過，但如此這般顏色，真可說是相當罕見。最後實在撐不住了，將四個椅子並排側躺下來。就這樣每個人的名字都被叫了，直到掛號的兩個鐘頭後，才隱約聽到老娘的名字。

老娘緩緩飄到護士跟前，護士只說要打一針會有點痛。本宮從來不怕打針，但也許是從凌晨四點折騰到晚間十點太過身心折騰，向來不怕痛的我在護士的威警之下，一個大針頭一下去，娘娘居然潰堤，大哭兩聲。最後上了點滴，歷經十八個小時的風起雲湧這才平息。

兩天後和友人連絡上，才發現她居然在同日的同一時間也染上了急性腸胃炎，且症狀相同。我們這才把兩天前吃的東西回想了一遍，當天只有一樣東西是兩個人都有吃的，就是知名夜市的鐵板燒海陸大餐，一想起那灰綠色，這才恍然大悟吃到了不乾淨的海鮮。友人更加勇猛，當天凌晨四點爆發，早上要搭飛機到越南玩，居然還是硬上了飛機，簡直要往生的情況下抵達青年旅館，碰到一位加拿大人給了一粒腸胃藥，後面就沒追溯下去了，只能說比老娘還要威猛，遇到這種要人命的疼痛以及海鮮中毒，居然還抵擋不住一顆要玩的心。

雖然年輕力壯，但還是要了解身體的狀態可不像表皮一樣可以用技巧永保年輕，器官與功能仍然是會老化的。一位長輩就因為感冒沒注意，想用意志力撐完整個行程，豈料居然染上肺炎，差點沒有辦法恢復原來身體的狀態。

所以說啦！雖然想玩的心總是能戰勝小病小痛，但遇到不可抵擋的大病痛時，還是要犧牲自己的旅程，畢竟身體健康才是無價的，也許靠免疫力可以暫時恢復一些無關緊要的疾病，但能夠在旅程中抓空檔休息以及暫時跳過一兩個行程，都能夠因此減緩病痛的惡化以及爆發，實在還是得相當留意才行。

甚麼？我的廉價航空班機被取消了？（義大利）

在英國讀書時有一段假期管叫復活節，這次決定走訪義大利水都威尼斯。由於秉持一次只待一城市的原則，因此決定在威尼斯待個五天四夜，其中前兩晚恰巧和同校同學重疊，因此決定前兩晚和他們一起遊玩，後面硬是要自己待兩晚獨身旅遊磨練修行。

廉價航空 Ryanair
倫敦 Stansted 機場 —Treviso 機場
去程 4 月 5 日 6:30—9:25（時差一小時）
回程 4 月 9 日 22:25—23:30（時差一小時）
2009 年機票總額 74.54 英鎊

由於廉價航空瑞安僅飛威尼斯附近一座特雷披索的小機場，從機場到水都坐巴士約一小時。早上六點半的飛機，半夜要從倫敦住家出發到機場並非易事。一般來說，老娘都會抓飛機起飛前四小時出發，換算下來也就是凌晨兩點半。然而，若要全程搭乘大眾交通工具，面對每半小時才有的夜間巴士從西倫敦抵達維多利亞巴士站，加上配合機場巴士每半小時的出發時間，如果沒有事先預約位子，還要冒著巴士全滿必須等待下一班的風險。從維多利亞巴士站到達位於東北方史坦史德機場需時約一個鐘頭，抵達機場後就算不托運行李，非歐盟成員的護照持有者還是得排報到櫃檯的隊伍，並蓋個章確認不用簽證，這種一大早的廉價航空不只報到隊伍長得可怕，安檢更是人滿為患，進去後還要走到最遠的登機口，也就是號碼四十幾號以後的閘門，上上下下終於抵達瑞安航空登機門聚集地後，還得冒著手提行李不能超過一件，一件不得超過十公斤否則要重整行李的風險。以上慘狀在平時就已經很難避免，更不要提連續假期了。沒錯，就是因為如此多的耗時程序，導致老娘為了搭乘早班廉價航空，多半凌晨一點多就出發了，對於倫敦這種計程車費所費不貲的昂貴城市，只有用青春的肉體跟它拚了！

凌晨一點多出發有著一項深遠的含意，也就是前晚不用睡了。除非前一晚六點半早早用完晚餐，九點睡得著，睡個三小時就很了不得了。大家對英國天氣的刻板印象即是，陰雨綿綿少有日曬。這只說對了一半，相較於臺北濕熱的天氣，英國已經算是乾燥了，下雨頻率也沒有臺北的梅雨季、夏季午後雷陣雨、颱風，冬季東北季風下得多，日照也不至於說少。大家猜中前頭，卻沒料中後頭。話說英國最讓老娘受不住的就是那刺入骨裡的「風」。

是的，凌晨一兩點頂著寒風拖著疲憊的身軀等車是年輕人的專利。為了用少少的錢造訪世界其他角落，再辛苦也是值得的。風塵僕僕拉了八小時終於抵達威尼斯的碼頭。要知道威尼斯所有的交通工具都是船，於是我搭上了公共汽「船」，欣賞一路的旖旎風光，終於抵達我朋友所訂的旅館。由於太早抵達，行李只能放置在行李間，當我只是稍稍打開我新買的硬殼登機箱，本宮那爆滿的東西一觸即開。不開還好，一開就掉入了無底地獄——老娘我整整花了至少一小時用盡全身力量想辦法讓那該死的卡隼卡上，無奈硬殼就是硬，一點多餘的行李包容力都沒有，我就這樣在舟車勞頓之後又汗流浹背的獨自一人在行李間抗戰一個鐘頭。

皇天不負苦心人，老娘我最後終於成功地將行李闔上了。肚子餓了，身子也乏了，走到不遠處的運河旁，買了個三明治，看到即將開始演奏吉他的街頭藝人，索性坐在他身旁享受片刻放鬆。看著流水潺潺，聽著Fly Me to the Moon，人生至此，夫復何求啊！坐了一小時，陽光灑在大片墨鏡上，視線漸漸模糊了，就算清晨六點半抵達，也要約莫正午才能開始遊覽，無奈等到中午後卻又再也撐不住要回旅館辦入住小睡一番。原計畫的小睡一番起來卻接近天黑了……所以說廉價航空省到的也許只有金錢，沒有時間。我的友人們一直到晚上七點才從義大利其他城市姍姍來遲，最後一群人僅去吃晚餐散散步就回房休息了。

後來的兩天當然沒有錯過必訪的聖馬可廣場、皇宮、鐘樓，里奧頭橋以及市場、以玻璃聞名的母辣儺島、以彩色房子以及蕾絲聞名的哺辣儺島以及以威尼斯電影節聞名的麗都島，更沒有放過聞名世界的浪漫獨木舟，讓船夫載我們穿梭在狹窄運河中。兩天很快就過去了，我的朋友們也要回到英國了。至於老娘呢？由於老娘向來喜好定點深度旅遊外加磨練修行，一人獨處勢在必行，因此本趟旅行又再加了兩日去住青年旅館。最後一日我陪同我親愛的友人們踏上公共汽船，由於我的友人們不想再浪費最後一日船票，因此想搭免費船，就在這兩天完全沒有被查票的旅程中，老天爺總是很巧妙的安排在有人逃票的船上來個突擊檢查。眼看查票員要接近咱們了，船務小姐一將繩子固定好靠岸，我們一行人簡直是用跳得跳下船，船上的其他老老少少用著疑惑的眼光看著我們每人手持行李，然後漸漸又漂往運河中央，我們回頭一看，這才發現居然在一個鳥不生蛋看似工業區的一站下船了，難怪使大家狐疑了。此次逃票之旅，真是在豔陽下捏了把冷汗！

老娘送了友人上了機場客運之後，就繼續水都之行。晚上十點從原來的旅館將行李取出後前往在火車站附近的青年旅社。很多人都說，火車站附近既雜且亂，然而，老娘的旅行哲學，第一：能少拖行李就少拖行李，要知道歐洲多半是大石塊或碎石子地，拖個行李就去半條命了。第二：火車站附近擁有最多資源，往往有郵局，有不貴的餐廳，有開到很晚的商店，有最多種交通工具的選擇。第三：若要坐火車前往下個城市，或是坐客運前往機場，都不用再多保留更多的時間從旅館退房取行李，因為你的旅社就在不遠處。

基於以上三點，老娘選了間在火車站而非景點附近的青年旅社。這是老娘生平第一次在國外的青年旅社經驗。晚間十點左右入口找了半天終於按對門鈴抵達，在這裡乾淨床單要錢，但早、晚餐不用錢。那位義大利老兄告訴我乾淨床單還在洗，床也還沒架好，部分房間已滿，要我等著，老娘我就這樣看著他很沒有效率地，還和旅社其他美國美眉們閒聊瞎扯又要喝酒，完全沒把老娘的事放在心上，直到也是被他不知孰輕孰重的熱情搞得累到不行的美國女孩說請他可不可以為這個可憐的女孩（指著我）趕緊架好床時已經是午夜了。仗義！本來我肝火都要動，但這位女孩兒陪我聊天又告訴我這裡的環境她很喜歡且覺得這家旅社很不錯之時，老娘那本就不高的標準驟然降到與花樣年華的美眉同樣的水平線，畢竟年輕人耐受度就是高。出門在外，一晚二十歐元的旅舍還要怎樣？只能告訴自己莫強求。折騰三小時後，待老娘躺在床上時已是凌晨一點。

水都威尼斯即便加上附近幾個島都算是一個不大的城市，觀光的地方就算用走的一天也可以走好幾次。算算我到聖馬卡廣場、里阿爾托橋等觀光景點應該各不下七、八次，更不消說自己留下來的兩天，簡直是連民宅區都走遍了。威尼斯共有四百四十三座橋，若不照著指標走到觀光景點，似我如此無方向感的路痴，可是會走到哭的。因為隨便晃晃走走，約莫二十分鐘，居然又回到原點。沒料到歐洲四月的艷陽如此炙熱，這才知道夜晚的涼爽有多麼美好。

最後一天要離開水都時，在運河上隱隱約約看到了一層薄霧。在這幾天寫了許多明信片給自己的親友們，就在準備搭機場客運的前一小時，忽然想到沒給自己也留張美麗的明信片，於是便往旅社附近的紀念品店去瞧瞧。經驗告訴我們，當下看到甚麼東西就要買，因為過了這個村就沒這個店了，若是買貴了也無所謂，因為旅行時很難走回頭路，該付出的錢就是得付。這麼說是因為在旅社附近幾家紀念品店居然沒有看到半張像樣的明信片，不是畫質太差，就是構圖不佳，全不似我寄出去的那幾張有質感且漂亮。於是老娘右拐了個彎往巷弄走，這家不行、那家也不行，越走越深，越走越遠，瞧了下錶，這下好了要來不及趕飛機了，於是開跑！

要知道許慧欣有首歌叫威尼斯迷路不是沒有道理的。一旦走進去就像是走入一座迷宮般，沒三兩下真的走不出來。本來腦中構圖簡單的ㄇ字型巷弄，可不是每個國家都像信義區一樣為棋盤式馬路，九彎十八拐地跑得老娘氣喘如牛，終於拐到旅社巷弄衝上去拿了行李便奔向客運站。

抵達客運站，一些義大利人又不老實地插了隊，一向講求禮數又酷愛排隊的英格蘭民族總是默默抱怨，要不就是開口規勸，但老義可是充耳不聞，幸好人也沒有太多，我站前面幾個，也毫無意外地上了車。從威尼斯開到 Treviso 這座小機場需時一個小時，坐第一排的我看到高速公路上能見度就前面一輛車，濃霧漫佈，司機開車倒也是小小心心。

到達這座小機場後，非歐盟成員的旅客還是得去機場櫃檯給地勤確認持有簽證無誤後蓋章（當時持中華民國護照仍需持有英國與申根簽證），爾後去排安檢準備入關。安全檢查的隊伍不短，大概是因為不少人趕去義大利其他地方或英國過復活節，這下好了，老義們在這座沒有國際性的小機場裡又在三不五時插隊，最後乾脆把隊伍的分隔帶解開，一群人往前爆衝……我說趕飛機也不消這樣瘋狂，大概是老義們常常把時間算得剛剛好，這種情景在英國小機場也時常看到，只是不敢在別的國家撒野插隊罷了。

好不容易入關之後，在登機門口等了半天，就是不見晚間十點二十五分的飛機進行乘客登機……忽然傳來一段廣播：十點二十五分瑞安航空班機飛往倫敦史坦史德的乘客請注意，您的班機因濃霧關係已被取消……當下看到我眼前的「機友」們拖著行李就走了……甚麼！打從二零零五年第一次遇到英航罷工班機取消的我就再也沒一人碰到這樣的狀況，老娘不得不承認當下是有些矇了，我順手抓了個歐洲男孩兒問，班機是取消了嗎？還會飛嗎？他隨意回答我之後就跑了……我也不記得他到底怎麼回答老娘的……此時年幼無知且愚蠢的我拿出那臺當年還要插無線網卡的小筆電，試圖上網查詢班機狀況以及替代方案，結果網沒上到又折騰了半小時。

最後迷迷糊糊地拖著行李又回到原點，這下好了，所有因班機被取消在排隊等候重新安排機位的隊伍繞了機場大廳一大圈，我大概是倒數第二、三個站在隊伍當中的。此時一位高大的男孩兒站在我後面，看起來也是一個人，於是我們開始聊起天來。這位男孩是位愛爾蘭裔美國人，他說看看他蒼白的皮膚就可以推知他有愛爾蘭血統，在義大利一個小鎮的語言學校就讀，這次只是想和朋友趁復活節假期去倫敦玩，不料居然遇到濃霧。

聊著聊著等到輪到我們時已是凌晨兩點，我們居然整整排了三個小時，原因就在於這座小機場瑞安航空僅開了兩個服務窗口，卻要為整架飛機的旅客重新安排下個航班。最後地勤告訴我們，隔天早上回倫敦的班機滿了，唯一可安排的航程就是一大早先飛到愛爾蘭一個叫做仙農的地方，等待八小時後，再從仙農飛回倫敦。面對如此折騰的航程卻還能說甚麼呢？看來也只有接受，還可以和這位美國男孩去看看他的故鄉（愛爾蘭），這位男孩兒還告訴我，屆時可以去愛爾蘭酒吧喝啤酒，我開心地點了點頭，腦中隱約浮現不知我是否需要愛爾蘭簽證這個問題，但也管不了這麼多，到時再想辦法出境就是。

等到我們這幾位「後段班」被安排完之後，早就看到一陣「屍橫遍野」，這些可憐的旅客們席地而睡的席地睡，每條行李輸送帶上也都躺滿了人，當下老娘可真想惡作劇按一下行李帶開關，看看那些可憐的同路人如何驚醒！當然啦！高貴的本宮可不想如此不堪，最後和這位小美一同前往餐廳繼續聊天，聊了半天我還將我在麗都島上撿的貝殼拿出來送他，天知道老娘當時沿著麗都島沙灘走了兩小時，在沒有防曬油的保護下，一道深深的太陽眼鏡痕讓我說有多像蛙人就有多像蛙人，小美居然還可以看著老娘的臉聊通宵也很是讓我折服。

最後我倆實在不支，趴在桌上睡了三十分鐘後忽然被搖醒，小美說起來囉！又要去奮戰了。是的，又要和那些不排隊的義大利人打仗了……就這樣整晚只睡了三十分鐘的我們，全神貫注地又排了一小時的機場櫃檯，一小時的安檢，才一踏進關外，螢幕又一閃一閃地顯示著「班機取消」……這下好了，我們又一群人擠人地衝出去準備「再次」被重新安排機位。小美和他的朋友們最後決定不排了，他們覺得與其在這裡浪費時間，不如回家好好過個假期。我堅持繼續排，因為老娘可是有學期報告要趕交（幸好已經完成），而且盤纏已經用光，還好帶著一張可以跨國提款的卡隨便地領了些錢，加上五天的威尼斯行實在也已經夠了，諸多種種，要我放棄這張回倫敦的機票可是萬萬不能。

這次的隊伍可不像前晚那麼有次序了，因為前晚就我們的班機被取消，這次可是早上一拖拉庫班機同時被取消，大家亂排到一個極致，兩個窗口應接不暇，外加老義總是「見縫插針」，前一晚已經耗盡氣力的我，此時可說是在那裏「撐場」，完全沒有戰鬥力可言，就這麼矇矓地看著老義插隊，老英終於生氣謾罵，前胸貼著後背，還告訴其他英國人也要這麼貼著前面的人，老義裝聾裝聽不懂英文，更高招的是，排在前面的人還高聲向後面不認識的義大利人喊著把護照一起傳到前面重新安排機位。而我這位老臺，本來也該巾幗不讓鬚眉，但前一晚沒睡實在有差，外加本來排右邊窗口，看看左邊隊伍較短忽然轉向，天知道左邊窗口一位老夫妻處理超久，最後右邊窗口本來該輪到我的，此時也只能站在左邊大嘆無奈了。

這種混亂場景以及用意志力支撐可從一對英國年輕夫婦身上看到。女人手持兩本英國護照高舉，和義大利人前胸貼後背排隊，男人隔岸觀火顧行李，最後女人終於拿到新機位，男人衝向窗口旁，女人直接腳軟倒在男人懷裡。這幕場景回歸到老娘本身可是格外諷刺，老娘這廂，可是老娘一人提著一箱手提行李，為顧行李放在自己身前因此無法前胸貼在前人後背，於是只有不停地被插隊。老娘腿也想軟，但老娘不能倒，因為只有老娘一人；老娘義大利沒有家，因此老娘不能走；老娘賭錯窗口，於是老娘只能眼睜睜看著大家拿到機位而自己還在排；老娘前晚沒睡，因此只能任由呵欠頻出但意識不能掉。

這一切的一切，就是靠著人類所說的「意志力」，當排到我時，後面已無人，我居然是最後一個！最後一個……地勤問我，這個機場霧多，明日恐怕還有濃霧，你要不要換個機場去特裡诶斯德？明天下午的班機。特裡诶斯德？哦，這地方我知道，我可是有朋友來自這座城市，位於義大利與斯洛維尼亞邊境。我當下說好，天知道老娘可是禁不起再一次的班機取消。

奮戰過後的我已是筋疲力盡，此時小美傳了通簡訊來說他們會在一個小鎮度過一晚，如果我要加床可以和他們一起。我當下先打了通電話給我在英國的旅遊平安險公司，保險人員說會負擔住宿費，我才安心走向機場櫃檯，櫃檯說小美他們在的地方是西邊，特裡诶斯德機場在東邊，因此回絕了小美的好意，請櫃檯幫我找特雷披索鎮上一間民宿過一宿便是。起初櫃檯人員找了一晚五十歐元的住宿，我搖搖頭說不，於是她又打了另外一間，老闆說本來一間房間五十五歐元，但我一個人可算四十，於是櫃檯人員幫我訂了一間房間並告知老闆說我約三十分鐘會抵達便下班了……就這麼在大白天時下班了，還好老娘有卡到最後幾分鐘，要不然要我怎麼找旅社……

就這樣拿著行李走出機場外的巴士站，坐上巴士後告訴司機民宿路名，比手畫腳地請他提醒我到站時要請我下車。如同義大利的每座城市般，這座小鎮中心也有一座大教堂，鎮上的人們都在這裡碰面，小鎮很小，不時會看到大家揮手打招呼，經過教堂後又開了一陣子，司機好似想到甚麼般忽然在不是站牌的地方停下來，對我招招手要我下車，下車後看到一條河面都是水綠植物的運河，就這樣拖著我的行李開始我的找路之旅。

一路上問了不會講英文的老奶奶，就這樣左揮揮右指指，我又繼續拖著我的小行李箱在石子路上找尋我的民宿，只覺得那地方好遠好遠，終於走到了大教堂前……沒錯，就是我早該在好幾站前下車的大教堂，我詢問了一位大叔，一旁有一位上班族一直看著我，最後終於開口對我說了英文。我心中謝天拜地的拿著地圖給他，他左轉轉，右轉轉，最後研究出來就是在教堂附近不遠處的一條小岔路。終於給老娘找到了！真是要拜了那位公車司機所賜讓老娘多走那麼多冤枉路！

這家民宿的一樓是一間很漂亮又頗具規模的義大利餐廳，餐廳前還停了一輛寫上餐廳名字的可愛金龜車。這時我拿起電話撥給民宿主人，電話的那頭說道：「你三十分鐘內沒到，我現在人已經在城外家樂福了，沒有兩到三小時回不去。」什麼！！！！！老娘還要再等二到三小時！木已成舟，貪圖便宜民宿的壞處就是，沒有二十四小時的櫃檯可以辦理入住，只好又拖著我的小行李在石子路上步履蹣跚地走到大教堂前坐了下來。

南歐的好處就是陽光普照，尤其是在一夜沒睡的旅人面前，更是讓在墨鏡後面的一雙眼皮子不爭氣的閉了起來……就在這一睜一閉一開一闔的光景中，正前方忽然出現了一間冰淇淋店，人人都從那裏拿了一支坐在教堂前的階梯上吃。老娘此生最愛之一就是義大利冰淇淋，當下提著行李下了階梯買一支吃。一夜未睡加上一陣饑餓頓時讓那支冰淇淋成為人間美味，就這麼邊打盹邊吃邊看著義大利青少年在教堂前相聚閒晃，時間也就滴滴答答地過去了。再一通電話過去，老闆已經回到民宿了。

來到民宿前，老闆先把我帶進餐廳繳錢寫收據，只見餐廳每一個角落都是精心裝潢與布置，用著我最愛的飽和顏色搭上復古風，讓我暗暗盤算著今天的晚餐勢必要來捧捧老闆的場（瞧老娘多麼以德報怨）。爬了好幾層樓梯終於到了只有五間房間的民宿，內部的裝潢與餐廳相距不遠，相當有自己的風格。老闆給了我一把有黑色鑰匙圈的鑰匙，指著黑色的門，告訴我那就是我的房間。每個房間的門都漆上了整面的黑、整面的綠，以及整面的其他顏色。

此時的我只想好好洗個澡，然後大睡一場再起來吃晚餐。而這場淋浴，也是我這輩子最睏最難熬的一次經驗。連脫衣都累到慢動作說不出話來，更不用說整場淋浴有多難熬了。回到房間，看著以黑色幾何圖案為整面壁紙的房間，搭配著我最愛的紅色床單，外加一個鐵製可愛衣櫃，以及老闆精心挑選的一對床頭燈，還有看似是賭博機器其實是閃著炫彩霓虹燈的收音機，以及那寫著福字的復古中式座椅櫃，雖然再累但眼前這間太有風格的房間居然在此時歸我所有，打起最後的精神將收音機打開，就這麼不顧一切地睡著了。

當老娘再次睜開雙眼時，收音機仍舊盡職地播著音樂，DJ 仍是用著我聽不懂的義大利文滔滔不絕地說著，我瞧了瞧手機，我的天，已是早上七點！晚上七點的鬧鐘我可是聽也沒聽到……整整睡了十五個小時！大家還記得嗎？前一晚全神貫注排了六個小時的隊伍沒睡，隔天又排了四個小時的隊伍，如前所述，在義大利排隊可是相當耗費精力的，最後又再為了找路等民宿老闆搞了三個鐘頭，因此睡十五個小時實在不為過！於是我起來弄弄，吃著現成麵包以及操作著不會使用的咖啡機，再去其它房間照照相，每間房間都好有特色，一間民宿也可以給老娘逛照如此久，還在那裏拖拖拉拉看著旅遊書。最後終於在十點多時離開步行至火車站，走路也要二十到三十分鐘，這次的目的地是 Trieste，距離所在的 Treviso 需時兩個多小時的火車行。

買了火車票跳上火車後，我算了算時間，忽然大驚，發現自己可能會趕不上飛機，於是傳簡訊給已經安然回到倫敦的同學們，詢問火車時間。我的好同學們回覆我所搭的火車不是歐洲之星，速度較慢，會趕不及，於是我在只有十分鐘的中轉站跳下火車，衝去櫃檯要加錢換火車票。我急急忙忙一邊看著身後的時鐘一邊看著排隊的隊伍，老義們看著慌張的老娘也不知該對我說啥。終於在最後一刻換到票，衝到月台前，火車延誤，我小鬆了一口氣，最後上了歐洲之星。

歐洲之星的內裝豪華許多，坐在我對面的商務人士穿著帥氣西裝看著報紙。我不安地問了問他說從特裡誒斯德火車站到機場要多久，他說坐巴士要一小時。甚麼！要一小時！那就算坐在歐洲之星上又有啥用？還是趕不及！唯一能賭的就是，賭廉價航空會延誤，延誤就沒問題。於是我又和倫敦的同學熱線你和我，就這樣來來回回簡訊傳了半天。一下火車衝去搭巴士，還看到指向通往斯洛維尼亞的巴士站，一路上沿著海邊開，看著那好似可以瞟到的邊界，心中充滿了不安，但說甚麼也要到機場去，到了機場至少還有人可以幫我重新安排班機，此時也只能奮不顧身的往前衝了。

抵達機場後，班機如同所預料的延遲尚未起飛，但可嘆的是地勤人員已關櫃，更令人傻眼的是，當下沒有一個瑞安航空的員工在現場。看著偌大的機場空無一人，此時的我拿出那不中用的小筆電，意志力當場崩盤，淚水再也忍不住地潸潸落下。要知道有人可以解決的事都是小事，沒人那才是真正的無助。此時一位老人緩緩向我走來，我說我錯過了班機，他問我是否知道瑞安航空的電話？我說我有，他又拿了另一個電話號碼給我後就離開了。

就在我打了三十分鐘的電話仍舊是語音系統，一點兒都聯繫不上真人客服，就知道廉價航空的可怕。已近絕望的我頹坐一旁，老人此時再次出現，將我的資料拿取後就進到機場辦公室。搞了半天老人根本就是機場經理，怎麼忍心眼睜睜看我打著一定知道不會撥通的電話，最後才出手相救……經理告訴我，瑞安航空要我付一百一十歐元買從特裡誒斯德明日同一時間回到倫敦的機票，因為錯過班機是我的錯，瑞安航空不負此責。甚麼？！我此次的來回機票都不到一百一十歐元了，居然要我花這麼多錢買張單程票外加等二十四小時？要知道特裡誒斯德機場比特雷披索大上許多，附近雞不生蛋鳥不拉屎，真要找到一間民宿也要不少交通時間和金錢，全然不似特雷披索這個機場與火車站距離僅十五分鐘。更何況我哪還有那二十四小時可以滯留消磨？

由於掌握了大部分資訊，特裡誒斯德機場一天僅一班飛機回倫敦，特雷披索天天飛，且記得嗎？事發當時我的班機就在晚間十點二十五分，我願一賭原機場因為濃霧關係取消多天班機，且機票重新更改皆是手寫在原電子機票上，於是老娘做了一個決定，而且可說是難能可貴地當機立斷。

一個小插曲，我答應我的一位英國友人要把他寫進書裡。就在口述講到這段時，他瞪大眼睛問道：「妳不會決定又要回到原機場了吧？」沒錯！你沒有想錯！老娘決定立馬再坐同樣的巴士同樣的火車回到原機場特雷披索趕晚上的班機，就算沒有搭上當晚班機，至少隔天早上還有同樣班機，橫豎都比待在這裡等二十四小時好。故事說到這裡，英國友人居然掉下了眼淚，直說實在太慘了！無法置信……

沒錯，多少朋友聽到這裡都是一陣傻眼，因為他們沒有辦法想像老娘我這樣風塵僕僕趕到這裡撲空，居然不稍事休息，而在同一天發了瘋似地走原路回去。只能說，兩害相權取其輕，我再一千萬個不願意，也只能硬著頭皮回到巴士站去等離峰時間一小時才來一班的巴士。

就這樣晃晃蕩蕩又花了一個小時的巴士時間，兩個多小時的火車，從白天回到了晚上的特雷披索，一出火車站老娘立馬跳上計程車，熟練的司機僅花十分鐘就飆車趕到機場，面對那再熟悉不過的場景，當下居然只有小貓兩三隻，距離關櫃僅五分鐘，十分刺激。我衝到櫃檯，地勤要我去窗口安排班機先，我叮嚀他千萬不能關櫃，雖然老娘沒有要掛行李，但簽證一定要給他檢查蓋章，並說已經被滯留在這裡兩天，今晚一定要坐飛機回倫敦。

衝到觸目可及跑就跑得到的航空公司窗口，還是有小貓兩三隻在排隊，我拜託前面的那位大哥讓我先改位，因為要趕馬上就要飛走的班機。大哥好心讓我，我心情七上八下的希望不要被發現錯過班機這回事。也許是老天憐憫我，地勤很快地就為我安排好了班機，我匆匆忙忙地蓋章，又急急忙忙去那空無一人的安檢，義大利機組人員要我不要爆衝，說他們沒上飛機，飛機也不會開走。就在結束的這一刻，我回頭一望，這空空蕩蕩的機場，渾然不似兩天前的混亂景況，不禁大嘆和平不屬於我，我亦不屬於和平。

平安地上機並寧靜一個多小時後，班機即將抵達倫敦史坦史德機場，機長此時報告：「當地氣溫攝氏 xx 度，當地時間晚間十一點十五分」……當我透過窗戶看著倫敦的夜景，禁不住濕了眼眶，倫敦我的家，我終於再度回到妳的擁抱！

班機被取消的時間，也就是老娘打仗的日子有整整兩天，想著別人兩天都可以拜訪一座城市的好幾個角落時，老娘卻奔波地經歷這趟峰迴路轉，實在說有多波折，就有多波折，此生最難忘。

還記得老娘曬得亂七八糟的太陽眼鏡形狀印在那黑不拉機的臉龐上更顯滑稽，同學們都笑我是打完越戰回來了，一時之間我也沒法兒解釋這麼多。只默默地將所有收據以及火車票、機票貼好，準備申請保險理賠。

註：參考圖片 2、40

博物館多的城市就是意志力的另外一種考驗（西班牙、德國）

在英國工作的那段期間，深深感覺到要是當時可以選擇，西班牙人或荷蘭人繼續留在臺灣該有多好。原因就在制度與文化的影響。在英國年假二十天起跳，因此只要請一天周一或周五的假，就可以去一座城市旅遊。如果當時承襲了歐洲人的假期與工作制度，臺灣人現在也不至於苦哈哈了。

昨晚本宮做了一場夢，夢到陰天欲下雨的天氣建議和友人去逛博物館，友人問我門票多少，我道在英國很多博物館免費參觀，好比國家藝廊、大英博物館、維多利亞艾伯特博物館等，此時就會覺得倫敦再貴，起碼有很多大量珍貴收藏的博物館都可以當自家後院盡情參觀。這讓娘娘想起第一次到大英博物館參觀時，還在找哪裡可以買門票呢！

所謂審美，也要有東西可以審。以歐洲這個擁有大量藝術作品的地方，有看也看不完的東西，博物館之多，實在難以想像。暫且不談義大利，在這座國度裡的城市本身就是一座博物館，在街頭看到的都是大多以大理石建造的建築，各種西元前的希臘神殿、羅馬拱門、西元十一到十四世紀的羅馬式、西元十二到十六世紀的哥德式、西元十五、十六世紀的文藝復興、十七世紀的巴洛克、十八世紀的新古典、十九世紀的浪漫主義，充滿了各時代的藝術建築。

在英國工作期間，請了一天周一假，就決定前往馬德里。馬德里雖身為西班牙首都，但實在不須花太多時間停留，最值得看的就是三座必訪博物館，其他街道、皇宮基本上不會占用太多時間，就像義大利米蘭一樣，一座大教堂和達文西最後的晚餐真跡，其他街道走完也不需要兩天時間。於是買了一張廉價航空的機票，決定在初冬前往拜訪。

要知道十月初在臺灣屬於涼爽季節，可能還有點熱，馬德里可不一樣。在西班牙各地溫差相當大，每個地區的氣候也不盡相同。馬德里屬於高原氣候，夏天熱得像狗，冬天凍得半死，所以十月份可算是很不錯的拜訪季節。雖說如此，當本宮回顧當年所穿的衣物後，仍舊可以感覺到涼意颼颼。在十月初就已經需要穿著緊身褲與大衣外加薄圍巾與短靴，在有陽光照射下也只能說是暖而已，白天可著短袖但晚上就開始打噴嚏了。

馬德里的物價比起西班牙其他地方便宜許多，一個晚上的青年旅社住宿一床才不到十歐元，也就是一個晚上只睡覺不超過五百元，相當經濟實惠。食物方面，若過了二十五歲的看官們不要不信邪，新陳代謝明顯下降，過去不懂大人為何愛吃海鮮但肉卻吃不多，現在懂了，原來海鮮比較不容易膩，也沒有太大的飽足感。西班牙最適合嘴很饞但胃口不大的旅客，TAPAS 就是一小碟的食物，若坐下來吃通常會給麵包，因此一人旅遊仍然不會有無人分食之感。

西班牙的藝術與義大利不一樣的地方在於現代設計的新潮與時裝風格。如果走進街上一間服裝店，許多都是西班牙的品牌，好比 ZARA, BERSHKA, PULL&BEARS……而西班牙的藝術也不惶多讓，最有名的就是現代化派畢卡索、超現實主義的達利、米羅，浪漫主義的歌雅、建築師高第，每一位藝術家的作品都令人感到新穎驚豔。

馬德里機場最方便之一就是有地鐵可以直接通往市中心，而且大約半小時即可抵達。地鐵的好處就是不用擔心路面交通，但若有大行李時就要注意尖峰時間，一個大行李上上下下，也是倍折煞人，大概要花兩倍的專注力、集中力與體力。

廉價航空 Ryanair
倫敦 Stansted 機場 —Madrid 機場
去程 10 月 2 日 8:25—11:55（時差一小時）
回程 10 月 4 日 17:10—18:35（時差一小時）
機票總額 73.78 英鎊

找到市中心的青年旅館放置行李後，就立即把握三天短暫光陰前往市中心走走。首先抵達主廣場，這是一座主要的大廣場之一，這座廣場的重要性在巴塞隆納西元一九九八年舉辦奧運時在蒙區一克山丘做出具體而微的小西班牙，裡頭就有馬德里的這座廣場。這是一座封閉式的廣場，所謂封閉式就是不臨車子走的馬路，四周被各建築物包圍。去時剛好廣場正中央逢阿根廷舉辦活動，目的應該是促進觀光。

之後前往太陽廣場，這就是一個旁邊有著地鐵站，市中心的大廣場，如果要買西班牙手機號碼時邊上就有電信公司的門市。在太陽廣場一處地板上有一小塊小小的西班牙地圖，由此可知馬德里在西班牙的正中央，以放射狀可以抵達西班牙各處，因此以交通上來講算是相當四通八達的。

之後與多年前遊學時的同班同學馬德里人相見。娘娘的另一項旅遊特色就是在世界各地去見可能這輩子不會再相見的朋友。所謂天時、地利、人和，天時大於地利大於人和，如果天時地利許可，再怎麼樣不熟的朋友都要見一下，因為你永遠不知道這位朋友會為你帶了怎樣的靈感、多廣的眼界，這些就是現成的交際圈，只要有機會就得好好維持。睽違五年之後，就在市中心與這位性格強烈但總是成為團體中開心果的西班牙女孩相見。

接著一起到王宮、大教堂逛逛。王宮是馬德里外觀最美的建築物之一，過去曾為回教徒佔據，直到西元十一世紀才從回教人手中奪回，過去歷代君主居住於其中，但現今的國王並沒有居住在王宮裡。由於王宮要買票以及排隊進場，去了半天就不見了，同伴也沒有要進入參觀的意思，因此只在外面照照相便前往大教堂。大部分在義大利與西班牙的教堂都是免費參觀，有約百分之九十七的人民都信奉天主教，我的好朋友也不例外。一到教堂就是祈禱並捐獻點蠟燭。大教堂只有舉辦彌撒時不能參觀，其他時候只要開門都可以自由進出。

之後前往主要街道：大道，在二零一零年時剛好是一百周年，該街道上還有英國西區著名音樂劇

「媽媽咪呀」的劇場，另外馬德里還有悲慘世界的劇院，畢竟是首都，這種知名音樂劇在西班牙也只有在馬德里可以常年觀賞。之後進到一間酒吧吃點小東西，時間大約是晚上八點五十一分。甚麼！這麼晚才吃飯啊？哦，這還不是晚飯呢，只是小點。在夏天的時候，依照地點的不同大約為晚上九點或十點才天黑。當時此刻天還亮著呢！

在西班牙點餐時，可以看到用切好的法國長棍麵包上擺著如西班牙馬鈴薯蛋塔、培根與起司……這種食物來自於西班牙北部巴斯克，不是TAPAS而叫做PINCHOS，像這種PINCHOS便宜的有一歐元，貴一點一個大約兩歐元，只有在巴斯克地區有很大很多層看起來極其美味的會一個超過兩歐元。如果沒有當地人同行，最好看看四周的人點些甚麼，就用手指說要跟他一樣，原因是有些TAPAS並沒有列價錢在菜單上，另外點PINCHOS的好處就是可以嚐好幾道不同的口味與菜餚，既不會太飽又經濟實惠，如果點到菜單上的RACIONES，無論是半盤或一整盤，都會讓只有一個人的妳無法再品嘗其他食物。

四處閒逛一下，到了晚間十點半左右就是晚餐的尖峰時段了，此時可以看到戶外高朋滿座，基本只要是無風無雨的狀態西方人都會選擇戶外座用餐。除此之外，還可以看到街頭表演藝人玩火秀，夜晚的活動一點都不輸白天。和好友一起前往一間酒吧，此時又增加了兩位成員，一位是好友莎拉的美國女性友人，一位是莎拉的西班牙男性友人。原來好友莎拉太仗義，此晚的相聚是為了湊合他們兩位看是否能有所發展。

四人坐下來後點了一壺著名的SANGRIA，這種以紅酒做基底加點水果的甜酒總是讓人不設防的一杯接一杯。但紅酒這種酒種要是醉了可是會讓人頭痛欲裂的。就在沒有墊甚麼肚子的情況下，悲慘的故事就在一小時後到來。當時的娘娘不勝酒力，說醉倒也沒醉，但就是頭疼噁心到不行。此時場景已經變換到第二間舞廳，在裡面待不到五分鐘我便衝出到街道來，為的就是呼吸新鮮空氣減少噁心感。此時雖不至天旋地轉，但蹲下來求個一吐為快的姿勢也只能看著繁華喧鬧的夜晚，人群的腳步在老娘眼前像跑馬燈一般，每個人都帶著愉悅的心情在馬德里市中心找樂子，只有老娘蹲窩在那裏久久不能自已。過沒多久，莎拉的西班牙男性友人出來看看我，沒過多久莎拉和美國友人也出來，讓娘娘真是相當不好意思啊！明明另外兩位應該在裡面大調情，卻落得男生跑出來照顧我，女生也不得不出來探個究竟的窘況。

吐不出來的情況下，一行四人又再換到另一個舞廳。此舞廳大了許多，而老娘此時再也忍不住地衝向盥洗室大清腸胃，終於在醞釀了數小時後有所進展，把髒東西從胃裡掏出來後也舒服許多。一吐為快後終於可以好好和莎拉聊天，只見莎拉一臉誇張地大笑，原來美國人和西班牙男孩再也憋不住在一旁大親特親，男的還提起女的一條腿抬高好似在拍電影呢！此時我也終於鬆了一口氣，還好沒有妨礙他們太久，莎拉還開玩笑說看不出來這女的比她還蕩。一個悲喜交加的晚上就這麼過去了，而老娘也暗暗告訴自己再也不能喝帶有甜味的紅酒或以紅酒為基底的調酒了。

在西班牙和義大利這種南歐國度，可以多多注意路牌與路標，許多都有磁磚和著彩色繪圖與路名。比如市政廳廣場，上頭就有著名的熊，此熊在太陽廣場也可以見到，是馬德里的市徽。而「主街」畫的就是站在路標下所看到的街道兩旁建築物景象，栩栩如生的畫面，讓人印象深刻。之後便進到皇宮裡頭參觀。由於裡頭禁止照相，所以在沒有相片的情況下，說實在的在走訪那麼多國之後也不記得了，只記得周日早上的遊客比周六下午少了許多。

接下來逛到了市場聖米給厄，只見琳瑯滿目的各式橄欖，要知道地中海國家如西班牙、義大利最負盛名的就是這種食物。西班牙為全世界最大橄欖油產地，不添加任何添加物的純橄欖油多寫了個字叫做「處」，也許大家比較知道義大利，但其實西班牙才是擁有最大產量的國家。這兩國的人民在全世界是屬前十名的長壽，大抵來說就是被歸納食用大量的健康橄欖產品。

逛著逛著，若在周日時逛到充滿迴廊的「主廣場」又可以看到另一番景象，此時滿滿一攤攤的舊貨，充斥著各種貨幣，此時老爺爺老奶奶就會帶著孫子孫女們前來觀看交易，這在許多西班牙的城市中都可以看到，相當盛行。此時回到該廣場的原因就是為了在廣場上戶外座享用午餐。當然這種選擇對於荷包來說是種流血行為，因為通常在這種觀光地區，東西不見得好吃外，價格也相對高昂，但若想要一個舒適的戶外用餐環境，這種封閉式的廣場就是最好的選擇，因為沒有車水馬龍的街道，國外空氣再好只要是大城市有汽機車的地方，就是吃排放氣的份。

來到西班牙，中午就會想要吃最負盛名的西班牙海鮮飯以及娘娘愛的炸魷魚圈。海鮮飯在西班牙人眼中是中午的食物，大概就是因為份量較多消化比較不易，晚上都是吃一些簡單的TAPAS配麵包，份量極少，所以也就無需對西班牙人晚間十一點才用晚餐大驚小怪了，畢竟夏天太陽九點多才下山，晚間吃得少又睡得少，一切都有邏輯所在，只是身為最大稻米民族的華人不瞭解罷了。

如何挑一間好吃的餐廳呢？如果您已經是老饕了，最簡單的方式就是走一圈看大家桌上的食物哪盤看起來最美味，其次就是看哪間最多人，至於網路上的評價大多是觀光客的看法，因此可以參考但不見得符合每個人的標準。挑選了一家看起來不錯的餐廳就坐了下來。此時問題來了，娘娘一個人要如何吃得下一大鍋海鮮飯呢？西班牙大部分的餐廳不會為了賺妳錢而逼妳點一大鍋飯，除非菜單上寫上至少兩人點用，否則多半可以點個半盤或一盤，另外又再叫半盤炸魷魚圈（服務生特地跑去問老闆是否可以針對可憐又嘴饞的小姑娘我製作半盤）。西班牙海鮮飯若為當場現做，通常要等半小時左右，雖然只有半盤，該有的海鮮可是沒少，但若喜歡活生生海鮮的人不要對裡頭的海鮮有太大的期待，畢竟該有的海鮮汁都落入飯中，因此海鮮多半呈現乾涸狀態，真正的精華都到了飯中，當然還是有講究且厲害的廚師，讓海鮮仍能保有它的滑口度。炸魷魚圈也是要多加嘗試才知一山還比一山高，在未產海鮮或觀光地區，許多都會以冷凍魷魚裹粉去炸，反正炸物也吃不太出來。

若想要輕鬆享用午餐，中午十二點半的時間用餐在西班牙算是離峰時間，也符合華人的用餐習慣。

這種時間餐廳還不算太忙碌，侍者可以好好服務您，等妳用餐完畢時，下午兩三點剛好大家都跑去用餐了，此時再去參觀風景名勝，人也就相對少了些。不過此方法不適用於炎炎夏日的七、八月，有些地方如安達魯西亞的高溫可是會在下午三、四點時把還在戶外陽光普照街道上的妳熱歪。

每次點了炸魷魚圈之後都抱著興奮的心情享受，大概吃完一兩個之後就開始麻痺並感到油膩，因為在西班牙的炸魷魚圈只附一片檸檬，可惜檸檬再清爽，一個人吃真的太多，當你把外面的油炸皮解掉只吃裏頭的海鮮，就會驚見原來裡頭的魷魚有多麼的瘦小。當然還是有肥美的魷魚圈，可是得看產地和餐廳，大部分的觀光地點的可沒有那麼俗又大碗的美食，很多都還是冷凍海鮮。

享用廢話很多、食物也很多的午餐之後，便步行前往有點距離的普拉多美術館。這座必訪的博物館擁有許多必看的知名畫作，算是馬德里的第一重頭戲。經過普拉多大道，可以看到一旁的建築物陽臺上有站立穿著古裝的假人。抵達普拉多美術館一路從下午兩點半逛到快六點，逛了三個多小時，還不確定有沒有完全看完，並且有許多畫作是快步通過的，就知道裡頭的館藏有多少需要觀賞。館內不能拍照，所以只有兩、三幅畫作是有深刻印象的。館內藏有高達八千多件畫作，光是展示出來的便超過三千件，三個小時看三千幅畫，平均一小時要觀賞一千幅畫是不可能的。由於周日可以免費入館，因此本宮當時安排是有道理的，但也因此擠滿了人，整座美術館鬧哄哄。最令人印象深刻的大概就是西班牙繪畫史上十七至十八世紀黃金時代的宮廷畫家委拉斯蓋茲的作品：侍女，畫中有小公主與其他的宮廷小朋友隨從。逛美術館與博物館最好的方式就是拿一張地圖，上頭通常會載最著名的畫作與文物，也就是您這趟千里迢迢前來必賞的，此時看好樓層和廳室（以數字命名）後，就以那幾個中心為軸心圓去順道觀賞附近的畫室。這道理就像是外國人到故宮博物院，一定要看到翠玉白菜和肉形石一樣的道理，其他加減看看即可。

如果有租用導覽的話，須注意時間會拉長，但如果預計至少停留三小時，或是該博物館沒有太大但需要在那裏殺時間，租用導覽就是一個很好的選項。另外一種方式就是語言通的話，遇到的一路路團體都可以隨著他們停下來各聽「一幅畫」或「一項」文物的講解，由此可以增加印象也可以了解專業解說員所講述的文物價值與歷史背景。如果到了同文同種的地方比如大陸，逛長城時有源源不絕的團體，解說的都是當地資深的導遊，此時停留的每個點聽一些就大致了解其中有趣的奧妙之處啦！所以說除非做學術研究，否則能夠記得解說員講述所有內容的十分之一都已經算很了不起了呢！

晚上六點結束了一間美術館，其他的博物館也都已經關門了，於是到位於普拉多東側的雷提洛公園散散步，此公園在菲利浦三、四世時代是夏季沉溺玩樂的場所，也是間接使西班牙帝國沒落的原因之一。旅社安排了晚間欣賞佛朗明哥舞，一個人約七歐還含一杯飲料。領隊把一行人帶到一個地下室，一位舞者、一位歌者以及一位吉他手就可以成就一場表演。該舞者就像是來自佛朗明哥舞的故鄉安達魯西亞的的居民，黝黑的肌膚，傳統的服飾，眉頭深鎖，一待吉他聲響起以及看似有亞洲血統的歌者開啟煙嗓與打手拍掌後，舞者就開始了難度極高的佛朗明哥舞。由於老娘過去有試著學過此舞，最難的就在於漸快的腳踏要在拍子上帶起高潮，如果不是功力深厚的舞者，也不敢在距離極近的眾人面前表演呢！音樂更不用說了，裡頭那種傾訴與哀愁，雖然聽不懂歌詞仍然讓大家拍掌沉浸於其中，七歐元花得物超所值。

最後一日前往機場前中午十二點半再殺一座美術館：皇后蘇菲亞，位於一間十八世紀建造的醫院，其中展現各種二十世紀的畫作。美術館與戶外座結合，走廊為拱廊，一間間的畫室也可以看到戶外的陽光與中庭，有別於普拉陀室內較陰暗的畫室，大概就是因為其展示為二十世紀以後的畫作，所以較不會受到光源的損害，因此整間博物館都呈現明亮的風格。博物館內有餐廳、圖書館與書店，因此中途餓的人還可以前往用餐。

在二樓有一展覽室二零九（注意美術館可能會改變畫作位置）展示二十世紀以後現代畫派的立體派（CUBISM），最出名的莫過於畢卡索。畢卡索有一句幅畫作「瓜爾尼卡」非常吸睛，講述西班牙內戰，這幅畫揭露了戰爭的醜惡與可怖，也因此讓人佩服此畫家利用其作品闡述現況與對人文的關懷。另外一個看畫重點就是廣受眾人喜愛的超現實主義畫家達利。受到佛洛依德的影響，達利畫了許多關於潛意識的題材，也引發了觀賞者無限的想像。由於整座館內幾乎都可以拍照，也遇到了小學戶外教學席地而坐，老師在前面解說，因此空間上與自由度上大家很能看個過癮。

從美術館的窗戶看出去可以看到不遠處對望的阿托恰車站，該車站是前往西班牙各地的火車站，附近除了幾個博物館外，實在沒甚麼特別的景點。最後前往步行仍可抵達的提上美術館，這是提上家族歷經兩代的個人收藏，主要展覽西元十五到二十世紀的畫作，印象比較深刻的就是和倫敦國家藝廊一般有著威尼斯畫派所畫的各種威尼斯風景圖，去過義大利威尼斯的人會很有感覺，因為從幾百年前到現在幾乎沒甚麼變；再來就是亨利八世的肖像。由於太過倉促時間所剩無幾，於是草草看過便離開去搭乘飛機。

不料向來準時的瑞安航空仍有延誤的狀況，一延遲就是兩個多小時，之前在博物館走到腳快斷掉，之後則是在機場等機坐到屁股快爛掉（原因是當年沒有劃位，位子先上機的人先搶先贏，所以大家排定登機隊伍後，誰也不肯放棄從這個隊伍離開）。

拉拉雜雜一大堆，最後當然還是順利抵達倫敦。提到博物館，當然不能不提到有一座博物館島的德國首都柏林。這座島是在柏林的修普雷河上的一座小洲，可是聯合國所列的世界遺產呢！只要看到世界遺產四個字，就知道自己一定不能偷懶要走這麼一遭。但實際上遍布在柏林的博物館多到令人眼花撩亂，買了所謂的博物館通票，付一次錢就可以參觀幾十間博物館，要價將近二十歐元，不過老娘拚死拚活最後也只參觀了六間，尚稱划算。柏林與附近一帶很喜歡搞這種一票玩到底。

本宮雖然在柏林待了六天左右，但還有其他景點要走，且審美可是會疲勞的，柏林博物館雖多，但其實每座博物館空間都很大，文物的密集度不若倫敦高，所以雖然沒有擁擠的感覺，但走起來也是很耗腳力的。柏林過去為普魯士王國的首都，因此這座博物館島的蒐藏就是展示普魯士王室所蒐藏的古希臘、羅馬時代文物。看到這裡，如果看倌們有去過歐洲幾座城市，就會想說：「甚麼！又是古希臘羅馬！」沒錯，由此可見當時的帝國有多強大，而且過去的人們沒有科技打電動有多無聊，但還好有他們，歐洲的各個國家只要被羅馬帝國統治過的都有觀光財可賺，一個小鎮本來沒什麼特別，但只要被羅馬大軍踏過，唉唷不得了，一座水道牆，一整圈石子街道，絕對會有觀光客因此造訪貢獻經濟，實在要好好感謝過去的羅馬帝國南征北伐還帶建設。

博物館島幾座著名的博物館如貝加蒙、舊國家畫廊與舊博物館就是老娘一天闖的三座，因為如果沒記錯的話此三間有一日通用券。至於埃及博物館由於去過倫敦大英博物館了，看了太多法老王也麻痺了直接跳過，波德博物館與大教堂就在外面看看外觀致意囉！進到貝加蒙博物館，一進去有一座宙斯大祭壇，一聽就覺得很有氣勢吧！有機會可以去走走看看。三座不僅外觀都是希臘神廟式建築，且不開閃光燈都是可以拍照的，所以回顧起來還算有點記憶。整座博物館島大約花了不到四個半小時即逛完，由此可見比起馬德里一座展示三千件美術作品的花三個半小時都看不完的藝廊比起來，柏林的博物館文物展示確實比較分散。

當時走訪為春天四月，可是位在內陸的柏林可是冷到老娘要穿馬甲、皮衣和羽毛衣。每到一座博物館，就開始脫、脫、脫，在寄衣間簡直充滿了旅客滿滿的厚重大衣，步出博物館前就開始穿、穿、穿，被大雨淋濕而溼透的下半身也只能略過不管，柏林面積之大為巴黎的九倍，大部分的專注力就是如何在雨中抵達下一個目的地，博物館此時反而成為了壞天氣的救贖，離開一座就想趕快抵達另外一座避雨取暖。

柏林的交通方式有計程車或地鐵。計程車幾乎都是賓士車款，在臺灣象徵身分的名貴歐洲車，在柏林就像是基本車款般，在不同的漂歐旅程中遇到一些德國人購買美國、日本車，都會讓老娘直搖頭，明明德國有最好的車款又沒有進口稅問題，幹嘛放著有品質的車不買？所以人的崇洋媚外不是只有臺灣人才有，愛用國貨好像都被視為經濟上比較沒那麼強勢的中產階級，其實不是這麼回事，想要與眾不同也是要考量CP值的。地鐵是自由進出，但千萬一定要買票，驗票員可是時時出現呢！可別因小失大了。此時想起希臘雅典的地鐵站一樣沒有閘門，只有一臺臺豎立的刷票機，才聯想到因為是德國人幫忙建造的地鐵，所以可能也沿襲了相信人性不設閘欄的設計，但猜是這麼猜，還是得有查票員的。

翌日前往波茲坦廣場一帶，這在一九二零到一九三零年代可是熱鬧滾滾的區域，但老娘抵達時由於實在太過陰雨綿綿，早晨空無一人，大概就有點像是下午六點雨天中的逢甲夜市，人數三三兩兩，頗感寂寥。一旁有座新力中心，裏頭有歐洲最大最高的3D電影院以及以玻璃纖維製的吸睛頂棚，附近還有戴姆克萊斯勒區的多座摩天大樓。這日戰力稍減，比起前一天只去了兩間位於該區域的博物館。

一座為繪畫館，展示西元十三到十八世紀的古典畫作，一座為新國家繪畫館，展示西元十九到二十世紀的現代畫作，兩間逛下來含之間不到十五分鐘的路程大約兩小時就可以參觀完畢。這種設計安排其實是很不錯的，古典與現代畫作連著觀賞，也可以消除一些審美疲勞，畢竟風格大相逕庭。

附近有座著名的柏林愛樂廳，是柏林交響樂團的總部，黃色的現代建築並不特別突出，但對古典樂有特別愛好者可以前往一探究竟。比較令人注意的是一座有層次的貝殼屋，裡頭的居民或辦公人員可以以不同角度觀賞街景，算是相當有趣的設計，且看不出來是西元一九三零年的老房子呢！接著走到布蘭登堡門，那是一座以古希臘雅典衛城為藍圖的建築，為何要前往這一區呢？為的就是預約聯邦國會大廈的參觀席位。雖然是免費參觀，但不預約可是進不去的，儘管外觀有著古典的希臘式風格，但頂棚可是有著現代化的透明半圓形頂呢！參觀為的就是要去這個頂棚啦！看官們可能會疑惑，為何新舊風格融合呢？原因是在納粹時代不詳火災燒毀，因此原來在西元一八二四年建造的建築，在西元一九九一年由英國建築師花了三年半重建。在附近遠望可以看到一座建築形狀像是一顆珠珠其上有根尖直入天際，不用懷疑，就是電視台啦！倫敦也有一座類似風格，也是電視台。

第四天一早再去參觀一間博物館，下午就是重頭戲柏林圍牆啦！這是柏林獨一無二的景點，有著世界各大現代畫家在柏林圍牆遺跡上的揮灑巨作。大家都知道「柏林圍牆倒下啦！」是近代一句頗負盛名的話，原因就在於發生的時間點是西元一九八九年，爾後在西元一九九零年東、西德統一。時間點之近，看來西方國家也是在混亂的兩次世界大戰中慢慢走向現有的面貌。柏林圍牆的建造起源於德國在二次世界大戰戰敗後，德國被分為東、西，東德人士逃往西德一天曾高到兩千到兩千五百人之多，於是蘇聯與東德建造了高聳的柏林圍牆。西元一九九零年十月三日東、西德統一，也就是現今我們看到的德國。

在柏林街頭可以看到許多街頭藝術，也是非常精彩。而柏林圍牆上不免還是會看到一些人無理的塗鴉甚至簽名，臺灣人在上面簽名到此一遊的也有，但建議各位看官們保持身為旅客的尊重與水準，有種就用自己的才華留下名聲，否則實在不須為了自我愉快或留點小名過這種乾癮，還留下更多不道德證據與連累國家。

每座城市都有一座主要的大道，林立著各種服裝品牌讓大家可以逛個過癮。有鑑於其他城市的大道走起來相當寬敞舒適，因此決定在柏林的庫達姆大道上也好好走走逛逛。不過先前提到柏林有巴黎的八倍大可不是說假的，大道真的很寬，購物店卻相對冰冷，想說走一到兩個地鐵站在其他城市約莫十五分鐘可以完成，沒想到柏林的大道真是走了個半天沒有熱鬧的感覺，還越走越冷清，越走越想到底還要走多久。等到走過了兩個地鐵站，腿也差不多斷了，之後才發現全長三點五公里，所以奉勸各位看倌還是不要隨便挑戰柏林的步行路程。

日落時間抵達了前一天預約的聯邦國會大廈，一路從黃昏看到夜景，娘娘大概是待最久的一個人了，免費的一次看個夠，以後也可以不用再來了。所以說一個人旅遊的好處就在這裡，大型旅遊團就不用說了，一上去忙得跟甚麼一樣，不過其實最主要就是這種景點還是要請別人幫忙拍照啦，老娘光在那裏取景、找目標、休息，在沒有咖啡店以及餐廳的情況下花了整整一個半小時，比待博物館還要久。

最後一個整天當然就是前往柏林近郊波茲坦，這座被列為世界遺產，人口僅十四萬的地方以西元一九四五年波茲坦會議聞名。最著名的就是忘憂宮，只要看到宮字就可以聯想是當年某某國王或某某皇帝為了自己休假時的去處，就像臺灣有很多蔣公行館一樣（雖然不是皇帝，但也是當年的領導者）都是選擇風光旖旎所建的一處清幽之地。忘憂宮就是當年普魯士大帝腓德烈二世所建，這是當時把普魯士推向強國之林的一位皇帝。看官們可能會說：「哦，聽起來有點像是巴黎的凡爾賽宮。」沒錯！這就是仿造凡爾賽宮所建的一處忘憂之地，要知道皇帝也是有很多煩惱也需要休假的。

裡頭有許多建築可以參觀，其中有一大花園，占地兩百九十公頃，老娘的鐵腿模式再度被開啟，總而言之就是不顧一切地走就對了。在忘憂宮約莫走了將近六小時，最後坐火車回到了柏林。

相較於其他歐洲城市，柏林的青年旅館又大又便宜，先前提到了當然不是只有青年旅館大，很多地方都是大到不可思議。最後一天前往機場前趁著天氣終於放晴到附近散步，最後走到了 Volkspark 大公園。要知道柏林之大人口卻少，不到五百萬人，因此問題就出現了。當娘娘晃呀晃到大公園，大白天的人煙卻稀少，深入公園內部卻發現可怕的狀況。遠遠在每一個公園的小叉路就可以看到「一位」黑人單獨停坐在那裏，眼神一直張望十字路口的四條路，似乎是在尋找什麼目標，要知道一個人旅遊可以，但所有可能危險的地方都要避免，於是本宮下意識地回頭走向另外一邊，沒想到過沒多久前方十字路口又是一個黑人坐在那裏無所事事不知在等待甚麼。老娘沒有種族歧視，甚至很多時候很喜歡黑人的有趣，但這種單獨在那裏毫無目的地等待而附近完全沒有其他人的情況下，就算是大白天大吼大叫大概也沒半個人聽得見而來救你。

情勢所逼，前、後方都被圍堵，只好硬著頭皮快速前進，經過時那位黑人對著四周只有我的一個人說：「哈囉，妳好，我喜歡妳的打扮。」人生可以無限的享受，但必須加倍的小心，無論國內國外遇到哪國人都一樣，而這可不是沒有目的性的稱讚。老娘快速通過後又在不久的前方路口看到一位黑人，天哪！這座公園到底是有多少無所事事的人，不坐在草地上等在路口到底是何目的？還好此時已到了一大草皮前，於是老娘在原地等待，等待一位高大的白人媽媽推著嬰兒車就一起快步與她同行通過（慢跑的居民服裝上實在不適合跟，因為老娘的穿著感覺就不像是一夥的）。這種光天化日之下但方圓百尺空無一人的景象，就好像當年在蘇黎世的河岸遠遠看到三位中老年人盯著要往我的方向走，此時立馬起身離開不要定點停留。所以有人的地方才是最安全的，能救妳的人機率上也相對地高。就在這場公園驚魂記後，最後安然回到青年旅舍拿行李。

通常老娘計算前往機場的方式就是以表定起飛前的四小時出發前往機場，大城市較會塞車的、最後需要跨洲且要退稅的才會拉到五小時前。不到三十分鐘就抵達柏林機場的老娘在實行上述計算下卻傻眼了，話說大概沒有看過一個大國家的首都機場如此地小，小到都吃完午餐了，逛完一家紀念品店、一間林青霞老公開的服飾店，就沒地方地方去了還得原地再等兩小時。原因就是登機門就在海關的後面，以肉眼完全可以穿透直視，若先進去那更是苦等，裡頭啥也沒，這是老娘唯一印象深刻等到很不耐煩的機場。

搭乘柏林航空抵達法蘭克福欲轉長程飛機，下飛機前，空少居然像剛舉行完臺灣飯店結婚典禮的新娘捧著喜糖一般，拿著印有柏林航空的紅色巧克力，一時之間愣住後下一秒覺得此舉太娘差點笑出來，因此沒來得及反應錯失了柏林空少的「喜糖」。坐上機邊接駁車欲抵達航廈前，由於本宮占了少有的座位，一位拿有巧克力的小鮮肉站在一旁眼巴巴看著我旁邊的靠窗空位，我靈機一動邊笑邊對他說：「想坐嗎？拿你的巧克力來換。」沒想到小鮮肉立馬答應還跟他同行友人們也要了巧克力一次給我好幾個，就此一補娘娘差點錯失可愛喜糖的遺憾。

柏林行就這麼結束了。博物館除了馬德里、柏林以外，絕對不能錯過的還有倫敦與巴黎，當然還有梵諦岡博物館與翡冷翠的烏菲茲美術館。由於倫敦與巴黎能夠拜訪的博物館很多規模很大館藏豐富，因此建議一天走一間博物館就可以了，否則一天跑兩間大概也差不多斷氣了。烏菲茲美術館在冬天排隊的人龍更是需時約一個鐘頭，好比在迪士尼排太空山一樣，巴黎更不用提了，總之有票的地方就有人龍。倫敦最棒了！大英博物館、國家藝廊、維多利亞亞伯特博物館都免費參觀，也因此節省了觀光客許多排隊買票的時間。

結論：逛博物館就是備好一雙能走的腿，接著就是好好展開一場視覺的饗宴啦！

山不轉路轉人生永遠要有的 B 計畫（奧地利）

旅遊已經成為國人生活必需品，所謂讀萬卷書不如行萬里路，只要沒有戰爭的國家國民，隨著飛機輪船的發明與簽證的放寬，去到另外一個國度已非難事，不僅可以陶冶身心，也可以開開眼界。旅遊對老娘來說無疑是一段苦行僧之旅，就好像唐三藏西天取經一樣，由於經費有限（但還不至於化緣），所以能省則省，從平淡中享受沿途風景與人文的美好，這種簡單幸福是最好且最能紓壓的一種方式了。然而，旅遊豈有如此簡單？所謂在家靠父母，出外靠朋友，如果自己這麼無敵也就不用靠這靠那了，如果妳在自己的國度很威，出了門呼爹喊媽也沒有用，除非你有一雙國際級父母在海外也使得上力，但強龍不壓地頭蛇，很多時候出外還是要看當地人臉色的。

旅遊最重要的就是制定計畫，當然最不重要的也是制定計畫。此話怎講呢？好比說如果妳預算有限，那妳最好提早買機票否則價格過幾天可能就差個一萬元。如果妳很有錢，但飛機飛到妳想去的目的地一周只飛四天，那妳一樣得等，除非妳祖媽有錢到有私人飛機和航權。如果妳制定了計畫，卻發現航空公司、輪船、火車、地鐵、公車都與妳唱反調讓妳銜接不上預訂好的行程，那就要知道山不轉路轉，人生制定 A 計畫的同時，永遠要有 B 計畫。

鋪了這麼多，其實要講的故事是發生在二零一三年的歐洲國度奧地利。有時我們在選目的地時，是受到了很多靈感與眾人的分享，可能其他人說了一段有趣的故事，或是妳看到了一張美麗的圖片，就起心動念想要去那個地方造訪。娘娘的奧地利之旅選擇不是首都維也納，而是南部的一座城市茵斯布魯克。為何會選擇這座城市呢？原因在於工作時拿到的第一間大客戶總部就是在這座城市，連在該公司的人都不一定去過這個地方了，本宮當然要利用自己放暑假的機會深入探訪。

由於原有一張機票目的地是到德國法蘭克福，因此決定尋找如何從法蘭克福前往茵斯布魯克。老娘為了找到當時搭乘的資訊，簡直就是翻天了，百思不得其解為何當時要選擇比較麻煩的路線，最後像福爾摩斯一般抽絲剝繭終於找到答案，了解當時為何要做那些選擇，就如同電影記憶裂痕一樣，自己給自己留下了一堆線索解謎。首先，聰明的看官們可能會說，為何不選擇奧地利首都維也納啊？臺灣的航空公司有直飛啊！不過當大家把地圖一攤開就會發現，維也納在茵斯布魯克的東方，法蘭克福在茵斯布魯克的北邊，法蘭克福前往所需花的時間只比維也納多約一小時，但改機票另外需要花上一筆費用，所以最後就選擇了從法蘭克福前往茵城。

當時預計抵達法蘭克福機場的時間預計為早上六時五十分，若過海關與領取行李大約需要花一到一個半小時視機場隊伍而定，因此大約八時至八時半可出關。但問題來了，一班只需轉車一次於八時三十五分開車，總車程六小時四十八分鐘的火車似乎是擁有三十公斤行李最好的選項（不用奔來跑去換月臺），但老娘能否順利從機場飛奔到火車站是個未知數，於是在當年還未使用智慧型手機的情況下，B 計畫來了。所謂的 B 計劃，就是須轉車三次早上八時五十三分開車，總車程六小時八分鐘的火車。一般來說若稍微提早購買火車票，A計畫的火車票要價約七十歐，B計畫的火車要價約一百一十歐。但在沒有自信飛機是否會有延誤抑或是出關、行李延遲的情況下，錯過火車極為麻煩，因此下了一個大膽決定，到現場再來買火車票。

一般來說歐洲的火車站和機場一樣，幾乎都是到當天搭車、搭機前才公布月臺以及登機門，但德國的跨國鐵路卻是大大不同，老早就公佈了萬年不變的轉車月臺，而且還清清楚楚寫上總轉車時間與換月臺的步行時間，讓轉車乘客可以掌握時間。這種跨國火車的服務不禁讓人佩服德國人做事一板一眼且又要求準時的民族性格，連轉三次車都能有自信地寫上所有資訊，頓時老娘也信心大增，唯一只祈禱票不要售罄就好。

於是乎在飛機上渙散度過漫長十幾個小時後就開始集中精神過海關取行李間找火車站了。出關後抵達火車站售票口已經七點五十五分，花了七分鐘買票後，抵達月台居然已經是八點四十三分。邏輯上實在說不通，照說半個小時抵達月臺綽綽有餘，到底是因為轉一次火車的票已經賣完？還是轉一次火車的票貴到天價？以至於甘冒抬著三十公斤行李轉三次月台的決定已然不可考。總而言之，言而總之，最終跳上了八時五十三分前往慕尼黑的火車。

從法蘭克福前往慕尼黑的火車在第五月台，看了一下在那裏有十分鐘的步行路程，但有十七分鐘的總轉車時間，還算充裕。第二段轉車即抵達奧地利庫夫施坦，在那裏有十四分鐘的步行時間換到另外一座月臺，但卻要從第六跑到第二十二月臺，實在是無喘息時間啊！只要火車一個延誤或沒有電梯，需把三十公斤行李抬上抬下就剉屎了。最後一段則到奧地利沃格爾轉車，雖然車站較小，但只有五分鐘的換月臺時間也是驚險萬分。就這樣每喘息一下又要準備飆腎上腺素來回共三次，最後終於順利抵達最終站。

茵斯布魯克是一座美麗的山城，位於茵河畔，再往南穿越阿爾卑斯山就可以抵達義大利。抵達後直接前往大概是那裏唯一的青年旅社，居然位在河旁邊，相當靜謐，剛好配到的房間就在河的那一面，躺在下鋪映入眼簾就是小河與一旁的高山以及腳踏車道，美景如畫真的有種物超所值之感。這間青年旅館的房間床與所有家具都是以木製為主，居然還貼心到一床有一格超長可鎖的置物櫃，四人一房內有自己的浴室相當方便。

放置好行李後，便趕緊前往最近的超市採買糧食與水。進到超市前向後一望高山頂居然有一團灰色的大雲，看起來相當不妙，於是分秒不耽擱地衝進去採買。這是在旅社附近有一間很大的荷蘭籍超市SPAR，這間超市賣著其他國家比較不常見的米香，就是那種在臺灣路邊可以看到一塊塊的甜米香，只不過奧地利的完全沒有味道，連鹽都沒，一塊塊原米香堆疊一條不到一歐，是貨真價實的乾糧。才逛了十五分鐘多就被超市趕出來，因為營業時間只到晚上六點半。

和其他客人一起出超市後，只見一陣狂風暴雨，後面的山巒已然朦朧，雨大到站在騎樓最裡面都還會被瘋狂的雨點打溼，大家等了十五分鐘後，有人試圖穿著雨衣騎單車離開，一出去就濕透。不過仔細看了看大家的腳下，居然穿著有備而來的膠雨鞋。查了一下才發現，茵斯布魯克的雨季集中在六到八月，以七月下旬最為多雨，正是老娘所在的月分與季節。

經驗上，咱們在躲雨時，大多數人會等雨小點後就繼續前進，但是在茵斯布魯克那場瘋狂的暴雨，實在是在一路無遮蔽物的情況下，風的強勁帶動雨勢讓妳一點都不想走出去。沒想到那場雨下了半個小時才停，實在把老娘累壞，因為超市已關，站在騎樓下實在無聊到像一頭被困住的野獸，沒想到娘的第一天行程就如此令人感到不耐，實在是始料未及。（別問老娘為何不滑手機，那時只有科技始終來自於人性的諾基亞先生陪伴本宮）

回到青年旅館後，到了二樓偌大的食堂，也都是以木製桌椅布置，走到底有一個小陽台，陽台上有桌椅可以坐著觀賞小橋流水以及眼前的高山，在那裏認識了也是自己去玩的旅人，邊吃邊聊，也算是種休息。第一天就在國度之間穿梭與適應休息下結束了。

第二天早晨天氣晴朗，奧地利的早餐時間早到不像話，八點多就結束了，娘娘居然要起得比在臺灣工作時還早，七點坐在餐廳時就已經滿滿是人。早餐是健康的優酪、麵包、起司與火腿，坐在陽台上吃還可以看到一早起來運動的慢跑和自行車者，實在是太逼人的一個國度。這讓我想起在義大利念書時的奧地利以及德國室友們，約莫晚間十點半就已經全部入房就寢，實在和老娘這種南歐人的作息大有不同，也因為如此剛好可以錯開使用廚房與浴室的時間。但到了人家地盤可不一樣，早起的鳥兒有蟲吃，幸好那間青年旅館沒有供不應求的問題，只要在指定的時間內用早餐，幾點去食物都是滿滿在線，可見工作人員補貨補得很勤。

早上九點看著雪白的山頭，可見一旁的山有多高，茵斯布魯克不愧是有得天獨厚的美景。經過了輕軌，一看之下發現單程票就要四歐五，來回要七歐一，就決定這幾天都用走的，大眾交通工具如此昂貴，難怪單車盛行。

一整天艷陽高照，走到哪都可以看到群山環繞，到了市中心最吸睛的莫過於老娘客戶的概念旗艦店啦！由於該品牌總部在郊區，換算下來門票與交通費實在有些高昂，乾脆就在市中心逛逛就好。只見店裡陳列著各式各樣的商品還有美麗裝潢，賣的東西有很多是在其他國家找不到的，許多優惠也將近五折，各種語言國籍的店員都有，完全就是為了服務購買力極強的觀光客所配置。本宮將所有商品一一照相傳給了我的娘，讓她挑選後再行購買。至於到底是甚麼神祕的商品呢？就請看官們自行搔搔腦袋尋找正解啦！

到了一座城市，有一項物價水平的指標，那就是麥當勞。奧地利的麥當勞漢堡只要一歐元，與西班牙一樣，想省錢的朋友確實是一餐兩歐元可以解決的。走著走著，只覺天氣與前一天的狂風暴雨太過迴異，從早上十點到下午兩點揮汗如雨，到了中午十二點更是走到頭暈，戴著帽子都還幾近中暑狀態，此時眼前出現了一座偌大的教堂，娘娘心中暗自叫好，立馬躲了進去。

該教堂沒有叫本宮失望，內部以大理石為主要建材的裝潢透著沁涼，襯著以粉紅基底的巴洛克式雕刻與繪畫，讓娘娘得以好好喘口氣乘個涼。要知道歐洲這種石頭所建的教堂就是最好的避暑處，炎炎夏日走過路過別錯過！原來那是茵斯布魯克的羅馬天主教教堂，建於十八世紀，難怪雕梁畫棟華麗至極。待了二十分鐘之後繼續前行。走著走著又在下午三點多為酷熱所苦，眼前又一座教堂，趕緊再度躲了進去。那座教堂規模較小也較現代，但有座地窖，一個人往下走只見陰森森的微弱光芒，大概是供某些聖人長眠之用，一時之間暑熱全消，冷風呼來雞皮疙瘩四起，於是再度回到地面，這種消暑之法既快又有效，不到二十分鐘老娘又生龍活虎地向外闖去。

所以說這種臨山不臨海的低海拔城市少了海洋的調節，說風就是雨，說出太陽風又停止，那種在看似不強的太陽底下行走的酷熱感實在是相當考驗行人，一路從早上十點熱到下午四點，也難怪當地人都一大早起床享受一天最美好的時光。

到了第三天，有鑑於市中心能走逛的景點不太多，因此鎖定一座較遠的維爾頓聖殿，那是一座位在較偏遠的羅馬天主教教堂，外觀呈現著白色為底黃色帶狀的裝飾，一度讓我以為到西班牙南部的安達魯西亞了。對於這座教堂的記憶印象最深刻的就是走了好久好久，好久好久，揮汗如雨，又走了好久好久，終於走到這座茵斯布魯克最古老的教堂之一。只見裏頭裝潢又像是前一日去的主教堂一樣，呈現生動的洛可可風，一樣是建於十八世紀。

走進去後又一樣歐買尬的猛拍照，除了有趣的裝飾外，是粉紅色！可愛的粉紅色！這就是典型洛可可風，充滿了甜美、柔和，教堂的木椅還雕飾了不對稱的花邊，相當生動可人。至於前一天去拜訪的巴洛克風區別在於用色鮮豔，誇張力度，使用各色大理石來增加華麗感。總而言之看到這兩種風格，教堂就約莫是建於十八世紀啦！兩種風格都會讓人有種「哇」的驚嘆感，大概就是像看到了雕梁畫棟的廟宇一樣，總之作工精細，每個角落都是工夫，總是在想到底要花多少人力去完成整座建築。想想又相當感謝歷史上的許多對抗與衝撞，才能造就出每個時期不同的風格。所以說人類真的是造物者的一大力作，因為我們懂得思考，所以才會有許許多多後天的創作與文化。

抵達那裏後才有一種好啦走再多路都沒有白來的感覺。而回程永遠比去程快，途中經過了一些商場與小店，最令人印象深刻的是大籃裡裝著臺灣捷運總是警告不要穿的膠雨鞋大特賣，由當地的商場就可以一窺當地天氣的變化，超級大雨季的日子有備無患啊！不過幸好第二、三天都沒有下雨，否則這種一日多變的氣候，要不就熱昏人，要不就濕翻，這兩種天氣都讓人很難有舒適的感受呀！所以英國人別再說自己的天氣多變了，在茵斯布魯克的夏季才是反差大得要命！就像臺灣夏季又濕又熱又烤人，偶而卻來一場颱風以及幾乎每天下午都有的午後雷陣雨，儘管可測，但要準備的傢伙相對較多，防曬還要防雨。

第四天找了個英倫男孩帥哥遊伴就前往了必須造訪的山區。話說這家青年旅舍的後方就是前往高山的步道，只要跨越小橋穿過河流就是山區小道的起點，甚是方便。途中經過了動物園後再繼續走到了 Hungerburg 纜車站，其實老娘對於這種山區並沒有概念，且英倫男孩前頭聊天總是說自己旅程中有多省錢，但後頭一看到纜車要價二十四歐半，居然完全不考慮的就說要坐，讓娘娘心想還說節省呢！怎麼花起這麼貴的纜車費用眼睛也不眨一下，到了後來才明白原因。

原來搭乘纜車需時約八分鐘，但徒步走到山頂要五個半小時！其實我們徒步也爬到了八百六十八公尺，搭乘第一段纜車後居然直接抵達一九零五公尺，再搭乘第二段直接破兩千升到海拔二三三四公尺。這麼想起來，只要是在天氣晴朗能見度高的情況下，就會覺得二十四歐半買十一個小時相當划算，也還好在相當會旅遊的英倫男孩帶領之下沒有傻傻爬到一千公尺後放棄。整座山其實都有規畫完整的徒步步道與蛇行的單車軌道，所以很多玩自行車的人就在我們這些坐纜車的腳底下從事這種耗體力的運動，不過在規劃完整的山區，能做這些運動起來也是相當過癮。

搭乘第一段纜車抵達後就可以將整條穿越城市的茵河一覽無遺。茵河是流經奧地利、德國、瑞士的一條河，多瑙河的支流，總長五百一十七公里，源自於瑞士的阿爾卑斯山脈，最後流入多瑙河中。由於上游礦物質的關係，所以整條河流在茵斯布魯克顯得相當混濁，說是碧綠色，但在本宮看來其實呈現綠色帶點灰，不似一般的小溪清澈。

第二段纜車下車後，哇，二三五六公尺，整座山頂有著四面八方的全景環繞，老娘的夾腳拖功力一施展，再往上攀岩到大石上，居然可以看到山上尚未融化的積雪，可見有多高。從平地開了兩小時抵達的阿里山森林遊樂區也才二一七零公尺，可見纜車的威力有多驚人。不過當然無法完全相比擬，畢竟歐洲的山多半不會太過陡峭，幅員遼闊，天氣較穩定，危險度沒有臺灣高。

到了頂峰，英倫男孩說那裏是往娘娘下一站要前往的義大利，再轉身一指說那是他要前往的下一站德國。當時不禁燃起一個小帥哥今天之後又要轉身說再見的小小傷感。重點是他怎麼知道哪裡是哪裡啊！老娘沒有羅盤可是東南西北完全分不清，除非有日出與日落，否則就算有指南針大概也會看反。

在山頂逗留許久之後，便前往纜車站旁的餐廳用餐。該餐廳也是遠眺全景，戶外座還有當地人穿著奧地利傳統服飾唱著民族歌謠，伴著豎琴、手風琴與大提琴樂手，相當有在地風情。食物主要是以馬鈴薯為主食，伴隨著重口味的肉餅或醬肉，大概有點像我們的牛腩，但醬汁再濃稠厚重些。

吃完飯後就抵達原來山腳下的纜車站再徒步下山，其實一般可以使用輕軌接駁，但由於咱們的住宿地點附近就有步道，所以運動一下也是好的。只是一到接近平地後，才發現哇賽，兩個人都曬得紅咚咚，尤其是老娘的肩膀與手臂，熱得發紅，但在山上伴隨著風不感覺，回到低海拔才驚覺太陽的威力。至於小哥當然是一座高聳的鼻子曬得紅通通，甚是可愛。

雖然半天在山上耗著，但還是有時間可以回去梳洗後再去市區走走逛逛覓食的。隔天中午英倫男孩要前往德國，娘娘要啟程去義大利，就此分道揚鑣，也許今生不會再見，再相見可能也認不出來了。

人生的Ｂ計畫制定在此趟火車行中徹底執行，有時候我們要放下控制，掌握資訊順勢而為就是最好的旅遊方式。

註：參考圖片１４、１５、１６、６１

愛錢愛得冠冕堂皇的中立國（瑞士）

瑞士，這個我小時候第一次踏出國門，去了荷蘭、比利時、法國、瑞士、德國，最後被本宮選為五國中最愛的國家，純然是因為小時候受不了博物館看不完又大到爆的法國，待了一天沒什麼印象的荷蘭和比利時，以及只記得買了塊琥珀的德國。瑞士就是那種「哇！」有雪可以滑，有纜車可以讓懶人上山，有小木屋好溫馨，晚上冷颼颼還有熱通心粉湯沒有奇怪蝸牛料理的國度。當然啦！這純粹是小朋友以管窺天的不當結論，不過也說明了瑞士的美無庸置疑。

因緣際會之下認識了瑞士友人由蒂絲，她住在最大城市蘇黎世，在省住宿費的情況下，終於再度造訪這個國家。蘇黎世是瑞士的德語區，瑞士沒有自己所謂的瑞士語，當然有一些當地的方言，可是主要還是以法語、德語以及義大利語為官方語言。簡而言之，比較靠近德國的就說德語，較靠近法國的就操法文，南部說的就是義大利話啦！至於本宮最喜歡玩的遊戲，就是首都猜猜猜。瑞士的首都在哪裡？蘇黎世？錯！加拿大的首都在哪裡？多倫多？錯！澳大利亞的首都在哪裡？雪梨？錯！巴西的首都在哪裡？聖保羅？錯！至於正確答案為何，就讓讀者自己去探索啦！總而言之，我們在走訪世界前，才會真正體會到地理課的重要，因為對於很多外國人來說，這些都是常識，我們當然也要展現自己不落人後的十二年國民義務教育囉！

早上七點二十分下了火車，就看到好朋友由蒂絲已經在火車站等待。隨她一起出站，九月的蘇黎世來個陰雨綿綿迎接本宮，坐了兩站輕軌，就抵達了友人的小公寓。由蒂絲和室友分租，整體空間兩個人住很是足夠，未來那幾天客廳就是我的睡房啦！客廳擺了兩張沙發，其中之一其實就是床，空間相當大，連通餐廳僅有一座小矮牆，所以整體透視感十足。廚房外頭有著小陽臺擺了一張小桌和兩張椅子，天氣好的時候可以坐在外頭喝茶聊天，十分愜意。

安置好行李後，由蒂絲先帶我去鐵道橋，一間間商店在鐵道下林立並標示著號碼，很像臺灣把過去的倉庫改成文創區，非常會利用空間。接著好朋友便帶我去租腳踏車，完全沒問老娘是否有自信騎著腳踏車上山下海，但所謂入境隨俗，往踏板給使勁踩就是了。腳踏車是免費租借的，只要押張證件，就可以開開心心地上路。自行車並不是像一般大城市有停靠站自己拿取，而是有專人將單車取來給你。租來的腳踏車籃子放置在後座，實在是非常相信人性，都不怕東西擱著就給偷了嗎？也許瑞士如同我們過去的大唐盛世，路不拾遺，夜不閉戶（不負責揣測）……腳踏車上有一個已經連結後輪的固定鎖及鑰匙，所以停車時完全不用找電線桿，只要用鑰匙輕輕地鎖上，整臺車就無法被騎走了，實在是一個物超所值的配備。至於這麼好用的腳踏車到底是哪裡製造的呢？為了之後深入調查，隨手照了一下車上標有的外文字。一查之後不得了，身為腳踏車王國的臺灣，該車上的煞車系統就是西元一九八六年成立的彥豪金屬製造的。

到達丘陵上的公園，看到與法國一樣的景象。一群老人在玩滾地球，有好幾個像鉛球的球體，躑球人雙腳貼地滾球。詳細玩法就不多介紹，想玩的未來走在歐洲街頭自行加入老人陣即可，這種國民運動起源於法國，就好像大陸的廣場舞及臺灣的公園氣功一樣，難度不高且較無運動傷害。

從丘陵上的公園可以看到穿越蘇黎世的主要河流——立馬特河，從那裡可以俯瞰蘇黎世幾座主要的教堂。逛了半天居然還不到正午，有點餓了的我們隨意買了根歐式香腸與鬆餅填肚。想要觀賞蘇黎世全景，有很多鐘樓可以登高。由蒂絲帶我登了蘇黎世大教堂。到底是哪一座呢？就是那座有雙塔且塔沒有尖尖的教堂。這座教堂建於十二世紀，為羅馬式建築。看到那種半圓拱頂，就可以確定是歐洲中世紀的風格，十二世紀開始就會看到尖得一塌糊塗的哥德式建築。比起哥德式的吸血鬼感，羅馬式的教堂就是有種質樸好親近之感。就算烏雲一朵罩頂，也不會有種電影「凡赫辛」吸血鬼要降臨的幻覺。

登頂之後幾乎可以三百六十度鳥瞰蘇黎世城景，都說瑞士產錶，到蘇黎世卻有種不用戴錶也可以知道時間的奇妙生活感，因為到哪都可以看到一座鐘樓，頂上大大的時鐘就是報時最好的大眾「時間」工具，看來對於住在市中心的人，錶也許就是一種風格與身份地位的展現，實質性嘛在市中心的戶外倒也不太說得上。

太陽公公才冒出頭一下下，過不久又下起雨來，於是和由蒂絲跑進一間甜點店躲躲雨。晚上和他的友人一起去一間真的是只有當地人才會找得到的復古酒吧喝一杯，只能說這種濕濕涼涼的天氣，讓人行動力倍減啊！每年夏天都一雙夾腳拖的老娘，腳尖只有默默顫抖與在外受盡風寒的份，抱怨不得。

隔天友人前去上班，於是老娘睡到爽後，才終於懶洋洋地出門。瑞士與匈牙利一樣，使用的是自己的貨幣，叫做瑞士法郎。這個貨幣與歐元差不多，大概再小一點點而已。簡而言之，換一塊瑞士法郎，大概只比換一歐元少付新臺幣兩元左右。找到了一家銀行，一如既往地進去換幣，櫃檯窗口和英國一樣用著玻璃隔起來，看來很怕被搶。老娘手裡捏著國際駕照，想說等等被問證件時就拿出來擋一擋，豈料行員問完要換多少錢後，就直接一手交歐元，一手交瑞士法郎，證件一事連問都不問，算是見識到了瑞士人有錢都好辦事，難怪各國無論法不法，黑不黑的錢都進得了瑞士。就像電影「華爾街之狼」中的瑞士銀行經理那種有錢就可以沒原則的有趣嘴臉，只能說有錢能使鬼推磨，老娘此生從來沒有換匯換得如此爽快過。

雖然由蒂絲找了很多一日登山團要我不要留在無聊的蘇黎世市中心虛度光陰，但鑑於每一團都要來個百元瑞士法郎，老娘對於瑞士的物價實在有種不能承受之重，所以決定搭個船在蘇黎世湖上隨意漂漂就好。但隔日天氣仍不作美，所以先調查一下票價與碼頭，如果之後太陽公公給面子，再來個湖上漂漂。在瑞士其實有錢的話有很多東西可以買，比如說小時候本宮的娘就買過刻有本宮名字的瑞士刀、一個有布穀鳥會出來報時的咕咕鐘（經過海關安全檢查內部金屬還引發警鈴嗶嗶叫）、以及各種名錶。當然啦！真的沒銀兩，別忘了還有雀巢，以及其他品牌的瑞士巧克力。

過完了悠哉的下午後，就和友人前往她的神秘境地。由蒂絲騎腳踏車，我和她的朋友坐著輕軌到了一個渺無人煙的山丘上。原來他們在丘陵上有一塊很小的地，上面種了他們自己的農作物，沒事就來照顧作物，收成時還可以自給自足。從山丘上可以遠眺蘇黎世夜景，她們帶了酒與點心，我們就在涼颼颼的山上開始看起夜景野餐起來。看來城市人也懂得過上這種半田園生活。對於老娘這種超級城市人來說，蘇黎世的活動真的不算多，應該說歐洲基本上夜間生活除了喝酒外大概沒什麼太多娛樂方式，找點樂子殺殺時間陶冶性情還是很必要的。

隔天太陽公公終於給臉，冒了好大一個頭出來。早上在由蒂絲充滿各式果醬的廚房挑了本宮最愛的水蜜桃，吃飽喝足後出了個早門。所謂的早門，大概就是每天看得到的藍綠色尖頂聖母大教堂上的時鐘，從前一天的下午四點半才抵達市中心，到後一天終於下午一點就站在街上的早。這也不能怪本宮，因為還要忙著尋找蘇黎世後的下一個目的地，一早起來冷到翻，腳腳都不腳腳了，只有等把正事辦完，過了正午之後才出門。

天公作美，本宮興致高昂，於是決定搭船漂到湖的另一頭。一艘中型船隻剛好靠岸，下來了一群穿著西裝的生意人，原來談生意都需要坐船呢！只能說整座蘇黎世大概都會在平日看到穿著西裝的男人群們。日光正好，兩位身著西裝的男人坐在長椅上，懶得不想動的樣貌好像人生沒其他事好幹了。

趁著等船之際，老娘使出了小惡魔的惡搞本性，硬是請個路人拿好相機，我則是「見縫插針」地坐在他們兩位中間來張照留念。只見相片中的兩人一位都打起盹來，另外一位好像當作沒看到一樣自顧自地講電話，我心中大笑不已，想說此情此景也只有老娘幹得出來。這讓我想到了威尼斯行和同學們到麗都島，到哪都要照相的我，一見到公車站牌的倒影，和大家說：「不要動！」，硬是要留下一影，結果被同學大聲說站牌玻璃廣告牌的後方有一個在等公車的人很尷尬，但那麼暗誰看得到啊！那位島民一定很錯愕，想說到底一群人對著公車廣告牌擺姿勢是什麼意思，真是每想到一次就好笑一次！

每半小時的一班船，在暖陽的普照下，時間很快地過去（時間倒是足夠的可以來張惡搞照）。上的船是一艘扁型的觀光船，抵達湖的另一頭散步，隱約可以看到一層層的山巒，但並不十分明顯。湖還是湖，再大都沒有潮汐。湖畔旁真的是乾淨與整齊得可以，簡而言之，沒有什麼過人之處，景色單一。走走散散到一間餐廳，我的老天鵝，中東沙威瑪（就是一張餅皮裡頭包了很多肉和蔬菜）居然要八塊半瑞士法郎，披薩來個十五塊八。只能說就算經濟美食沙威瑪比起物價高昂的法國要價五歐元，或是英國三塊五英鎊，都沒有辦法拚得過瑞士令人咋舌的物價。沒錯，評價歐洲一座城市的最低基本餐價多少，沙威瑪的價格算是一個很好的指標（平民食物）。

在這種難得的好天氣下，一旁居然有男子裸著上身要下去和天鵝以及鴛鴦們一起泡澡，人家有說要跟你一起「三人行，必有我師焉」嗎？一旁還有幼兒園的老師們帶著身上穿著明顯螢光 V 字的孩童們，老師們一前一後還拿著一條螢光色的繩子，所有小朋友都邊走邊拉，身怕走丟似的。前面還有一臺超酷的巨型娃娃推車，裡頭有三排，可以坐六個幼幼班的小朋友，老師邊推，小朋友們邊欣賞湖景，簡直就是娃娃觀光車。十四個孩童配四個老師，不敢想像學費有多貴。

最後坐船回到原地，一旁又看見穿西裝的一男一女在河岸旁隨意拿著啤酒邊喝邊聊邊曬日光浴，只能說蘇黎世的九月陽光似乎與英國的日照一樣珍貴與令人珍惜。才吃了一個小漢堡的老娘又餓了，經過一間路邊攤，賣的又是德式香腸，只見攤販把法國麵包棍挖空，把又粗又大的香腸塞進麵包中，真虧他們想得出這種吃法。不過本宮喜歡，因為以紙巾包覆著外皮，充滿細菌的手不用直接接觸食物，寫到這裡，只能大嘆歐洲人是不會懂的。這讓我想到老娘在英國把歐洲人訓練得五體投地的過往。

話說當年在英國倫敦物價高到令人抓狂，老娘又堅持住在市中心一區，於是賺的錢將近百分之六十都拿去付房租了，其他錢又堅持拿去繳學費學外文，於是吃的方面就只能吃屎。前面提到沙威瑪可以當作一個地方的最低外食指標，那麼另外一個就是麥當當了。這個全球的巨型標準化怪物，在老娘必須外食的情況下成為了最好的朋友。一週三個平日晚上，下班後就要直接前往附近大學學習義大利、西班牙以及法語。來不及回家的情況下，全球化怪物的金色拱門頓時成為了一種救贖。英國幾份報紙，每天都會在地鐵站門口發送。其中每週四的一個頁面，就有著麥當勞的特價卷。一份麥香魚和小薯條只要一點九九英鎊，在倫敦一個沙威瑪至少也要三塊半英鎊呢！於是老娘開始搜集起特價卷好應付逃不掉的外食。

一日到麥當勞，點餐的是一位東歐女孩，體態紮實穩重。我給了她折價卷說道：「麥香魚麻煩加醬用紙包」。是的，身為麥當勞跨時代的忠實食客都知道，麥香魚裡頭有著酸酸的塔塔醬，而在麥當勞過渡期要變相漲價時，曾把幾種漢堡尺寸縮小但改放在盒子而非用紙包。當時經過這樣的變革，臺灣的麥當勞店員還被老娘嗆過。我說：「麥香魚怎麼變小了?」店員：「沒有變小，只是改用盒子裝，視覺上好像變小了。」本宮回嗆：「別唬我!本宮（當然沒那麼神經病，我還是用「我」稱呼自己啦!）從小吃到大，不要以為用盒子裝就可以騙尺寸沒縮水。」為了給對方臺階下，我說我要換大麥克（當年兩種漢堡的套餐價格相同），店員摸摸鼻子就幫我換了。

言歸正傳，那位東歐女生以為自己聽錯，幫我點了加醬後又再問了一次。我道：「用紙包，別用盒子。」東歐女生好奇心作祟，問我為什麼，我回答她：「這樣手才不會碰到漢堡，我也不用跑去洗手。」那些歐洲人明明吃有紙包的漢堡卻還要把紙拿掉用手指捏著吃，在老娘看來，簡直就是糟蹋現有的「餐具」。東歐女生有聽沒有懂地點了點頭，幫我做了這份要價兩英鎊還有找的客製化商品。

就這樣，再下一次去的時候，又看到了東歐女孩。我一看到她把折價卷給了，她和我說：「妳知道嗎?上一次妳請我用紙包時，我以為妳瘋了。但我回家想想後，覺得很有道理。」我不禁莞爾，本宮早就給忘了，沒想到一句無心話竟然起了教化作用。

再下一次去，輪到我時剛好到了一個南亞人的點單機，老娘一貫地給了個客製化的要求，這位看起來剛到的菜鳥說：「加醬？加什麼醬？」我回：「麥香魚裡頭的塔塔醬。」這位菜鳥說：「加醬？加醬要加錢的。」看著值班經理就在一旁，他卻對他不確定的事胡亂回答，本宮步步進逼：「那要加多少錢？（氣勢上是「你說啊！你說啊！你倒是說說看啊！」）」這位菜鳥語塞，此時值班經理過來救援，半責備地說：「加醬不用加錢！」本宮追加：「要用紙包。」這位同是身為南亞人的值班經理說：「麥香魚沒辦法用紙包。」我說：「就用其他漢堡的紙沒關係。」值班經理堅持說：「沒辦法，辦不到。」此時瞄了一下旁邊幾個櫃位，不見東歐女孩的身影，只能默默嘆息。

過幾天，又在大排長龍的隊伍中看到了東歐女孩，但輪到老娘時偏偏又是另外一個收銀機。只見如常的對話又遇到了障礙，就在又要解釋半天的對話中，東歐女孩剛點完一單殺出重圍，立馬把應該也是菜鳥的點單人員支開，俐落地幫我加醬用紙包。我們很有默契地互相對視而笑，本宮當時心裡只想著這女孩了不得！未來必大有所為！

之後一週三次，本宮手上的卷都黃了也過期了，排隊時一定要等到東歐女孩的機，走上前去都會聽到一句：「一如既往？」，俐落地按了一點九九英鎊，連折價卷都免了，直接加醬用紙包一次到好，超級客製化與尊榮顧客等級對待，因此別說在平價標準化速食餐廳享受不到，只要有心，人人都可以做到。所以說臺灣人就是難搞，老娘自己最討厭的客人就是臺灣人，囉哩叭唆給錢又不大方不利索（說的就是自己），但換個角度想，為何臺灣軟實力堅強呢？就是給這些莫名其妙的客人給操出來的。老娘的名言：只要你能伺候臺灣人，你就能滿足全世界！可惜離開英國時太過匆匆，最後沒有想到要上前去送上一份禮物，回饋她一直以來給我的絕佳服務與方便。至於她到底是不是來自東歐？就當作是了唄！

鏡頭拉回蘇黎世。本宮最後晃到河邊發現一家超市，終於可以好好進到一家購買便宜食物的地方了。老娘旅遊有一個重點，就是入住時一定要把最近的超市給問好，因為想要省錢玩，超市買的水一定是最便宜的，就像換匯一定要去銀行一樣。步入超市，其實也沒有什麼可買，因為沒什麼熱食可以選擇。已經吃過鹹食的我，最後買了兩個卡士達甜甜圈共三塊三瑞士法郎。卡士達這回事，在臺灣與歐洲又是大不同。在臺灣，想要吃到黃色的卡士達，往往不能被「奶油」二字給誆了，因為臺灣不知道從何時抄來使用鮮奶油入進甜甜圈或甜食中，這種吃一口就膩的組合也不知道是誰發明的。每次要選擇黃色奶油時，還得特別詢問是否為卡士達。在南歐，基本上只要說 crema，就是黃色的奶油。若是白色的鮮奶油，叫做 nata 或 panna。鮮奶油通常都只會放在咖啡或冷飲上端，不太會拿來使用當作甜點填充料。當然每個人口味不同，但對本宮來說，鮮奶油放入甜甜圈或泡芙中簡直就是一大慘劇，吃一口就膩到可以丟了。

買好甜甜圈，天色又變得多雲陰白，走到河邊想要好好坐下來享用甜點，忽然感受到遠方有好幾道眼神射過來。一看在一百公尺外有三位龐克風老人對著本宮直直看並露出猥褻的微笑。老娘迅速環顧四周，雖看得到人但身旁沒有其他路人，河岸步道又是一個半封閉的空間，若被三人圍堵逃不開就只能跳河了。就在一秒鐘內的觀察與判斷下，三位龐克老人居然往本宮方向走來。老娘一刻都沒有猶豫，立刻起身離開河岸，快步往反方向離開。此時只聽見三位老人忽然叫出聲來，本宮也沒聽懂，但只有一種「光天化日之下」差點被騷擾的虛驚一場。一樣的恐怖經驗在柏林更是這次的加長版，詳情請見博物館篇。

警報解除後，終於回到正常狀態，就是那種在飛機上看到安全帶警示燈被解除的那種鬆一口氣感。繼續走逛，居然看到蘇黎世電影節正值十週年，放映電影都是一時之選，幾乎都是觀眾評分七顆星以上的電影（滿分十顆星），且都是當年首映的，只能說蘇黎世大手筆啊！都是當年新電影，雖然老娘不是從事電影業，但猜想版權費應該不便宜。

最後又在市中心晃到與朋友的晚餐約會，慢慢抵達了餐廳。由蒂絲選了一間空間大氣氛佳的餐廳，雖然老娘一直嚷嚷著不用特別進餐廳，但由蒂絲還是堅持甚至說要請我吃晚餐。其實老娘不想要特別進餐廳的原因一方面是瑞士物價太驚人，另一方面也是因為瑞士食物沒有什麼驚人之處，實在不需要花這樣的冤枉錢。一翻開菜單，一盤主餐起價二十一塊半瑞士法郎。最後上來的兩道菜果不其然就是兩片厚火腿與馬鈴薯塊，由蒂絲點了牛肉馬鈴薯佐時蔬，看吧！是不是相當沒有驚奇感。不過由於由蒂絲上班一天很辛苦，又熱情款待，還是相當謝謝她的精心安排，甚至一直在上班前找餐廳並將餐廳網址與菜單價格傳給我。只能說老娘雖然是控制狂，但總是在旅途中遇到比老娘更有組織更安不下心更無法太過隨興的好姊妹，霎時間老娘都不老娘了，完全就是被照顧妥當的小姑娘，一點心都不用操。

最後甜點也沒太過期待，但應景選了一球霜淇淋。不點則已，一吃不得了，驚豔萬分！一問之下原來是接骨木花霜淇淋（無奶）。查了半天，居然在義大利以及亞洲都沒有吃過這樣的口味，欣喜之下，再點了一球！只能說沒有期待就沒有傷害，而沒有期待也往往是驚喜所在。兩個人吃了兩道主食，兩瓶飲料，三球霜淇淋，總共七十二瑞士法郎，簡直神了，跟法國餐廳的的物價不相上下。只能說瑞士人的收入一定要相當高才能負擔在這樣昂貴國度的生活。

在蘇黎世的那幾天，同樣的劇情再度上演。就是遊玩之際，每天還要陷入下一個目的地上哪的愁思。從巴黎到倫敦的歐洲之星車票日期已定，因此蘇黎世的下一站勢必是巴黎了。本宮二零一四年的幸運只能說是上天的恩寵。在義大利認識一位同校同學，一位芬蘭媽媽，嫁個黎巴嫩人，住在巴黎幾十年了，歡迎我住在她市中心的家，而且想什麼時候去到想待多久都行。最後確定待在卡侯拉家八天，真是一個叨擾人的天數，但也沒有其他辦法。從蘇黎世搭火車到巴黎相當快，抵達巴黎里昂車站只要四小時。

就這樣確認了剩下的行程後，才終於鬆一口氣。二零一四年的排程太過刺激，卻也接得天衣無縫，想想在三個月走過的路，前一秒還在一座島，下一秒就到另外一個國家，這就是歐洲的迷人之處，也讓人可以體會人生的改變可以在一晚，甚至在一瞬間。千萬別覺得多少時間算長，等你真正體會到光陰似箭歲月如梭時，雙鬢也許已花白。

蘇黎世的結束就在好朋友太盡地主之誼的招待下，在火車站與她揮揮手道別。一路上的朋友們，認識你們是本宮今生的幸運。

不會吧！人生第三次班機被取消（義大利）

是的，想必各位讀了老娘的班機取消故事後，應該覺得此生無法再度應付此種悲劇。班機何其多，能碰到被取消的機率又何其小呢？沒有數字統計實在不具說服力。可惜老娘無心也無力找這個統計數字，只能說天生命無交通運，老天就是用這種說悲慘不悲慘的意外事件來考驗與磨練本宮早已消失殆盡的耐性。

此篇章的背景是徐志摩筆下的翡冷翠，翡冷翠這名兒翻得好，以義大利文念法非常接近，且翻得相當有意境，佛羅倫斯乃英文所翻譯的說法，但畢竟是義大利地名，就讓我們忠於原著吧！翡冷翠這座被我朋友們喻為最愛的義大利城市，讓本宮在前往之前就抱持著期待，又兒時在 discovery 頻道看過此地乃著名販賣墨鏡之都，只因陽光普照，風景宜人（應是指所在的托斯卡尼省）。

由於翡冷翠乃一不大不小機場，沒有小到廉價航空會飛，翡冷翠這座城市亦無大到大型航空公司飛行。因此老娘買了從倫敦的波羅尼雅的機票先做半日遊，再搭乘火車去翡冷翠，後由翡冷翠搭乘掛在英航名下，但實際由義大利 Merdiana 航空公司所飛行的班機。

Ryanair 15OCT2010 購買
來回機票 GBP48.99
稅金 GBP0
網路登機 GBP5
行政費用 GBP10

總價 GBP58.44

去程 27NOV2010 FR194
倫敦 Stansted—Bologna
6:30—9:40
原計畫回程 5DEC2010 FR195
Bologna— 倫敦 Stansted
21:35—22:55

改訂回程 30NOV2011 BA7043(實際飛行 :Merdiana)
翡冷翠 Peretola— 倫敦 Gatwick
18:10—19:15 (飛行時間 2hr5min)

看完上表，聰明如你一定會問為何娘娘要買兩張回程機票呢？只能說凡走過必留下痕跡，三年多後回顧自己購買機票的信件，才像個偵探一一去推敲當時如此做的動機。姑且不論原因，光看金額就可以發現廉價航空有多麼便宜，來回三千多元的機票，就算以英鎊兌新台幣最高 1:67 來算，也不到新台幣五千元，因此就算放棄回程，也不會太心疼，於出發前九天匆匆買了一張非廉價航空的 Merdiana 機票就出發了。

看了這種又是一大清晨出發的行程，想必那種在寒風之中拉著行李凌晨兩點就要出門等夜間公車，再顫抖等待機場客運，再排預辦登機查驗簽證、過安檢、登機門前等候這種漫長過程也就不用老娘再贅述了吧！抵達這個義大利交通要衝波羅尼雅，這座以臺灣俗稱義大利肉醬麵為起源地的城市，完全是因為機票便宜又離翡冷翠不遠之故，讓老娘有機會一親芳澤。

波羅尼雅（義大利發音）有一座歐洲最古老的大學，創立於西元一零八八年，走到哪都是具有悠久歷史的古建築。由於時逢十一月底，歐洲各城市都會在市中心設立聖誕市集，就像我們的攤子般，有的吃有的玩有的買，尤其可以發現許多手工巧克力。

在這座大陸型氣候的都市裡，冬天雖冷但有暖陽，老娘就這樣拖著小行李箱邊走邊看，隨停隨照。如同其他義大利城市，波羅尼雅有著位於市中心的大廣場：海神廣場和波羅尼雅主廣場。最令老娘印象深刻的不是這些其他城市都有的東西，而是它的拱廊。

這座城市擁有約四十五公里長的拱廊，也就是我們所謂的騎樓，可以抵擋艷陽與雨雪。這些拱廊非常連續，且不似臺北的騎樓，它們有著義大利傳統的挑高，走起來視野開闊且相當寬敞，有些拱頂甚至有作畫，功能與藝術兼具，可以想像若遇雨天，仍可愜意散步逛街。

在這座以蕃茄肉醬麵聞名的城市，當然不可錯過本地的肉醬義大利麵囉！由於波羅尼雅座落於肥沃之波河河谷，因此擁有相當豐富的美食，所經的市場就賣著各式各樣的乳酪和香腸（火腿）。從早上十點逛到下午，老娘離開觀光區到一條大馬路旁的麵館享用平價美食。一盤義大利肉醬麵要價八歐元，果真不同凡響。此家用的麵條並非一般所品嚐的圓狀義大利麵，而是以蛋做的寬麵條（儘管老娘並不愛蛋麵）。肉醬有著濃厚的稠度卻不乾，不似臺灣的臺式作法老愛加水，每次吃完都剩一攤透明的稀水殘留在盤上。

享用完老娘最愛的肉醬麵後，就搭乘火車前往翡冷翠。從波羅尼雅到翡冷翠的火車約每十五到二十分鐘就有一班，歷時約三十五分鐘，要價約二十四歐元，可說是十分方便。

抵達翡冷翠之後，天氣可就不似波羅尼雅般的暖陽高照了。同學們，還記得地理老師教過的沒有？地中海型氣候最大特性是什麼？冬雨！好你個冬雨……一抵達就陰雨綿綿地迎接，溼度讓體感溫度變得更低了。從火車站一出來，就可以看到百花大教堂那巨大的拱頂。

翡冷翠最著名的是什麼？孩子，還記得文藝復興嗎？沒錯，就是那個歷史老師要你背十四世紀文藝復興，十五世紀航海時代，十六世紀宗教改革的「文藝復興」。這座城市可是文藝復興的起源地，只要記得兩個世紀的文藝復興就是從這個點擴散到歐洲各地就沒錯啦！

有著百花大教堂的大拱頂當主地標，望著拱頂朝那兒走去倒不是啥難事，步行約莫十到十五分鐘就抵達市中心，就在接近自己住的青年旅館之時，出現了個大路障—馬拉松賽跑。是的，那些揮汗如雨的馬拉松選手就是在此時頂著雨，在這歷史城區的石子地上不停奔跑，夾道兩旁的路人不停加油打氣，我看著熱鬧，等了五分鐘，卻有種身體快要撐不住之感，前晚幾乎沒睡，半夜兩點就打起精神旅遊在此時疲倦蟲可說是上了身，這種搭乘早上六點多的班機只有在年輕時才適合幹。

一個就在眼前的短窄道路，老娘花了二十分鐘才順利通過，這種事我看也只會發生在我身上……抵達所訂的青年旅館，只能說這大概是老娘在歐洲走訪大城市住過印象最深刻觀感最好的青年旅社之一了。平均一晚二十六歐元的六床套房不算便宜，以最高歐元兌新台幣匯率 1:47 來說，一晚也要一千兩百多元，但也許時值淡季，老娘最後被分到一間三床的房間，空間還算寬大，無上下舖，一人一張床分散在不同角落，也算舒適。

房間的門口就是一個大鐵櫃，有鎖的人可以將重要東西放在裡面。另外入住時櫃檯會給每人一臺行動式摺疊 LED 燈，相當小巧可愛，機動性又高，在那個智慧型手機不盛行的年代，此舉相當創新，目的就是為了讓臥室晚上保持黑暗，不影響其他人睡眠，卻還是有手電燈可以照明。

大廳相當寬敞舒適且挑高，要知道在義大利挑高才是基本款，沒有挑高才是傳奇。這個在與文化相近的南歐國家西班牙可不是都看得到。如老娘般不喜被空間感壓迫的同好們，出了義大利就只能嘆息。大廳漆上溫暖的淡黃色，有著舒適的沙發和電視可以播放DVD觀賞，一家四口來旅行，可以讓小屁孩們專注在卡通上，疲憊的爸媽終於可以好好休息一下。一旁的角落有桌上型電腦可供房客們上網，老娘回去時幾乎就坐在那裡打發時間，這是一家我唯一沒有交到新朋友的青年旅館，可能因為時值冬季，旅客實在太少，連在公共區域也遇不到幾個活潑大方的旅人。

整理行李時，老娘有份清單，丟到行李箱的就做記號，此單草創於二零零五年第一次一人出國。然而經驗告訴我們，我們再仔細都有遺漏的時候。此次未帶的關鍵用品就是手機充電器。讓老娘對這家青年旅社有好感的另一項原因之一即是：櫃檯居然有我愛牌諾基亞的手機充電器！還有我那出國永遠不會帶但蓄長髮必需用品吹風機。在那個年代，諾基亞王國逐漸式微，但能夠找到相同充電器的機率還是很高，就因為此原因在後續旅程中扮演了重要關鍵腳色。

至於這座城市—翡冷翠，該從哪裡說起呢？老娘最大的印象就是繳了觀光稅。此話怎講？就在入住安置妥當後，雨也漸漸停了，馬拉松也告一段落。此時老娘已經餓得魂不附體，一路逛去只待覓到想吃的食物。出門走逛，一家鬆餅店映入眼簾，裡頭有小座位，我點了一份鬆餅加草莓以及肥胖鮮奶油。就在我放鬆享用時，聽到另外一位客人點了一份鬆餅六歐元，待老娘吃得滿嘴油光欲結帳時，老闆娘居然按了十歐元的收據給我。

老師，您在同我開玩笑嗎？十歐元吃一份鬆餅？老娘當下問為何那位義大利人只花了六歐元？老闆娘說因為我的既有草莓又有鮮奶油。我心想鮮奶油抑或一點草莓需要四歐元？當下還是乖乖拿出十歐元付帳。不吵的原因是因為瞭解這種觀光區本來就是這樣詐財，另外一方面語言不通也不想多說，三方面義大利人臉皮要厚起來（請見蝦密我的廉價航空被取消了篇）你是厚不過她們的，當下摸摸鼻子就當繳觀光稅認了。只能說下次一定要先問清楚價錢才開點……可惜重蹈覆轍似乎是人類專長，之後米蘭行可又是跌了一跤，留待後話再敘。

雖然一到翡冷翠就如此多的狀況以及不甚愉快的事情，但好在老娘心智健全，不至遷怒到這個我還沒完全認識的城市。這座城市的河說美沒有威尼斯、維若納美，兩旁建築物說漂亮沒有威尼斯以及倫敦泰晤士河漂亮，卻有著在河邊首屈一指的烏菲茲美術館。老娘的旅遊哲學就是，一座城市盡量只挑一座建築物入內參觀，一方面是因為經費有限，要知道在義大利除了教堂可免費參觀外，其他的觀光景點大約都要來個八歐、十歐；二方面是因為審美疲勞，同樣東西風格看久了，也就沒那麼美了，外觀拍拍照讚嘆一聲也就夠了，畢竟沒有歷史學家或建築設計師的了解與狂熱啊！

烏菲茲美術館這座館藏最有名「維納斯誕生」真跡的博物館，因此成了老娘首選參觀之地，可說是文藝復興有名的典藏都在此館內，不得不好好造訪一番！這下問題來了，當老娘抵達現場發現應該要電話預約時卻為時已晚，因此只有跟著長長隊伍瞎排，排了一小時後，終於順利入內參觀，門票十歐。館內無法照相，沒有照片可以分享，但迅速看完一遍館藏之後，老娘選擇重新回到維納斯誕生的畫室內，就這樣坐在那盯著維納斯和身旁其他天使直到關門，才發現哇靠忘了看梅杜莎那顆頭，那顆頭髮都是蛇，四目交接就變成石頭的經典畫作……

可別忘了翡冷翠真正重頭戲是所謂的聖母百花大教堂，這座巨大的教堂周邊不似米蘭大教堂或梵蒂岡聖彼得大教堂有著極其寬敞的廣場以及街道，相較起來較為狹窄，卻也因此可以明確感受到教堂的巨大以及自己的渺小。外觀顏色使用著明亮的白色與粉紅，不同於一般我們所知的大教堂使用較灰暗的顏色。這座從一二九六年就開始建造的大教堂，於一四三六年完工。

主教堂正前方的八角形聖約翰洗禮堂的三扇門上有著舊約故事的浮雕，可惜老娘一個故事也不瞭。教堂旁喬托鐘塔高聳在旁，頓時成了我的下一個目標。要知道身在廬山，不知廬山真面目的道理，要看到大教堂漂亮的大穹頂，要登的不是大教堂本身，而是一旁的鐘樓。

一進到鐘塔裡，就見一個直通向上的樓梯，售票處很有良心地寫上「四百四十一階」，為了打發時間以及看到整個翡冷翠街景，六歐元運動兼賞美景，老娘跟它拚了！好在每爬一階段，都可透過窗戶欣賞側廣場與大圓頂，越往上就越可以眺望整片市容，到達頂端時所拍到的景色好似人坐在直升機上的景觀。翡冷翠那一幢幢擁有紅瓦的屋頂和大圓頂十分相容和諧，相較於臺灣每棟大樓長相不一，屋頂加蓋，和雜著鐵皮屋的慘狀，實在值得讓我們好好思考未來的都市規劃啊！

十二月又是聖誕佳節的到來，架在大教堂前的巨大聖誕樹居然讓我有幸看到測試點燈，那不到一分鐘的亮燈居然是純銀掛燈的聖誕樹，而非五顏六色眼花撩亂的聖誕燈，可謂是美麗純粹至極，義大利人連聖誕樹都有自己獨特的品味。翡冷翠不算是一座大城市，晚上店該關的約莫七、八點就關了，於是老娘便踏進餐廳享用唯一一餐餐廳餐。

踏進餐廳有什麼了不起？此話緣自老娘的胞姊曾建議老娘可以寫一本歐洲美食書，我道：「我的姊，老娘哪有錢進餐廳吃飯呢？以我的玩法與預算，去批薩店買塊一點五歐或兩歐元的披薩就可以果腹了。」要知道義大利餐廳多半都有基本約三歐起跳的桌費（服務費），加上進餐廳水也是要錢的，點飲料是基本盤，不點也可以，但是很奇怪，對於義大利人來說點酒水是一種不成文的禮貌，這種錢是要給餐廳賺的。就算你點最便宜的水，無論有氣泡沒氣泡，都要來個兩、三歐。

享用我自己也不記得的餐點之後，我注意到另一桌也是獨自享用晚餐的義大利年輕男子。吃完結帳後走出來，這位男子問我是否願意喝一杯，此時街燈微暗到不行的小城讓我連他的臉都看不清，這種情景在威尼斯也遇過，在聖馬可廣場享受現場演奏音樂，一位義大利男子跑來告訴我威尼斯有一座向左傾斜的斜塔不同於比薩，說要帶我去看，當下被我拒絕了。這位翡冷翠男子也是跟了我一陣，待我開了青年旅社大門，他也就離開了。

個性決定命運，在自己的國家都有可能遇到這種場景，更不要說一人在異國了。你的每一個決定與判斷都可能改變你的命運，審慎如我，自然也不允許自己被當成善良無知的愚蠢少女。常常有人問老娘：「一人獨自在陌生國度旅行，不怕嗎？」不怕！只要眼觀四方，耳聽八方，隨時保持警戒心，歐洲基本上對我來說就是個文明世界，在歐洲有扒手，在臺灣難道就不會有嗎？基本該有的警戒心無論在國內國外都一樣不可少。

最後一天決定挑戰另外一高—米開朗基羅廣場。去一座城市，若近海就要去海邊走走，海可以化解心中的膿，另外一項任務就是要登高。登高可以看到整座城市完整的景觀，一座城市的美醜輸贏立斷。好比老娘在雅典遇到的英國人在帕德嫩神廟附近山丘看到灰濛濛的建築景觀，直說實在是算醜，真不知如果他們來到臺北市會做何感想啊！政府的都市規劃與法規在此時真的顯得好重要！

米開朗基羅廣場在Arno河的另一岸，徒步過去並不算遠，山丘也不算高，但冬天筋骨緊縮想要一鼓作氣地一次登上去也實屬不易呀！穿著厚重的大衣邊爬還要邊咒罵到底多久才會到哩！此廣場能看到的景觀與鐘塔甚有不同。鐘塔看到的是近距離的壯觀大教堂，米開朗基羅廣場則比較像是看一幅完整的畫，有河、有著聳立在城市中央的大教堂以及背後襯托的山脈。

提到翡冷翠，不得不一提梅第奇家族。梅第奇家族可說是扮演文藝復興的重要推手，沒有他們的雄厚財力以及對藝術的鑑賞與支持，就沒有今日流傳於世的各項鉅作，更不用說翡冷翠今日無可取代的驚人魅力了。梅第奇家族贊助了達芬奇、米開朗基羅、波堤且利、伽利略，藝術的發展需要錢的支持，而梅第奇家族就是最大的資助者，烏菲茲美術館內的作品即是該家族的收藏。

翡冷翠與義大利赫赫有名的披薩斜塔坐火車相距約一個多小時。抽一個整天甚至是半天即綽綽有餘。火車班次頻繁，不到半小時即有一班。記得在義大利搭乘火車是不用刷票入內的，但一定要記得在月臺上的黃色小機器上刷上日期唷！就像西班牙有些火車站若是開放式月臺，但搭車前沒用小機器刷票的話，出站時就無法用原車票刷卡出閘門。披薩中央火車站步行到斜塔大約十五到二十分鐘，這座城市唯一可看的就是斜塔以及一旁的大教堂、洗禮堂區。

想要來張好照片對於獨身旅行的人來說是有點難度的。如果有名伴遊兒在一旁你還可以厚著臉皮要求他如何構圖如何取景如何採光，對於有自己行程要跑的觀光客來說，可能要求兩張就了不起了。根據老娘在此的經驗，越是拿專業單眼相機的人越不會照相，反倒是手持數位相機的年輕妹妹們或情侶有可取之處。但不變法則就是，永遠要找手上有相機或手機的人幫你照相，畢竟他們知道如何操作相機以及不會有拿了就跑的風險。

六天五夜的行程其實還包括在普拉托小鎮過的一晚，如同一般的義大利小鎮與城市，大教堂的所在就是鎮中心，十二月有聖誕市集，好吃的義大利香腸以及起司。

最後一天要向翡冷翠說再見了，從巴士站搭乘機場客運，居然遇到遊行，雖然預留很多時間，但還是有點緊張這樣的塞車潮會維持多久。此時一位英國大嬸用西班牙語與司機對談，雖然義大利人聽西班牙語多多少少可以了解，但畢竟這位大嬸母語也非西班牙文，擺著一副司機一定會聽得懂的臉，讓司機好生不耐煩。

幸好塞車潮僅在市中心，順利抵達機場後，沒一會兒就坐在登機口等待飛機到來。左等右等，前面偌大的落地窗前連個「機影」都不見，此時 Merdiana 航空宣佈，因為機械問題（但老娘深深覺得是飛機調度不來）的關係取消班機。此時已經經歷過威尼斯大難的老娘已不是當年那般青澀的菜鳥，抓著行李就衝往機邊接駁巴士，一個箭步衝往出境大廳準備等候重新安排班機。

約莫等待十五分鐘後，老娘這個「前段班」成員有兩個選擇：航空公司會提供住宿，要不就是搭乘隔天早上六點多從同一機場出發的班機，要不就是搭乘航空公司提供的巴士，凌晨四點出發前往披薩機場。由於不趕時間，老娘選擇了前者，心想何必轉換機場如此勞累呢？

航空公司安排的飯店就在機場不遠處，有接駁巴士安排至飯店 NOVOTEL。安排此四星級飯店算是相當有誠意，重點是還有包晚餐呢！但此時隨身用品的問題來了，還記得嗎？老娘沒有帶手機充電器，眼看手機電力隨時掛零，就隨意在車上詢問其他乘客，沒想到一位英國好姊姊有諾基亞手機充電器願意借我充上一下午。至於隱形眼鏡呢？沒有藥水在身上，日拋硬生生也只能成雙日拋，泡在開水裡留待明日使用。

進到房間後，發現被安排到相當寬敞的房間內，不只有一張雙人床，還有一張雙人沙發。電視打開後，洗手間居然有實況聲音播放，讓我在盥洗時都還能聽到足球賽實況……下午大夥兒休息一陣後，晚上就齊聚到餐廳使用晚餐。餐桌上放上Merdiana的牌子告訴大家集中坐在一塊兒，桌上還擺有三兩瓶紅酒。

老娘隨意挑了一張桌子坐下，其實也不記得同桌有什麼特別有趣的人，只記得大部分都是來自英國。若不論開胃菜，義大利傳統第一道菜為主食，也就是眾人所知的義大利麵。我依稀記得老娘本不特別喜愛蝴蝶麵，但這家的白醬濃稠不膩，蝴蝶麵的大面積大片均勻沾著「不稀」白醬，好吃到每個人幾乎都要了第二盤（由侍者分發），畢竟被取消班機重新安排也像是打過一場不小的仗頗耗體力。

就當大家酒足飯飽之際，準備回房休息時，侍者們端著一盤盤的肉來了。此時英佬們大傻眼，是的，這就是義大利傳統的第二道菜—肉或海鮮。當大家一人吃了一小片肉，又倒了些紅酒聊了許久之後（英國佬為典型愛酒之民族），準備起身回房之時，是的，第三道菜接著來了—甜點。

別忘了義大利甜點可是赫赫有名的，舉世聞名的提拉米蘇就是來自這個國家。此時英國佬的表情簡直就是只能以妙不可言來形容。要知道英國被老娘封為「舌殘」之民族，隨便難吃的異國風味菜都可以在英國賣錢。雖然老英說的一嘴好菜，但實際上要滿足他們的味蕾相當容易。以飲食習慣來說，一般來說英國佬胖子比起美國人來說實在算少，平均身高算高的英國人，以比例來說瘦子也算多的（非臺灣人的變態標準）。

綜合來說老英的飲食算是相當輕食，中午只要吃個冰冷三明治，晚上大概先去酒吧喝酒，也不需要下酒零食，等到用晚餐時只消一道米飯、義大利麵或是披薩就可以讓一個身高超過米八的英國佬飽足（非常有可能是啤酒氣泡撐飽半張胃……）好啦！想必這樣的刻板印象被英佬看到或許要舉牌抗議，但言歸正傳，似義大利人這樣講究的好幾道菜，英國佬的飲食習慣恐怕無法如此負荷。

但其實老義每道菜會享用的份量極少，且通常不會再要第二盤，旨在多樣，食量卻小，飯後來杯幫助消化的濃縮咖啡就算完成一道美味的晚餐。老義們不會將澱粉類以及肉或海鮮同時放置於一個餐盤內，好似我們的排骨便當一樣的享用，而是一道道享受箇中滋味。

最後終於在被完整餵食後，大家各自回到自己的房間，隔日早餐卻享用不到，因為一大早六點就要集合去機場報到，一些選擇去披薩機場的乘客們，更是睡不了幾小時就要在凌晨四點出發。回到房間稍事休息過後，傳個簡訊告知公司須延遲一天回去上班，就這麼沉沉地睡著了。

隔日一大早撥了鬧鐘，一行人準時到機場報到，只見電子看板上顯示：因惡劣天氣班機取消。什麼！班機又被取消！此時昨日出現在最前線長得像前零零七皮爾斯布洛斯南的航空公司地勤又穿著他那帥氣的藍色長大衣，操著那只有小鳥可以聽見的聲音，告訴我們因為英國蓋特威克機場大雪的關係無法降落，但其他機場希斯洛、史坦史戴德、陸頓、城市機場都正常起降。而四點出發那批去批薩機場的旅客，因為當時大雪尚不影響降落，因此已安全抵達倫敦。

媽個嗶嗶槍，好樣的，地勤告訴我們大家先回到飯店等待，下午的班機因為大雪不斷應該也是飛不了了，平時都飛史坦史戴德機場的我，難得飛蓋特威克就成為唯一關閉的機場，中獎率之高交通運之差啊！此時航空公司告訴我們需搭程明天早上的班機。有些急欲返回倫敦的人已自行想辦法買天價的機票從歐洲其他地方轉機回去，我則是要求斯文「皮先生」開班機取消證明給我以申請保險理賠，另外不停詢問是否可以借我諾基亞手機充電器（原來的那位英國姊姊已經脫隊離開啦……）一夥人又回到飯店休息等待。

堅守到最後的幾隻小貓，我們這群一行不到十五人的小部隊坐了航空公司安排的巴士再度前往飯店，一路上聽到一對英國老爺爺老奶奶說其實應該往好處想，至少航空公司沒有硬飛，就安全考量也是為了乘客好。此時我已呈現完全失聯狀態因為手機沒電，隱形眼鏡乾到不行，唯一慶幸自己不是搭乘廉價航空，至少航空公司還負責至今。回到飯店後，重新被安排的房間小了許多，洗手間也少了電視實況轉播的音響，才發現第一天住的非基本房型。

中午享用午餐時，坐在一位打扮美麗的時髦貴婦面前，後來聊起天來才發現她是烏克蘭人，丈夫是蘇格蘭人，嫁到格拉斯哥後，生了一個可愛小女兒。這位美麗女子身材嬌小，比我大一歲，都是牡羊座，不願倚靠在HSBC上班的老公，自己成立一個行銷公司，辦理各種大小行銷活動，尤以慈善為多。來到翡冷翠不下五次，GUCCI是她的客戶，還有上過報章雜誌。她說從公司成立到現在的小小成就都是從零開始，一開始她什麼都不會，全部都靠自己，老公沒有出半點資金。

此時我聊到想要留在英國繼續工作但簽證快要結束，她了解我背景之後，興奮地邀請我到她房間看她的報章雜誌以及現在在做的案子，並問：「妳覺得我們可以一起工作嗎？」（而非「你可以為我工作嗎？」）說我可以在倫敦接案子，沒有必要到格拉斯哥。而當我問道她時常這樣往來義大利與烏克蘭，女兒誰帶？她說從出生到現在就一直這樣帶女兒進進出出，女兒習慣了且從來不吵不鬧。只能說為母則強，也因此種下歐洲人讓兒女配合父母行程，而非像臺灣人以兒女為優先的印象。

一向相信老天爺安排有其中道理的老娘，因為遇到這樣的機緣，終於恍然大悟，班機接二連三被取消，原來就是安排我認識這個未來的貴人。晚上回到同樣的餐廳，當初Merdiana站的桌數已少了許多，只剩我們這群「死守」翡冷翠的老弱殘兵一同齊聚在一個餐桌上。

同桌令人最印象深刻的就是烏克蘭辣媽以及其他參與翡冷翠馬拉松的一干人等。其中一位英國媽媽說她真的好怕沒有辦法回到孩子身邊過聖誕節（老大，這段對話發生時也才不過才十二月一日）……

說她聽到孩子的聲音都快哭出來了。烏克蘭辣媽則是不時接電話，帶著炫燿的語氣說她的銀行很愛煩她。晚上打扮漂亮踏著超高高跟鞋神采奕奕出現說下午被 GUCCI 帶去參觀，心情好翻，還接到廠商關心電話並在眾人面前說自己很好，在飯店和一群「朋友」一起享用晚餐。

此時同桌另外一位馬拉松參加者說到自己從事的產業，烏克蘭辣媽立刻談起她的生意經，爭取未來合作的可能性，並且把不同文化的「mindset」掛在嘴邊，其囂張程度聽得典型英格蘭民族那位急於回家陪孩子的媽媽很不是滋味，說她覺得能夠把家顧好就感到相當開心以及有成就感，而典型牡羊座事業心強的烏克蘭辣媽不似英格蘭民族故作謙虛的個性，有什麼就說什麼讓場面一度很有趣但也令人捏把冷汗。

還搞不太清楚狀況的我聽到同桌人說，由於第一個晚上是航空公司自己飛機狀況出問題，因此才幫我們再出一個晚上的飯店錢，但若明天天氣再度惡劣，必須由乘客自行負責住宿問題。她們聽說一晚住宿加上午晚餐，一位旅客航空公司就需負擔將近一百歐元，此時只能祈禱明天清晨的飛機可以順利起飛。

隔天早上戴著已經連戴帶泡，在開水裡苟延殘喘兩天的「三日拋」，抵達機場第一件事便看到電子看板上閃著「天氣惡劣，班機取消」…………。沒錯，無語是當時最好的心情寫照。此時烏克蘭辣媽說要另外買機票從阿姆斯特丹轉回格拉斯哥，又劈哩啪啦說她的銀行會幫她負責巴拉巴拉就閃人了。

斯文「皮爾斯」再次出現，說與義大利航空公司協議伸出援手，但必須先飛至羅馬，再利用短短不到一小時的時間轉機至倫敦希斯洛機場。因為聽說希斯洛機場跑道會自動加熱，一般大雪難不倒這座國際大機場。

我們一行人別無選擇，總不至於等待蓋特威克機場融雪開放的那一天吧？老娘可是在浪費自己的年假窩在飯店哪也不能去呢！當下接受航空公司安排，義大利航空說由於我們轉機時間有限，因此一下飛機後就需跟著舉牌地勤衝往下一個登機口。就在斯文「皮帥哥」拿給我們班機取消證明時，我拿著我的畫素之低的破爛諾基亞手機要求合照，並謝謝他這兩天的幫忙。天性不輕易透漏自身情感的英國人終於也開口謝謝他。此時只見「皮先生」眼眶含淚，感到自己罵沒白挨，辛苦沒有白費。另外一位英國姊姊居然還在我拍照過後說其實他還滿可愛的。哇哩咧！真是有夠悶騷的英格蘭民族啊！（其實老娘也是半斤八兩）

由於只有約莫三十分鐘的轉機時間從國內班機轉至國際登機門口，一下飛機就緊跟著舉牌的義大利航空地勤，這位地勤可說是頭也不回地往前衝，此時景況說有多老弱殘兵就有多老弱殘兵。一位乘坐輪椅的乘客與推著他的親人，一對老爺爺老奶奶步履蹣跚，其他背著大型背包的英國媽媽、夫妻以及其他旅客，拖著沉重小行李的老娘，一群人鐵腿向前行，中間還過了重驗護照的海關，頭也不回就為了趕上下一班回到倫敦的飛機。此時只覺得羅馬費五名奇諾機場真他娘娘的大啊！

終於在我們的努力不懈、堅忍不拔下，順利抵達登機門，直到上了飛機，大夥兒還無法真正喘息。進入機艙，就在所有人早已坐定位後，飛機居然拖拖拉拉兩小時後才真正起飛。哇哩咧！那我們何苦如此狂奔呢？兩小時連不守時的義大利人都鼓譟了起來，顯然已超出他們的忍耐程度。

最終班機飛到倫敦上空，只見下面白茫茫一片，整個倫敦都被白雪覆蓋住了，坐窗邊的我拿起照相機照了起來，此時坐在我身旁的義大利攝影師用義大利文說：「哇！全都是白的耶！」……痾……大哥，我只能說您很少看到白雪一片吼？義大利語有時形容出來的話語真是令人啼笑皆非。

就在飛機順利抵達機場的一刻，我有種再次死而復生之感，又一次班機被取消滯留兩天的體驗再度圓滿結束。一開手機，收到一封簡訊，居然是我的德國室友問我還好嗎？說我消失這麼久他們有點擔心。當下心有所慰，心想孤鷹不獨，老娘還是有人關心的。回到家中社區，踏過茫茫白雪，才一星期光景，倫敦最終以皎潔歡迎我的歸來。

一回到家中，只見門上貼著室友的紙條，因為水管堵塞，浴室無法使用，房東要我們平均分攤通水管的錢，德國室友已幫我代墊，待我回去給她。此時我才恍然大悟，原來簡訊不是關心而是討錢啊！此時心中映著低溫又涼了一截。晚上遇到室友們，他們說已兩天去健身房或是朋友家洗澡，還有室友用廚房水槽洗頭。到那時我才明白原來老天爺安排老娘班機被取消是要舒舒服服地洗熱水澡，而不是頂著零下溫度還得去討澡洗。

至於當時自以為是的貴人奇遇，只能說是落難中的一種撫慰，因為這樣的小公司無法支持政府所定的薪水門檻辦理工作簽證，人生很多時候你以為遇到很好的機會，其實都不要放得太重，只能說是曇花一現，一時的開心罷了！值得慶幸的是，一向沒有什麼洗澡運與交通運的我，因為老天爺的安排，兩天沒多花半毛錢因而逃過一劫，洗了個舒舒服服的熱水澡，還享用義大利美食全午、晚餐，也算是此次不幸中的大幸吧！

火車是這世上最好搭也最難搭的大眾交通工具（法國）

火車旅行，又名鐵道旅行，這個由十九世紀英國史蒂文生發明的交通工具，帶領著人們通往運輸新紀元。火車，這個專為那些受暈車所苦的人們，尚稱平穩的軌道，幾乎維持一貫的速率，少了行李限重，多了窗外自然美景；少了大車流的風險，多了直接抵達市中心的絕佳地理位置。火車，這個節省了從機場到市中心時間的交通工具，無疑是旅行一大絕佳工具。

先來做個簡單計算吧！歐洲若不將橫跨歐、亞兩洲的俄羅斯和土耳其算進去，城市與城市間算是相當近的，渾然不似中國大陸與俄國如此浩瀚無垠，隨便兩個城市對飛都要飛上三小時。比方說從倫敦飛到羅馬，飛行時間約兩到兩個半小時，但千萬不要覺得你只消花上這麼點時間。從起飛時間前算四到四個半小時（大城市），加上機上飛行時間兩小時，最後再從目的地機場抵達住處約兩到三個小時，前前後後也要花上八小時。

因此，若在歐洲大陸兩個城市之間，如老娘我行李太重超過二十三公斤（一般航空公司一件托運行李即為二十三公斤限重；廉價航空十到十五公斤不等），又或者火車時數小於三到五個小時，且又無轉車點，即建議可以以火車取代飛機。若不會暈車又想省錢的人，則建議以客運取代火車。

當然啦！火車旅行有其不可取代之處，但也有其難處。先來說說老娘第一次臥鋪經驗吧！

旅居英國數年，二零一二年不得不返臺，於是在返臺前規劃了中型旅行，從倫敦搭乘歐洲之星抵達巴黎，過元旦後坐飛機前往羅馬上兩星期義文課，後搭火車至米蘭待八小時，同一天晚上乘臥鋪火車前往巴黎，待十二小時後，同一天晚上搭乘末班歐洲之星回到倫敦，待五天將數年累積的物品整理打包回臺，再於除夕前一天中停香港玩一個晚上，於除夕當天抵臺過農曆新年。

是的，這個聽起來要瘋不瘋的行程其實隨著自己完全沒有請假休息，且上班到最後一刻才拉著行李前去車站自我驅逐出境至巴黎有其一定壓力，中間的緊湊與所有細節安排可說是有別以往的短旅行。

先談談歐洲之星吧！這個倫敦與巴黎之間的海底隧道從一九九四年通車以來就將兩個曾發生百年戰爭的國家距離拉得更加近了！只需約莫兩小時時間，就可以抵達另外一個國度，海底什麼也看不見，但睡完一覺後即可直抵另外一個大城市市中心，頗有巴黎是英國的一個法語區，抑或是倫敦為法國的英語區之感。

既然如此方便，方便有如臺灣之高鐵，所謂一分錢一分貨，票價也是貴得驚人。歐洲的交通票券常常有所謂的早鳥票，越早買越便宜，但限制相當嚴格，一旦取消行程，就當作自己浪費了一張票，是討不回任何一毛錢的。歐洲之星普通車廂最便宜的單程票可由當年最便宜的三十九英鎊到一百七十九鎊都有（現在更是不止了），更不要說包餐的商務車廂單程最貴可到兩百七十六英鎊呢！網站上最遠可以購買未來四個月內的車票，與一般高速火車相去不遠。

搭乘歐洲之星要注意的是，由於為跨海火車，且英國與申根簽證無法共用，因此雖不需似機場提早兩到兩個半小時前辦理登機，卻也得留一到一點五個小時過安檢與檢查簽證，外加走向那長到不行的火車車廂。此次旅行第一站便是巴黎。巴黎為世上數一數二大城市，地雷旅館之多，價格之高，如果預算有限，實在需要提早規劃，網路評價也要仔細閱讀，才能避免花大錢還住得不舒適。

一位友人就曾形容過照片中看到的佈置相當溫馨，一到現場房間之骯髒，枕頭之潮濕，讓他們寧可當下放棄所花的錢，再也不願踏進該旅館之中。這種感覺就好像是你在網路上看到帥哥正妹高角度照片，最後看到本人下巴都掉了一截般的感受一樣。好在老娘有這群曾經受罪的朋友做分享，因此得以早早訂了一家位於東門車站旁的連鎖飯店梅合庫和，本來聖誕檔期三個晚上就要六百歐元的旅館，老娘硬是用約一百七十歐元早鳥價標下。

巴黎，這座老娘第一次出國就踏上的城市，睽違十七年後一人出走。冬天有其迷人之處，一人漫步至羅浮宮，一位帶畫家小帽的老人用法文告訴我羅浮宮有多美麗，老娘用著自己剛學的破爛法文小聊了一下，待要道別時，禮貌性的用法國人慣用臉對臉的親吻方式來三下（義大利與西班牙為兩下），沒想到老人最後一下居然用嘴巴親上老娘的嘴……邊肉。同樣的情況發生在老佛爺百貨，老娘的友人邊走邊穿外套，沒想到一位老人走過來要幫我朋友穿上，一副色瞇瞇的眼光讓人實在看了就不舒服。

拜託！您們可是爺爺輩的長者啊！在義大利，此般老爺爺，又或者是在中年人士身上，永遠只看得到他們對你如孫女或女兒般的關懷，絕對看不到任何不正的眼神，為何到法國就會有令人不舒服的關愛呢？經過與一位法國友人聊天後，得出可能的結論是，法國電視實在播放太多亞洲女生喜歡法國老男人的偏頗印象，以至於法國老人對法國年輕女性不至如此，對亞洲女生可是狂獻殷勤。只能說本宮不好此道，對爺字輩情有獨鍾的亞洲女性們，法國不敢說，但趕緊前往巴黎吧！

結束三天住宿，隔一天便前往友人家與其他友人們碰頭，小小一間寢室住了四個人也算是非常不容易。巴黎有一家神奇到不行的越南餐館，湯頭看似清淡卻十分有味道，河粉之Q，春捲之大之美味，只消花上約莫十五歐元即可吃得相當飽。每當老娘的友人要享用法式料理，一人不花三十歐元就出不來的餐廳時，老娘便一人坐著地鐵晃到越南餐館去享用平價美食。

法國另外一平價美食即是舉世聞名的可頌與法式長條麵包。當然並非走到哪都可以買到好吃的麵包，但如果進入到住宅區的老字號麵包店，就可以買到相當Q潤的可頌，裡頭一層層的Q感，打破你以為的軟趴印象；法式長條麵包的外皮也絕不刮嘴，裡頭鬆軟程度直逼孩提時代最愛的棉花糖。妳會觀察到法國女人穿得優雅美麗，下班前總會抱著一兩條法式長條麵包往家裡邁去。

如果你認識法國人且居住在同一個城市，你應該會有機會享用幾乎每一個法國人都會做crêpes，這個我們俗稱叫做可麗餅的玩意兒，其實餅皮並不似我們在夜市吃到的硬脆，而是口感似烤鴨餅皮的軟潤。然而，非專業廚師所做會過軟，在法國街頭吃到的則是口感Q度適中，可甜可鹹，甜可置巧克力醬或蜂蜜，鹹可灑上大量火腿起司，撒起起司來好像不用錢，一大份只要六歐元，切成四大塊，老娘即便一餐未食，也無法一人食用完畢，料之豐富飽足到兩塊就已經脹到滿胃起司。

說說羅浮宮吧！這座因為小說達文西密碼更加聞名的美術館珍藏著舉世皆知的畫作真跡—蒙娜麗莎的微笑，在老娘小時候來法國時就看過，慶幸這樣的經驗讓老娘只消在門口和華裔設計師貝聿銘設計的金字塔照張相，而不需與其他觀光客人擠人買票參觀。

冬季遊歐的好處，即是你可享有冬天獨有的枯木線條。沒有過多的樹葉遮住古老建築物，兩旁整齊劃一的枯枝，可以隱隱約約一窺整座城市的朦朧美。雖然冷到老娘需要穿一件馬甲（貼身的密不透風即是保熱最佳秘器），一件緊身衛生衣（即臺灣所謂的發熱衣，其實並不會發熱，只是保溫而已），一件毛衣，再加上一件大衣；緊身褲（不透風原則）、一雙厚襪外加長統靴；一條圍巾加一雙外皮內毛的手套。若擔心耳朵受寒，就戴上一頂毛帽或耳罩即可悠遊冬歐。

不似倫敦有著免費參觀的大英博物館、國家藝廊以及 V&A 博物館，巴黎有名的博物館都所費不貲。此時老娘建議有機會第二次造訪巴黎時，可以參觀免費的當代藝術館，裡面有許多有趣的作品，又可以照相，最重要的是有著世界上最大的畫—電氣精靈，還可以和它合照喔！

巴黎這座城市，非常建議十二月造訪。市中心每條街道都有自己一致性的漂亮花燈，外加各百貨公司整片外牆的繽紛燈飾，論規模論質感都勝過倫敦。沿著塞納河畔走走，可以看到各建築物也有著昏黃的燈光，夜晚的巴黎一點兒也不孤冷寂寞，卻又不至於人滿為患煞風景。凱旋門周圍的十二條大道，其中一條有著整排白色屋頂的聖誕市集，可以享用各國美食料理，包括熱騰騰的西班牙油條。

說實在的，在巴黎這座城市若要以窮背包客之姿遊玩，確實會錯失許多美食與甜點店。最好能夠準備多一點的預算，品嚐各式各樣的甜點搭配下午茶，畢竟這些東西帶不回遠途，就連帶回倫敦都尚稱勉強，旅途中晃晃蕩蕩不是壓碎即壓扁，新鮮度絕不似身在巴黎搭配美景與各式小店裝潢來得美妙。各式設計小物雖然有許多是「大陸製造」，但還是不減這座城市囊括各種風格的魅力。

在這座城市小解會是很大的消費與問題。你當然不能希冀每次膀胱膨脹時，就一定剛好在博物館或是附近有麥當勞，就算在公有廁所，投幣上洗手間都是家常便飯，更不要說在香榭儷舍大道上的百貨公司，上一次洗手間要價二到三歐元，即便想說坐在特色咖啡廳，若是落在有錢人區塊，還得帶「小費」去，因為這些保持清潔的便所，可是隨時有位「廁所天使」在旁打掃呢！我和友人就是去了一間一小杯果汁要價八歐元的有錢人區咖啡廳，結果下樓上洗手機還得再爬樓梯回位子拿零錢，搞得身旁有錢的老北北掏出一口袋的零錢說要贊助（別忘了巴黎老頭兒有多愛亞洲女生）。各種文化上的差異真是讓人感嘆要在巴黎生活還真的得在這裡找份好工作才能負荷啊！

有機會的話別忘了去逛逛 Hermès 旗艦概念店。裡頭鳥巢般（又像中式料理的炸麵網）的佈置很有看頭，雖然老娘買不起柏金包，但看看這個世界頂級精品名牌在法國展示的最新款，可是有別於在臺灣所看到的產品喔！另外值得看得就是去逛大型超市。在超市裡雖然可以遠拍，但不能近照產品，店員們可是很有智慧財產的概念喔（不負責任的揣測）！可能也是怕商業間諜來蒐集資料吧！熟食區有各式海鮮，以小龍蝦為底的 Demi Langouste 一個就要價四十三元……還是看看就好！

幸好在巴黎時有位大廚與我們住在一起，因此雖然會外食一餐，但大家晚餐在超市買隻全雞，買條法式長條麵包當主食，煮鍋蔬菜蘑菇濃湯一人花費不超過十五歐元就算是便宜又豐盛的一餐了。交通方面，巴黎有著非常密集的地鐵網以及 RER(至巴黎近郊的火車），而在地鐵月臺上，往往可以看到一個個的椅子相距甚遠，讓朋友以及情侶們無法一同坐在一起，若是碰到情侶，往往男孩坐在椅子上，女生坐在男生身上，因此被我們戲稱為情侶座，巴黎的浪漫從這個小地方都可以看出來（明明就是因為避免流浪漢橫躺佔位睡覺↓又一不負責任揣測）。

雖然老娘只去過巴黎和上海的和平飯店，不過基本上兩家都非常推薦有機會就去造訪一番。室內的裝潢以及下午茶光是照相就物超所值，能夠坐在如此氣派的飯店中，用著比起當地其他地方貴不了太多的價位享受甜點與茶，實在是人生一大放鬆啊！外加連洗手間都值得帶著照相機去一探究竟的裝潢，隨便照張相都有種出生於上個世紀皇家貴族之感。只能說和平飯店 CP 值就是高啊！

在巴黎旅程快要結束時，跨年的前一天，老娘開始狂拉肚子。拉肚子不是病，拉起來要人命。

十二月三十一日，老娘和友人一同前往小時候去過的凡爾賽宮參觀。雖然到了地鐵站看到柵門大敞，怕被查票罰錢的老娘朋友們硬是買了票進去，最後才發現新年前一天到新年的某個時段是免費的，只能說凡事要先做功課。景點的公休時間更是要掌握，以免發生像我們坐火車直奔莫內故居結果才發現根本沒開的窘境，最好還是能打電話確認來得更加準確。

到了凡爾賽宮租了導覽前前後後兩小時老娘只能說是用抑制力與意志力在支撐。看看拿破崙一世加冕大典圖以及披著紅袍的約瑟芬，不禁佩服自己十歲看到這幅畫到現在都還記得。總共有兩幅，只差在一侍女的衣服顏色不同，一幅在羅浮宮，一幅就在所在的凡爾賽宮。就在聽完導覽準備前往宮內的茶室享用下午茶之時，老娘優雅地告訴友人要失陪一下，於是夾緊消化道之終端，鎮定地走向洗手間。就在將大自然的東西一瀉千里回歸給大自然之後，走出來才不到五步，老娘又給它折回去返回凡爾賽宮掩埋場，只能說地震之後必有餘震，火山爆發必有餘灰啊！

就這樣抱著即將綻開的菊花，大腦的主導力在跨年夜裏再也無法堅持，就像是失去肌肉力量般，步行至巴黎鐵塔遠方，大家一起不整齊的倒數，非常「幸運」的我們，就這樣賭到一個沒有煙火的新年，原來是因為什麼安全考量，居然要老娘在海外的朋友傳簡訊告知才知曉那年沒煙花可看。這故事再度告訴我們，隨興所至固然開心，但不事先做好功課可是會撲很多空呢！

就在一月二日老娘結束旅程搭乘飛機從巴黎前往羅馬上兩個星期的語文課程，之後便坐火車至米蘭遊玩八小時。米蘭這座城市老娘是去過的，就一座大教堂值得看看，實在無須花在這座城市太多時間。而這次鎖定感恩聖母教堂看「最後的晚餐」之真跡。從羅馬坐火車到米蘭約莫三小時，可別以為這短短三小時，若是當天買票可是會花上妳八十六歐元呢！提前兩個月買可是可以買到三十九歐的早鳥票。老娘提前一個半月購買花了四十六大洋。千萬記住，有錢不怕，沒錢可是一定要提早規劃。

抵達米蘭後先在中央車站寄放行李，接著前往感恩聖母教堂。抵達教堂後，才看到門口告示牌寫著：需預約，今日額滿。抱著一人打遍天下的精神，老娘問了櫃檯一人是否可於今日參觀，門房一口答應，要我六點再回去同另外一個團體一起入內參觀。一人旅行的好處，就是機動性相當之強，往往可以插花團體或是入餐廳別人等個半死妳馬上就有座位，壞處就是什麼東西就是硬生生一人花費，無法和同行者享有優惠或共食，所謂有一好沒兩好，但可以肯定的是，絕對不會有架吵，也不會發生你想往東，他想往西的僵持情景。一個人的無害性可以得到很多方便，就好像你在臺北街頭看到一個外國人不會有太大的感覺，但看到一個大團體就不禁有種毛要豎起來的不自在感。

針對此點，要來談談所謂的種族歧視。基本上，在老娘的觀念裡沒有所謂的種族歧視，只有你喜歡哪個民族或不喜歡，抑或是排外心態。在二零零五年老娘要前往愛丁堡遊學前，就被告誡小心白人種族歧視，老娘當時幼小的心靈就打定，誰給歧視我，我一定給他歧視回去（加之不屑的眼神）。但一人走訪多地經驗來看，老娘不只廣受西班牙人歡迎，還受法國學生的包圍與幫助，英國人外表雖冷漠但也無所不答。

由於當時在愛丁堡一人遊學就遇到了三個臺灣團，一晚學校的兩名英國助教帶著我們大多數都是臺灣人的團體去一間酒吧，當我們拿出國際學生證欲進入時，卻被擋在外面，說這種證件很容易申請得到，因此一定要出示國際駕照或護照。可是當時哪還有時間讓大家返回去拿證件呢？當下一名臺灣人就告訴我：「我們被歧視了。」

我聽聽而已，卻不動聲色，待助教們轉移陣地，我就和其他友人進去了那間酒吧，警衛板起一張臉問我是否有國際駕照，我說沒帶，他就說那我是否有手機號碼可以給他？每每這種英式幽默對照他們故作嚴肅的臉孔總是逗得老娘笑開懷，最後連一張鬼證件都沒看。在我看來，這種道理就好像我們在臺灣看到一群外國人突然湧入，大聲用自己的語言聊天，那種「我到底是否在自己的土地上」之感，實在不是所謂的種族問題。也許以前確實存在過，但現在的大不列顛已不是以往的日不落帝國，西班牙也不再有無敵艦隊，法國也沒有第二個拿破崙了。在我看來，如果不是骨子裡受著上個世紀的莫名優越感，一般的平民百姓是沒有必要作什麼歧視的。

另一觀點來看，在國外生活過的朋友應該也有許多相同經驗，有時人在海外，臺灣人欺負臺灣人，比外國人還兇，表面上似乎同文同種互相幫忙，真正要在後面捅妳一刀時，還真有種被自己人暴凌之感。當然老娘是無此經驗啦！可是聽到身旁一些遭遇與故事，還是不禁感嘆凡事不要以來自什麼地方的人就一定是怎樣如此刻板印象來評斷對方。

言歸正傳，經過一家咖啡廳，實在是餓得肚子咕嚕咕嚕叫的老娘看到門庭若市之景，於是進去想說來杯咖啡以及蛋糕。不料才一踏進去，一位光頭帥哥馬上慇勤來服務，熱情地把我連哄帶騙的坐進座位區去。本來老娘想要站著喝杯咖啡就要快閃，但想想坐著好好吃一餐也好。點了份三明治，一杯咖啡，外加一塊蛋糕，要了杯水，卻忘了義大利連水都要錢，光頭帥哥還拿老娘當時最不愛的氣泡水來，導致才喝一口就擺在一旁。

看過前面在翡冷翠篇的聰明讀者們，此時應該會默默大喊：「王后，有沒有問價錢？」是的，自以為是的老娘既然都坐到座位區去了，每個侍者穿得西裝筆挺，看起來都是一待就待一輩子資深男侍者，老娘當時心想：巴黎都去過了，米蘭還有在怕的？再貴也貴不過巴黎吧！做人可要有底氣！加上光頭帥哥一直甜言蜜語，每句話都加上：「你一定要試試我們的這個，還有拿著我的手機號碼……」甜言蜜語簡直把本宮迷昏了頭！（應該就是古代所謂的佞臣吧！）雖然在羅馬每天都會被路人吹口哨加上聚睛（不諱言，義大利是老娘的主力戰場，加上義佬真的很誇張），但那畢竟是在熱情的南義，要在北義找到熱情的義佬可說是相對較少。

最後一張帳單到來：二十歐元……ㄡㄡㄡ，二十歐元老娘可是沒吃到任何讓味蕾活過來的美味食物，這樣的價錢都可以進餐廳好好享用比臉還大的披薩了！故事又再次告訴我們：老是告訴自己絕不重蹈覆轍，但人們總會一再做一樣的愚蠢之事，也許就是為了那麼一點無謂的短暫尊嚴。

帶著受騙上當的心情外加與再也帥不起來的光頭合照離開了黑店，老娘繼續前往市區閒逛。時間到了之後，回到感恩聖母教堂，老娘和一個團體像要進入某個秘密組織似的，穿越一道道自動玻璃門，等待，再穿越，最後進入偌大的暗室內。最後的晚餐原來是在牆壁上的巨大溼壁畫，現在看到的已不是當年達芬奇所畫的原樣，而是經過多次修補。我們都知道耶穌在最後的晚餐上預告同桌有人會出賣他而預言了自己的死亡。忍不住手癢拿起相機想要偷偷拍一張留念，不料忘了關閃光燈，整間暗室忽然閃起老娘的瞎眼閃光燈，急急忙忙已來不及，不到一秒鐘的時間眼前就出現工作人員，告知要把該照片刪除，我趕緊說什麼也沒有拍到，當然也就立刻刪掉了。冷汗直流之事又一樁。

欣賞完世界鉅作之後，老娘在凜冽的大陸性氣候下逛時尚之都，每一間幾乎都是大挑高大坪數的商店，商品之多令人目不暇給眼花撩亂，為了配合搭乘夜晚十一點三十八分的火車，硬是逛到商店關門。

米蘭對於老娘是有種特別的意義的。當年還需要申根簽證的年代，由於得知義大利簽證是最好取得的，且往往半年多次三十天或以上的好康，讓我們這些留學生往往無所不用其及地想盡辦法取得多次簽證，只有在辦理簽證時，才稍稍有種種族岐視之感，因為種種的不方便，辦簽證的冗長以及昂貴，都有種到底是何苦來哉之感，但當得知老外在臺灣才是更有臺灣想趕快踢他們出島的困境（純指簽證），才稍稍寬心，告訴自己每個國家都要保護非法居留以保國民權益的苦心。

第一次從大不列顛上歐陸，老娘為了去希臘，硬生生辦了義大利簽證，一舉成功拿了半年多次簽。而第一個踏上的土地便是米蘭。這次要向歐洲暫時告別，旅程中其中的一站也是米蘭，頗有關口的樣態。而義大利三番兩次的友善簽證（最後一次還給了多次九十天），也讓老娘與義大利結下不解之緣。

重頭戲來了。當初老娘想要嘗試臥鋪，便早早在兩個月前買好火車票。當時二等艙有分六床、四床、兩床車廂，四床車廂內看照片似乎還有自己的洗手臺。然而，在幾經思量後，決定選擇六床車廂。原因乃若四床房遇到的是另外結伴的三個友人，我反而成了相對弱勢，因此選擇風險較低的六床車廂，大家反倒可以互相制衡。接下來要選擇床了。兩邊一邊各分上、中、下，雖然上床有較多頭頂空間，但似老娘這種一下忘了拿牙膏，一下忘了拿眼鏡的健忘鬼，最好還是不要睡最上舖，以免上上下下打擾大家，自己也麻煩。至於萬一床會垮掉在最下舖的替死鬼，沒事還要彎腰拿東西，因此最後還是選擇大家不要的冷門中舖為佳。

早早便到火車站避寒的我，約十一點便到月臺上等候，當大家登上火車之時，二等車廂之景簡直有如聯合國，又有種鐵達尼號三等船艙之感，各式人種大包小包，大概是因為價格不高，成為往來兩大城市的最佳選擇，睡一覺起來就到了的時間安排，實在是我們這些窮鬼的最佳夥伴，還可以省一晚住宿錢。

走到自己車廂門口，這下問題來了，車廂的面積比老娘想像的還要小上非常多，老娘的二十八公斤行李該如何抬到最上面呢？這時就要慶幸自己在六人車廂了。此時一位講著義大利語的黑人大漢，和另外一位白人女性，七嘴八舌手忙腳亂地幫我硬是抬到最上層的鐵杆上，真可說是力大無窮，讓我好生感激。雖然大夥兒都不像義大利人，但在這個國度內，倒是異口同聲用破義語溝通。

上了車沒多久，隨意梳洗一番後，把重要物品抱在自己身旁，就這麼隨著火車聲睡去。突然到一個點，火車停了下來，老娘打開窗簾，看了窗外一片荒郊野外，站名寫著Domodosola，下意識地覺得火車停下來不尋常，於是拿起照相機照下地名，想說若有不幸也要知道自己了結在哪裡。過沒多久，來了一位站員說請大家把護照給他，因為即將進入瑞士。此時雙眼矇矓燈光昏暗，實在看不出他到底是否有穿制服，我詢問了一下是否有什麼回條證明，男子搖搖頭，就把我和老黑的護照收走了。

當下我只覺得為何只收我倆的不收其他人的，又擔心自己的護身符就這麼被「坑」了。一路上不安穩地睡到早上六、七點，終於站員來敲敲門，把我們一間五個人的護照都帶來還給大家。原來其他人從威尼斯就上火車了，可能一上車時就把護照交了出去。後來查詢了一下才發現這些列車人員會幫忙確認在申根國家的合法性，而不用在跨越國界時被一一吵醒。當然啦！當你要交出護照給一個陌生人一晚，還在半夜這種上了賊船就下不去的尷尬情景之下，搞不清楚狀況如老娘我，只有硬著頭皮交出去然後抱著忐忑不安的心情恍恍惚惚地睡去。

整趟旅程的時間算是相當完美，早上起床約莫一小時，火車就緩緩進入巴黎，剛起床看著窗外的景象不斷在變化，那種放鬆之感讓人無法錯過這長達八小時的夜宿火車。於是在二零一四年又再度嘗試了另外一條路線的夜宿火車。

Train：Euronight 220 date:14/01/2012
Milano Centrale 23:38—Paris Gare De Lyon 08:14
C6 Couchettes Class:2nd
Eur35

註：參考圖片86

蝦密！我的班機又又又又又又又被取消了！！！（義大利）

沒錯！你沒看錯！所謂的命運多舛就是在老娘此生的交通運上。歷經在義大利六次取消班機，老娘的第七次又再度奉獻給了義大利。

在美麗的薩來諾待了四周後，老娘在離開前一天開始整理行李沉澱心情。在來到義大利薩來諾之前，老娘在西班牙巴塞隆納想著若在義大利唸完書，後面還有一個月的行程該如何排，好不容易連絡上來自西班牙馬悠洛卡島上帥氣島民，約好要在島上一起玩半天，於是花了一個星期研究好整個行程，買了機票與訂好飯店。

在過去熟悉廉價航空瑞安網站的操作，隨著年齡漸長以及行李劇增的情況下（從過去總是四天的短程旅行一躍為三個月的長途旅遊），老娘已經很久不碰廉價航空了。那種要在半夜起床，行李、劃位都要加錢，實在不適合一個體力與年歲成反比的動物，但有時候只有廉價航空才有直飛的航線反而逼得你不得不妥協。在這個暑假人人都要出國蹓躂的旺季時段，即便是廉價航空也便宜不到哪裡去。所謂的不便宜，即是很難撿到票價為零僅需付稅的機票，老娘當年從英國倫敦去愛爾蘭都柏林可是只花合新臺幣一千元就買到一張來回機票，暑假這種季節卻是看到三千元新臺幣的票就要謝天謝地，不過整體而言還是非常合算啦！

就在購買的同時，發現瑞安航空可以一併安排來回機場接送，由於羅馬機場巴士往往供不應求，若不事先預訂時經常客滿，本宮對馬悠洛卡島又不熟悉，憂心耽誤見朋友的時間（其實是想趕緊見帥哥吧！），因此加訂了來回機場接送。西班牙馬悠洛卡島乃度假勝地，俗稱趴踢島，島上無所不趴，號稱絕對的不夜城，暑假季節往往成為年輕人趨之若鶩的玩樂地點，因此買完機票就立馬訂購房間以免向隅。

與此同時，老娘買了無敵經濟早鳥慢速火車票清晨五點二十九分就要從薩來諾出發，歷時兩個多鐘頭才會抵達羅馬火車站，僅要價新台幣三百六十元實在是划算到不行，反正一路就是睡，只是前一晚要非常早睡，半夜要非常早起而已。

就在這一切的一切安排妥當行李也在晚間七點收得差不多時，老娘揉揉疲憊的雙眼看了一下電子信箱，收到了一封令人難以置信的郵件：「瑞安航空敬愛的客戶您好，您明日的班機取消，煩請打開以下連結重新安排您要啟程的日期與地點。」

蝦密！天哪哪哪哪！睽違三年，人生第七次被取消班機又是在義大利，難怪離開前一天不平靜，義大利為了留住我反常地在夏季狂風暴雨一番，而傻傻的我竟然沒有在第一時間下午兩點多檢查郵件，而是在晚間七點發現此公告……往好處想就是這次沒有歷經機場慌亂，不是在那邊拖著行李排了個半天隊才發現班機被取消然後又要折騰一宿。

然而，不幸的事還是比幸運的多。首先，帥氣島民是見不成了，因為我們的交集只有那個固定的半天。再來，隔天瑞安航空沒有從羅馬飛馬悠洛卡島的班機，後天的班機也被訂滿了，往後最近一天可以更改的航班雖然有位，但旅館全數爆滿一床難求，於是我訂的旅館第一晚就這麼被收費了，因為沒有在入住前二十四小時以上取消。接著，隔日若不飛任何地方，由薩來諾到羅馬的火車票也浪費了。再有，兩座城市安排的機場接送也不知道能不能更改或退費。所謂牽一髮動全身就是在這種自助旅行中所發生之意外事故的最佳寫照吧！

於是乎，老娘花了整整七個小時，研究各種所有可以更改航點的路線，不料不同國家的友人都無法及時回覆是否能讓我去造訪她們，從薩來諾到羅馬的火車票又只剩貴到單程就要新臺幣一千五百元的票種，馬悠洛卡島一床不剩，島民亦見不到……轉念一想，好！義大利每每出此招取消班機不就是要留住老娘嗎？正所謂我不留義大利，誰留義大利呢？既然這個國家這麼需要他們的女王，本宮就留下吧！但關鍵是：要去哪裡呢？

同時之間聯絡了薩來諾房東問是否能多租一個晚上以便有充足時間計畫安排，畢竟七個小時無解，排列組合近百次，眼睛都快看瞎的我實在沒有體力奮戰另外一回合的七小時。然而房東太太傳來不幸的消息給我，就是另外一個房客隔天十二點後就會來入住到老娘的房間，因此我也無法多待。本宮也無心再在這座城市待下去，畢竟一個月也夠了，該畫下的句點總是要畫下。到底能上哪去呢？拿坡里？

去過；卡布里島？去過；阿瑪菲？去過；波斯塔諾？去過……附近大概就只剩蘇聯多和以溫泉聞名的伊斯基亞島沒去過了吧！

如此刪去法，老娘本欲在蘇聯多待兩個晚上，伊斯基亞島待兩個晚上，並等待其他國家友人回音以便安排接下來的行程，不料蘇聯多便宜的青年旅社離市中心甚遠，晚上又沒有巴士可坐，最便宜的旅社評價不好，搭乘渡船又要轉乘好幾次（想想這些資訊要花多少時間查詢），實在是不方便至極。若放棄蘇聯多直奔伊斯基亞島倒也可以，不料隔天從薩來諾到該島只有一班船乃早上八點，已經拖著疲憊不堪身軀的我行李都還沒有完全收拾完，隔天若又還要拖著行李步行三十分鐘到碼頭一定辦不到。索性倒頭就睡，反常地違背自己一定要解決事情才入睡的個性，決定隔日再說。

翌日，老娘聯絡了在薩來諾搭訕我因此而成為朋友的好哥哥，又有另外一位大哥哥建議我到拿坡里搭船到伊斯基亞島，因為班次非常多。伊斯基亞島有兩個碼頭，我看好的青年旅館在班次比較少的碼頭，但時間在傍晚，十分合適。於是乎好哥哥在不用上班的周六義氣相挺，立馬開車來載我，讓我省了昂貴的火車票，短短三十分鐘就開車抵達義大利南部最大都市—拿坡里。沒錯！名字很熟悉吧！這就是國民美食披薩的起源地，讓本宮總說：「出了這座城市披薩就不披薩」的驚人美味。

在高速公路上又是一陣風雲變天，一抵達又是一場狂風暴雨。好哥哥說這太反常了，他從來沒在拿坡里看到如此淹水淹到不行的暴雨景象，直說義大利不要我走，要我好好待在拿波里。我解釋五年前即已造訪這座萬惡的城市（說笑唄），我還是會留在義大利，只不過是要去一座島上。就在我們頂著溼透衣衫，終於倉皇抵達碼頭買票登船，我匆忙道別心裡五味雜陳，總覺得又要步上一個未知的旅程。其實性質沒變，只不過從西班牙的一座島改去義大利的島嶼罷了！轉念一想，畢竟老娘也是島民來著，沒在怕的！

就在搖搖晃晃不到一小時的船程中，遠離灰濛濛的拿坡里，想不到海上撥雲見日，抵達伊斯基亞島福里歐時居然晴空萬里。

註：參考圖片75、77

番外篇—從秋海棠變成老母雞的大陸還是很大之一人勇闖長城（大陸）

昨晚我做了個夢，夢到我本來居住在上海現在定居在臺灣的朋友告知說要去熱河的離騷（應該沒這個地方）念書了，不知怎地我在夢裡的印象中熱河是像阿拉伯半島的地形，與大陸其他省分相比屬化外之地。此時為了證明我所言不虛，將小時候珍藏的中華民國地圖拿出來，一張漂亮的秋海棠，外蒙古尚屬我國屬地的美麗地圖。

沒錯，在小時候念書時，各省分念山川念河流念作物念氣候，只感覺新疆、西藏、蒙古較大，其他省份都算小。但住在說大不大說小不小的臺灣島上，到了大陸之後才知道大陸有多大。說起來真正踏足與熟悉的土地在歐洲，歐洲是大，但不給你感覺一個國家有多大，因為歐洲的國家很多，航線密集，每座城市或鄉鎮飛行時間很多不超過兩小時，坐過最久的是從倫敦到希臘，約莫四小時，也就差不多臺灣到東南亞或帛琉的時間。但各位客官有沒有想過，臺灣到香港飛行時間一個多小時，可是為何到北平就要三小時了呢？

所以說讀萬卷書不如行萬里路，這句家父教導的話，每次都讓我這吉普賽女郎每年去歐洲三個月流浪時拿來反堵父親的嘴。事實上也是如此。世界上幾個面積極大且國土完整的國家不外乎中國、加拿大、俄國以及美國。八千里路雲和月，不到大陸走一趟不知道大陸有多大。

話說在大陸趕火車的驚險景況不比歐洲差，因為地方太大，不可預測性相對增加許多。老娘的趕火車驚魂記在此地也免不了。時光回到西元二零一六年，從歐洲到北平停留三晚，老爹剛好在武漢，嚷嚷著要我去與他碰頭，還可順道遊長江三峽。於是決定延後抵臺機票，然後從北平到武漢與爹爹碰頭。

武漢是著名的三連市，有人文武昌、商業漢口與工業漢陽市隔著長江與漢水比鄰而居。在臺北車站附近武昌、漢口、漢陽街就是由此三連市命名。至於火車站呢？就沒那麼簡單了。客官可能會說為何不坐飛機呢？要知道從北平市中心到機場加塞車就要預留二到三小時，北平機場太大國內航班加人龍就要提早二到兩個半小時，加起來就已經五小時，再加之從北平到武漢機場飛行時間兩小時，總共須預留七小時，最後從武漢機場到目的地車程可能一到兩小時，起碼八小時去掉，但之間要集中精神上上下下有行李的限制與規定。除非人已經在北平機場不在北平過夜，則會直接搭機到武漢可節省市中心到機場的塞車時間，否則本宮通常選擇坐火車。提到北平與武漢間的飛行時間兩小時，就可以明白大陸有多大。在歐洲隨便一兩個城市的飛行時間也都不到兩小時呢！

北平與武漢往來火車最快的稱高鐵，代號為G，最快四小時二十一分鐘，最慢六小時十六分鐘，與中間停的站數有關，因此若要直接抵達目的地，當然是時間越短越好。武漢有三座火車站，武漢、漢口與武昌。高鐵到了西元二零一七年只停武漢與漢口站，由於大陸實在太大，因此還是事先辜狗好哪座火車站比較近。本宮要去找爹爹的地方距離武漢火車站開車需時約一小時，距離漢口火車站開車至少一個半小時。二等座最便宜約人民幣五百二十元，合新台幣約兩千六百元。

此時就要抉擇於活動的前一天晚上抵達還是活動當天一大早抵達了。由於當時在北平時為秋天，要知道秋高氣爽，夏天在北平完全不會想參觀任何名勝古蹟，只想窩在室內吹冷氣。因此過去已經參觀過天壇、頤和園、長城八達嶺段的老娘，還差紫禁城和長城慕田峪段為遺珠，兩次到北平就說不再回到此城市了（實在太塞、人太多、食物不合胃口、按摩又不舒服），此次又再到來當然不能偷懶，必須在最宜人的季節把該去的地方遊一遊。

由於時間有限，因此若要在活動前一晚抵達武漢，就必須把握僅剩的一個整天殺去長城再回到北平市區搭乘當晚的火車抵達武漢。若是決定為隔天再出發，就必須一大早前往北京西站搭乘火車。由於前一晚最快四個多小時的火車是晚上七點出發，十一點半抵達漢口站的車次，若再拉車到武昌，就是凌晨一點了。但這前提不在我，由於需要改去臺灣機票的日期，改票想付現不刷卡，於是必須去實體門市不能使用電話客服改票。當天一早去國航門市（大陸稱營業廳）改機票，還分加盟門市及直營分店，首先抵達加盟門市但票務人員不會改我這種兩次中點停留的票，由於從事旅遊業，致電給客服得知如何改後，指導加盟人員經過操作但不果，於是衝往直營門市，遇到實習生改得冷汗直流，主管也不前來幫忙放他一人面對，幸好老娘也從事過相同產業直接面對過客人，將心比心也沒發脾氣。最後本來於一早八點抵達，換了兩個門市，直到十點才成功改完票，實在折騰。

此時與當時預計前往長城的時間已減少許多，但不輕言放棄是老娘的性格（也因為如此才能征服歐洲），所以立刻坐計程車殺到東直門公車站。在東直門公車站找到前往懷柔車站的九一六快車，人雖然多，但由於為規劃過的車站，因此大家倚著鐵欄杆排隊，車次也很多，約莫五分鐘後就順利上車，不到五十分鐘就抵達南華、懷柔，挑了其中一站下，一下車就有黑車司機前來喊價，由於娘娘只有一個人，因此被喊了六十元，我說太貴，司機正要減之時，老娘眼尖地看到不遠處有一群依稀在公車上看到的老外上一臺廂型車，於是我頭也不回的一個箭步衝向該車，詢問車上老外是否可以一起拼車，老外一說好我就跳上前座。此時一位大陸人大喊：「欸欸欸姑娘你不能上來！」我算了一下人數，五位老外加我，一位司機一位車掌，我回：「剛剛好為何不行？你要算我多少錢？」由於大家都已入座，車掌一急說先開車再說。

司機與車掌是兩位曬得面黑的工人階級樣，一副鄉下藍領但說不出的不老實樣。從南華或懷柔抵達慕田峪長城的車程大約二十分鐘。好啦！講價的時候到了。此時你就會知道同文同種的優勢在這裡。我說由於晚上要趕火車，所以是否可以三點集合，好讓老娘趕回市中心買火車票拿行李殺去火車站趕上晚間七點的火車。車掌說道好吧你就跟他們說吧！車上一對印度籍的英國人夫妻、一家三口以色列人，我用英文跟他們說在長城可以待約一個多小時，大家三點集合回去搭乘公車。大家沒甚麼意見。

喬好時間後開始講價。我說你要算我多少錢？由於在網路上看到一人一趟攤下來大約十到二十元，他們用來回包車手法一司機外帶一車掌倒是我一開始沒想到的操作。我告訴車掌雖然在南華接我們，但回程要把咱們放到懷柔，因為懷柔是返程的第一站，才有位子坐。車掌說道：「欸！姑娘，我瞧妳挺聰明的，妳打哪兒來的？」我不說，車掌就猜不是香港就是臺灣。我說咱們都是同胞，你算我便宜些，多一個人也算是你多賺的。車掌急了說你可別跟其他人講行情價，娘娘也不是不懂人情世故之人，他們要訛老外，娘娘也不會擋人財路，我說我幫你翻譯喬時間省那麼多事，你不算我便宜些我就告訴他們行情價。這段故事講給老娘的爹爹聽，老娘的爹咯咯大笑，說我真大膽一人勇闖長城，還轉述給他的友人聽，說黑車司機想訛我，結果反被我訛。

約莫不到三十分鐘大家抵達了慕田峪長城，司機停好車後，把大家直接帶去售票處買票。票分兩種，由於長城不在平地，因此需要搭乘纜車或擺渡車抵達入口。大家選擇較便宜的擺渡車後，車掌把我們送到接駁車去，約好時間後就離開了。

一夥人先坐上一臺接駁車抵達擺渡車、纜車入口處，由於急著想要多走些烽火臺，因此一下車就入到一個隊伍想說要搭車。排了一分鐘發現不對，因此又離開隊伍往上走，看到另外同車的五個老外，發現自己剛剛排到了返程的接駁車隊伍，真是糗！算了，老娘在外做過的糗事也不只一件了。

在這裏所謂的擺渡車，就是開放式的纜車，與滑雪勝地要登頂的纜車相同，腳是懸空的。我們一行六人一路往上走，才走不到一分鐘就被路人嚷嚷著不要再往上走，此時唯一會講中文的我停下來一聽，原來我們已經錯過了擺渡車的入口，再往上走是封閉式纜車入口（給年長者做坐的），兩家不是同一間公司。原來指正的是當地導遊，他說你們不聽我也懶得多說，是看你們真的走錯了。還好有他，也還好有本宮聽得懂，否則大陸人在路邊嚷嚷著還真不會注意（因為實在太多人直接站在原地用不同口音大喊）。

幸好有那位大陸導遊，大夥兒少走冤枉路。上了擺渡車後，一路欣賞腳底風光，不消一會兒就抵達慕田峪長城。當天天公實在很給顏面，前一天還鬧北平著名的大霾，那日卻陽光普照，萬里無雲，秋高氣爽，實在沒有比那天更棒更舒服適合走長城的氣候了。慕田峪長城的造訪人數比八達嶺少許多，依娘娘自身感覺也比八達嶺緩和好爬些（當然有可能是因為人較少的錯覺）。本來想速速一人走過，但長城就一條路，最後一行六人還是一起走、互相幫忙拍照，甚至最後被本宮策動了許多團體照。

所謂不登長城非好漢，既然北平已經離長城夠近了，月球上唯一看到的人類偉大建築一定要走一遭。如果此生有機會，希望也能瞧瞧山海關與玉門關。若沒有一定要走完全程，在人少的情況下，其實一個多小時綽綽有餘。就在大家快快樂樂結束長城之旅後，重頭戲來了，擺渡車上可不是擺渡車下，是要坐所謂的滑道下山。這是一項有趣的設施。從山頂做一條管狀滑道，每個人坐在一臺小車上，就像滑草一樣，一路向下滑，車上有一小管可以剎車，加速與否取決與陡度與該段管道是否夠光滑。

重感冒的我一路上就拿著相機攝影，邊攝影邊控制速度，還要講解撐場面，一心三用，一路甚是有趣讓人忘卻感冒的不適與所有的煩惱。話說滑道相當地長，前面的人忽然煞車，老娘也在一心三用的情況下即時保持距離，不料後面的駕駛技術不佳剎車不及，硬是把老娘腰椎撞震拖鞋撞飛，還好本宮臨危不亂，連影片也都淡淡一句：「喲！被撞了。」總滑道約莫七分鐘後就抵達到了平地。

抵達滑道終點後，搭乘接駁車回到入口，抵達購物區後，就立刻看到車掌與司機在那裏等候，押著我們前往停車場。在車上要再續前頭價錢的談判，車掌說人民幣七十元，一開始本想殺到二十元，但基於車上兩位服務人員外加車掌還帶我們去買票節省時間全力配合，因此就殺到四十元成交。快要下車時，車掌和司機緊張地甚麼勁，要我偷偷把錢給他們。老娘是個上道的人，省他們麻煩就是省我麻煩，一下車後其他人到車掌面前一人給一張人民幣一百元，我就到樹幹後面塞四十元給司機，之後立馬衝向在馬路對面快要離開的九一六特快車，上車後盡量不與其他同行人聊天以免觸碰價格敏感話題。算了算，這真是門好生意，那兩位老兄今天做這一攤就賺翻了。人民幣五百四十元兩人對分，一人一天也有新台幣一千多元，總共也只花了一下午時間，總車程不到一小時，在當地算是很不錯的收入了。

所以說觀光財確實能夠貢獻當地經濟，華人腦袋動得快，有需就有供，市場機制。

鏡頭回到第一次去北平時的十一大假期間場景。和親戚一起到八達嶺長城遊玩，只見滿坑滿谷的遊客，只能說他們的十一大假就像咱的春節一樣，大陸這麼大，一個景點卻還是可以塞滿這麼多人。開車到達八達嶺時，真正的停車場早已停滿，其他坑坑疤疤的空地也擠滿了車，只見此時有幾個人站著空位，若想要停車就得給他們錢。親戚氣得大喊賺這種不合法的黑心錢，說什麼都不願意付錢了事。繞了幾圈，實在沒辦法，居然有人說帶我們走秘密通道，付人民幣十元給他，他帶我們停離門口近一點的停車點。上車後，只見他指的路就是我們剛剛走過的路，且繞了兩圈，還是沒有車位。最後付錢了事讓他下車，到了沒辦法時還是付了錢給了一個地頭蛇，因為他佔了一塊封閉式的空地，付點保護費，也好過車子被破壞。

這樣的景況在大陸當下會有種驚奇感，但若深入瞭解後就不會如此訝異。隔幾天和親戚到達一座國家風景山區，開了五個小時的車才抵達，坐車坐到想吐的老娘一點都沒有爬山的慾望，最後甚至放棄挑戰登頂，因為整座白楊樹林實在長得太過相像，一路上都沒有可以稍微看到山外的眺望點，和臺灣的山林不太一樣。回程時遇到一位在杉林區工作的老漢，親戚和他閒聊一會兒問他在這一個月能攢多少錢，他回人民幣兩千元，也就是新臺幣一萬元。本宮當下聽到時有說不出的驚訝，親戚則說辛苦啊！所以說人民所得的差異之大，能夠生存下來實屬不易，最能大撈一筆的就是不合法的黑心觀光財了。這種財在各國都會發生，臺灣三袋水果一百元，賣給觀光客可以到一千元；義大利鬆餅加草莓和鮮奶油賣給當地人五歐元，敲觀光客可以到十歐元。只是像大陸這樣利用十一大假，把不屬於自己的土地佔地為王喊價，倒也是第一次看見。

場景回到慕田峪長城遊，公車快要抵達東直門後，一看時間不得了已經五點多，決定一下車就搭計程車殺去買火車票，回家拿行李再衝去北京西火車站。下車後看到同行人留下來互相交換聯絡方式，我也只能依依不捨地在計程車上望著他們的背影不告而別默默消失。

何處買火車票呢？由於大陸人口實在太多，因此在某些街道上會有不起眼的火車票售票口，可以不用到火車站也不用在網路上信用卡買票。抵達後算了一下時間，北京西站離自己所住的地方有相當一段距離，北平人太多，坐火車又要過安檢，坐計程車過去都還可能塞車，因此最後放棄，買了隔天早上九點出發的火車票，雖然前面搞了個半天策動大家遊玩長城的時間，急急忙忙回到市中心，最終還是來不及。

這時有個問題問問看倌們：在臺灣若搭乘大眾交通工具前去搭高鐵要多久以前從家裡出發呢？在北平娘娘住的地方地鐵站距離北京西站約有十七站左右，中間需要換一條支線，因此最後決定隔天早晨七點就出門搭地鐵。為何不搭計程車呢？一、在北平叫計程車比登天難，可能只比杭州好一些。二、尖峰時間坐計程車基本是自殺行為。所以說啦！地鐵人再多，想想也比東京少，起碼沒有像歐洲一樣的罷工問題，所以就前去搭乘地鐵。清晨七點多的地鐵人多但不到擁擠，大夥兒也許尚未完全睡醒，還算清清靜靜。不料一抵達轉線車站，一群剛下火車的人一湧而入，根本不等車上的旅客先下，我隨著人群擠了出去，不料登機箱被蜂擁而至的乘客卡在後面，此時幾位大叔奮力一擠，老娘終忍不住對著一位看起來略帶凶神惡煞感的大叔開口大罵：「先下後上！懂不懂禮貌！」沒錯，大陸人很愛開標語，就為了教育沒有禮貌的粗野人（當然不是所有）。先下後上就是每次搭乘地鐵是可以聽到的自動廣播，意思是等在車上的乘客下車後，要上車的乘客才可以開始上車。此時大叔本一臉凶神惡煞，忽然轉變成鞋貓劍客一臉無辜擠出一對八字眉對本宮說：「是後面推我的！」反差太大，我忍住了笑，把行李一抽拉就趕緊到旁邊的月台等待前往北京西站的地鐵線。

前往北京西站的人真的很多，此時一定要集中精神奮力一上，否則後面的仗還有得打呢！抵達火車站後，首先入票口驗臺胞證和火車票，現在採實名制買火車票，一人一票，應該也是因為一票難求，避免黃牛票的產生所做的最好控管。抵達車站時算是人山人海，車站沒有上海虹橋車站氣派，大家紛紛抵達自己的登車口，要過安檢，要驗票，再往下抵達月臺，就如同在西班牙搭乘跨國火車一般，一切的一切可不是最後一秒跑到火車上就可以解決的。所以提早兩小時出門絕對是一種保護自己順利登上火車與避免鐵腿的最佳預防方案。

大陸高鐵在西元一九九九年開始建造，四橫四縱，鐵路總長度約為兩萬兩千公里，佔世界高鐵（非一般鐵路）總長度的六成七，預計西元二零二零年完成至總長三萬公里。大陸高鐵G開頭與D開頭火車都是走在高鐵軌道上，T與K開頭則是走在一般鐵道上。所以當然有G就G囉！

高鐵雖快，最快時速三百多公里，但將近五小時的車程也是直戳尾椎備感不適。終於抵達武漢站後前往活動目的地，隔天又再前往火車站搭乘一般火車前往宜昌。領到宜昌來回車票後就在下車的火車站立馬購買隔天從武漢回到北平的末班車。為何才待一晚就要再度回到北平呢？因為再隔一天就要殺去紫禁城參觀，由於聽說過紫禁城太大，因此若當早抵達再去參觀紫禁城時間肯定不夠，實在不是好主意。為了玩樂，再不可能的事也要可能。話說隔日從宜昌抵達武漢火車站後僅有十二分鐘的轉車時間搭上末班車，若是錯過就要搭乘再隔一日從漢口站出發的最早班車。如前所述，錯過的最壞打算就是要從武漢站回飯店需時一小時，凌晨要再從飯店抵達較遠的漢口站需時一個半小時，整整多花兩個半小時，再長路漫漫坐五個多小時的火車，實在太折煞人，因此想到這麼不省心的備案，說甚麼都要接駁上。

用實名制買火車票總是會有驚喜。當我興沖沖地要買從武漢到北平的高鐵票時，一位二三十來歲的男性淡淡地說：「妳從宜昌到武漢的火車抵達後僅有十七分鐘的轉車時間，扣掉規定五分鐘前一定要過票口，僅剩十二分鐘搭得上車嗎？」我回道：「跑跑看應該跑得到。」一時之間還驚訝大陸人的服務何時也變得如此貼心了，還提醒呢！可見科技可以取代人腦，但才剛被我內心默默稱讚完的小夥子把車票給我後，忽然在不到三十秒內向我要回車票並再次確認日期，挖哩咧，原來是給錯日期了，還好他自己有發現，否則我可能情急之下也不會檢查，最後提早買等於白搭。

進到火車站後，首要之務便是觀察從武漢到北平可能的月臺號碼。此話怎講呢？若說臺北車站六座月台，分兩座給高鐵，其他兩座北上，兩座南下，跑上跑下最後一秒都還可以趕得上，那麼大陸高鐵的十幾二十個月台就會讓人看傻眼了。武漢是華中大站，月臺與月臺之間可沒靠那麼近，但畢竟火車有分高鐵與普通鐵路，因此應該還有分月臺。果不其然，一座指示板顯示往北平的月臺為第五到第十五。唉唷真是感謝！去掉了一半的機率還算好判斷，但還是有十座月台之差啊！只能默默祈禱屆時回程接駁的月臺不要離太遠。之後便是走到空橋勘查地形，看了月臺號碼的順序以及高度，約莫心裡有數該要如何跑，但說實在還是不太清楚流程如何，畢竟火車種類不一樣，且大陸的月臺都要上上下下過安檢，與歐鐵開放且平面式的月臺大大不同。

總而言之，言而總之，如家父所言，如果所有行程與時程須要多留預計前往時間總長百分之二十的話，那麼在大陸絕對要多留百分之五十，否則真是要唱辛曉琪的「阿多麼痛的領悟～」

第一天參加國父誕辰兩百週年所辦的國父思想兩岸交流論壇就不細細贅述（國父希望民主，三民主義五權憲法，大陸還在共產主義呢！大陸學者談國父思想還真是令人啼笑皆非）話說奔到宜昌是被家父騙去看長江三峽，不料並非看長江三峽，而是三峽大壩。千里迢迢被騙了去看這座人工大壩而不能輕舟已過萬重山就夠令人扼腕，當天居然還大霧，啥個樣兒也看不到就打道回府。所以說跟團就是老娘最不喜歡的方式，拉車太長時間太過緊湊，遊玩的時間還沒有在車上的時間多。

言歸正傳。霧茫茫的宜昌行就這麼過一晚結束。上火車時和老爹全程坐在一起共享難得的天倫，不料火車過了預計時間仍然不開，此時心中已有不祥的預感。但車開不開掌握在車長手上，在尚未抵達目的地前也是束手無策。此班火車經過漢口站後，慢慢接近武漢站，此時我已起身衝向門口，想說看過地形第一節車廂應該一出去就是手扶梯，總而言之勘查過地形的結果，往空橋走不要直接殺出去出口應該就沒錯。爹爹緊張地起身陪我站在車門口，只見火車慢慢抵站，抵站後居然還不立刻開門，氣的老爹說：「豈有此理！急不急人啊！」痾……真是皇帝不急，到底是誰要轉車啊！老爸問我跑得到嗎？說實在不清楚，還能怎樣？就是跑！

車門一開，只見原有可跑的十二分鐘僅剩七分鐘，老娘一衝出門開始衝，本來以為的第一節車廂居然是最後一節車廂，離手扶梯最遠，原因是我看的時候方向剛好相反，真是打錯如意算盤。拖著沉重的登機箱，一路跑，跑到三層樓高的手扶梯前時傻眼，手扶梯暫停使用，必須爬樓梯。此時立馬提了十幾公斤的登機箱開始往上爬，爬到腿軟之際，只見前面一位先生在前面用飛毛腿功力向上奔馳，頓時正能量油然而生，有領頭羊的重要性就在這裡，腎上腺素霎時噴發，一口氣爬了三層樓。只見樓梯口已有檢票小姐檢查轉車車票，殊不知無法回到可以連接各月臺且比閘口更靠近火車的空橋，只好硬是回到了閘口。一時之間氣上不過來，肌耐力不足，開始改成行走。走沒兩步，居然廣播往北平的高鐵乘客請立刻登車。相距十座的月臺看得到吃不到，遠遠看到月臺號碼，卻無奈無法一步登「車」，於是由重回鐵腿模式，追隨那位先生的腳步一路狂奔。跑了十座月臺終於跑到檢票，後再下手扶梯三層樓，先上車再找車廂。一上車後居然車子居然比預計啟程時間還提早一分鐘開動。我的老天爺！七分鐘的奔跑時間老娘硬是五分鐘跑到，上車一分鐘火車就開，實在太過驚險。這可是事關人生可能會浪費的兩個半小時以及被濃縮的紫禁城健走啊！

好啦！最後隔日也順利地去紫禁城在雨中連走七小時沒有坐下來半分鐘。一切的一切就是如此驚險地完美劃下句點。這個故事告訴我們，只要有心，甚麼事都可以達成。人生一定要有退路，但只要自己夠討厭那條退路的選項，就更增加如何在不可能中完成可能的驅動性。

無三不成禮，計劃趕不上變化絕對不會只發生一次（西班牙）

畢爾包，一座西班牙巴斯克地區的最大城市代表，是本宮在愛丁堡認識的一位好姊妹所來自的城市。記得當時還開玩笑嗆她說畢爾包有什麼可看？好姐妹提到的古根漢博物館還是在當時市長胡自強想蓋一座分館在臺中的情況下才認識，因此決定在第一個返歐的暑假造訪這座城市。

London (Heathrow) 3 — Bilbao
17:15 h — 20:15 h
Wednesday, 08 August
Flight number：VY7211

此行的計畫是在畢爾包待兩個晚上，之後利用手上的火車任搭票前往聖地牙哥孔剖斯忒拉拜訪。訂好了一間一個晚上一張床要價二十一歐四床房青年旅社，便從倫敦搭乘飛機於晚間抵達畢爾包機場。不記得當時是搭乘公車還是地鐵了，但只記得破壞大王駕到，該城市無法倖免於難。抵達地鐵站時，使用機器購買車票，因為身上剛好有零錢，於是把錢投到孔內，卻發現機器始終沒有動靜，且也沒有顯示購買成功。仔細一看，才發覺天哪！怎麼購買的機器上被老娘投入零錢的槽居然是辨識學生證還是某些證件的細卡槽，這下好了，零錢卡在裡面不說，還可能造成機器無法正常運作。冷汗直流之下，趕緊默默移動到另外一臺機器，把零錢正確投入應該要收錢的孔洞中，沒辦法，一臺機器花花綠綠看得老娘眼都花了，當時太過害怕且在長途旅程後，又想趕快抵達旅社休息，因此就這麼給它「默默」

過去了。

終於到站後，沒想到要拉一個行李上坡，只有使盡吃奶的力氣向上推，好在當時把英國倫敦當作大本營留了許多東西在倫敦友人家中，因此並沒有帶過重的行李，否則一路上坡也是折騰人。抵達後只見每層樓都有偌大的交誼廳充斥著軟骨頭沙發，算是相當舒適與寬敞。

安放好行李後時間已晚，剛好遇到同寢室的美國小妹一起同行吃晚餐。當時正好是西班牙人用餐時間，街上滿滿是人，我們隨意挑了一間 pincho 餐廳簡單用了餐，就在週三的晚上先在城市隨意走逛。用餐時間的廣場空空蕩蕩，大夥兒都集中在餐廳以及附近的街道吃喝，實在沒什麼人在景點區遊蕩。

隔天一早，又和美國小妹一起到畢爾包的內爾必翁河河岸，該河岸步道不能稱得上多美，兩岸的建築物也沒有什麼太特殊之處，但慢慢走到目的地後，重頭戲就來了—此行的必訪之處古根漢博物館。這座博物館以銀色的不規則形狀設計而成，在陽光下就可以看到金屬表面的光澤，十分有未來感。

走進去參觀，裡頭展示了各個西班牙現代畫家的畫作，由於畢爾包位於巴斯克地區，說的是巴斯克語，因此一旁的畫作解說就有三種語文：巴斯克、西班牙以及英文。從博物館內可以透過透明的帷幕向外看到內爾必翁河。由於該河在夏天呈現綠色，搭配著兩岸的綠樹，猛一看還以為是基隆河畔圓山大飯店附近的景象。博物館內有時會有特展，當時就展有英國現代畫家大衛厚克尼的許多畫作。

觀賞完看也看不懂的當代藝術後，走出館外，附近有一座紅色系的橋，一看又以為到了淡水河畔的關渡橋附近，其實是撒拗費橋。外頭有許多雕塑，最有名的就是長腳大蜘蛛。觀賞完後，一路沿著河岸走，最驚人的就是這座城市充滿了各種兒童遊憩區，大概每走十分鐘就有盪鞦韆、溜滑梯供小朋友玩樂，其實西班牙其他城市也是如此，只是畢爾包整條河貫穿城市，河岸兩旁有相當大的空間可以運用，也成為家庭「遛小孩」的好去處。這座城市有著完善的坡道，因此不方便步行的、推嬰兒車的、拖行李的，都可以不用擔心需要上下樓梯。

走到最主要的廣場—新廣場，這座廣場建於一八二一年，是新古典主義風格，被拱門串連的建築物包圍，廣場中間有許多餐廳和酒吧，可以坐在戶外吃飯喝酒聊天。該廣場有一間咖啡吧其實就是pincho 餐廳，從一九一一年就開張了，也因此見證了這座廣場的長久歷史。

由於巴斯克地區最有名的食物就是pincho，一小塊麵包上放有熟食。最重要的就是該麵包因為是法國長棍，本來因此很容易會乾硬的食材，厲害的餐廳卻能讓該麵包不乾不硬可以下嚥，上頭搭配著如燻鮭魚片以及各種醬料，層次豐富，非巴斯克以外的地區也隨意模仿而開啟許多這種酒吧來。晚間和另外一位瑞士小妹一起同行，她發現了一間在廣場上不錯的餐廳帶我去，果然厲害，算是吃到在畢爾包最美味的一間 pincho 餐廳。吃飽喝足後便爬坡消化到高點觀賞夜景，階梯數並不算多，但真的爬到高點也氣喘如牛了。由於河岸的橋與兩旁步道都有路燈，因此夜景上來說還算有點看頭。但若要與大城市的燈火通明相比，就相去甚遠了。

談到畢爾包的交通工具，以這樣一座小城市四十二平方公里，面積才不到臺北市的六分之一，人口不到三十五萬，都會區人口一百萬出頭，卻擁有地鐵算是很方便，於一九九五年建立，乾淨新穎又有電梯，就是班次有點少，錯過一班列車要等約八分鐘。

從地圖上看畢爾包就在海邊，心想去到一個沙灘應該也不算太難。果不其然，坐地鐵就可以抵達海邊，出站後，卻發現要走許久才能抵達最近一座沙灘。沙灘被附近高山環繞包圍，看起來相當封閉，雖然已在眼前，卻還要再走一條長長的路抵達真正的「海邊」。沙灘幅員廣大，八月天踏在沙上意外地燙腳，因為在巴賽隆那的沙灘上都不至於太過燙，在北邊的畢爾包卻像煮「蹄子」一樣，幾乎無法赤腳前行。

終於抵達「海邊」，附近有人在玩飛行傘，踩著的沙並不特別柔軟，但卻是那年夏天第一個踏上的海灘，心裏已是相當滿足。由於該座沙灘相當封閉被四周的山環繞，因此生平第一次看到全裸海灘，一絲不掛連下半身都沒有著衣的原始人狀態。海灘上無論老老少少都是如此，還有老爺爺老婆婆牽著手一起全裸散步。就在老娘已經躺夠了，打道回府之前當然還是要拍張照留個念，但沙灘太過巨大，因此會經過的路人不是太多。好不容易逮到一位正在慢跑的叔叔，趕緊衝上前去請他拍照，他欣然應允，拍的時候還說：「看這裡笑一個！」真是讓本宮好生尷尬啊！因為這位叔叔就像海灘上其他的人一樣全裸狀態，老娘都不知道要看哪裡了，故作鎮定地笑了一下，叔叔完成任務後，就繼續在沙灘上完成他的慢跑。要知道陽光耀眼，沙灘上全無屏障物，慢跑的巴斯克民族們，也是全身各種角落赤裸可見，真是好「天然」的民族啊！全都拜巴斯克地區南部高山屏障，而巴斯克境內也充滿了約四百多公尺的山丘，因而把這個區域孤立了起來，要知道在西班牙可不是到哪都是全裸海灘，一定要附近地勢較高略為隱密，後有山丘屏障的情況下，才會讓大家重返原始人狀態。而這個區域的地理獨立性，也使巴斯克人講的巴斯克文與任何其他語系都沒有關係，語言學家至今都還找不出這個語言的根呢！

雖然從海邊到市中心搭乘地鐵很是方便，但坐起來也要二十站呢！只能感謝因鐵礦致富的巴斯克地區，能夠在這麼一座人口沒很多的城市蓋上地鐵，就連巴斯克地區另外一座城市聖塞巴斯丁都有呢！是不是頗為神奇？英國這麼多重要的工業城市，也只有倫敦和曼徹斯特有地鐵可坐，雖然其他的城市擁有還算綿密的火車線可交通往來，但能有市區地鐵還是一件很幸福的事，畢竟班次較多，且在市中心都能夠自由移動，連到海邊都可以坐地鐵抵達，只能說對於觀光客而言還是有相當大的便利性。

巴斯克民族的隨性與天然從早上走在街道上就可以聞到濃濃大麻味可以得知，這種感覺就好像是在有些城市早上就看到人們在喝酒的感覺一樣。但畢爾包似乎沒有二十四小時服務的行業啊！怎麼有種大夜班人員才會在白天做的行爲？！

只要可以，白天、晚上都會到瑞士小妹帶我去的百年老店 pincho 餐廳，晚上吃到一道厲害的料理，麵包上頭先鋪上一片醃乾蕃茄，再上去居然是一片鱈魚，鱈魚上面擠了美乃滋，錦上添花地在頂上還有一片炸過的蒜片。一口咬下去，各種層次在口腔內產生一種奇妙的交融，簡直是驚嘆一個人在巴斯克修行，完全不用愁吃喝啊！

有時興起，在廣場上點一盤炸魷魚吃了起來，卻忘了自己一個人的時候盡量不要點一整盤炸物，吃完真的好膩好想吐啊！儘管有檸檬解膩，但歐洲的炸物和臺灣的鹽酥雞不一樣，並沒有經過特別的醃漬，因此簡單裹粉下去炸後，就是特別容易膩，尤其是海鮮不似肉類較有味道且經過醃漬，所以一個人真的不要冒險點一盤來吃。

每天晚上用完餐，當然還是要在城市內散步消化，晚上的古根漢博物館不用點燈也很明亮，所以這個以金屬做整館表面設計的博物館，無論在白天還是夜晚，都是一個相當大且具未來感的地標。當年的博物館廣場前，有一座用鮮花做成的巨大動物，我和美國小妹看不出個所以然，美國小妹還說是泰迪熊呢！最後謎底終於揭曉，原來是隻「小」狗，只能說狗臉熊臉傻傻分不清楚！走近還可以聞到鮮花香味呢！只是這樣的龐然大物，不知道花期過了多久要換一次花？晚間的畢爾包的優點，就是走在河岸兩旁，想過橋隨時可過，各座橋的距離並不會太遠。古根漢博物館附近的步道都有地燈，散步起來相當寧靜愜意。

巴斯克地區除了有使經濟蓬勃發展的鐵礦外，原來還是西班牙對外銀行總部的所在地。每天晚上散步，總是會看到洗街車認真地用大量的水沖洗街道，由於畢爾包的雨季是每年十月到隔年四月，也許就是因為夏季比較沒雨，巴斯克人洗街的頻率算是令人咋舌的，只能說愛乾淨的程度讓人佩服，卻又覺得花費好多水啊！

原計畫要用火車通票前往靠近葡萄牙的聖地牙哥，由於從畢爾包坐火車要花上十個多小時，因此不能冒險沒有座位，拿著自己的票前往火車站欲花點錢劃定來回座位，沒想到居然被告知客滿！天哪！有沒有搞錯！那不是還好娘娘有先去火車站詢問，否則若當天提著行李搭乘火車，可是要站三部「鐵達尼號」的片長呢！實是太過駭人！看來火車通票在旅遊旺季也是有很大的風險沒有座位的。只能說計劃趕不上變化，一時焦慮之下，只想急忙尋找下個方案。最後決定再多付兩晚的旅社錢，櫃檯告知我由於不是和前兩晚一起訂的，因此要換兩次房間。當下只覺得有地方睡覺就好，還好該青年旅社沒有像火車一樣大爆滿，因此要老娘換再多次房間都行！

搞定房間後，心裡想著還有什麼地方可去呢？忽然想到因為工作關係所認識的聖塞巴斯丁，找了一下客運，發現只要花約一個小時就可以去大嗑這座 pincho 技術更高一籌的城市，且還能在不同於畢爾包的海邊玩耍，因此決定來個一日行。

隔天到了客運總站，人山人海，看著自己買的票對照電子看板，走到了等候的站臺。雖然是為時僅一個小時的短旅程，但還是有劃位喔！由於當時老娘的西班牙文還是很破，因此特地給車長檢查自己的車票，確認有上對車。車長一頭白髮卻擁有兩條粗黑濃眉，長相貌似巨星米高肯恩，他仔細看了看我的車票說沒有問題，於是本宮就安心地上車了。

上車找到自己的座位後，在前方有一個小螢幕放映路線圖，習慣把什麼資訊都照下來的我，順手拿相機一拍，沒仔細多看，就把相機收起來了。心裡想著自己的聖塞巴斯丁，口水都快流出來，只想大嗑pincho。其實無法去到聖地牙哥也好，一定是因為當時想著要坐十個多小時的火車屁股都痛了，心裡反抗之下才會造成無法成行，於是欣然接受自己快速反應下的備案。照完路線圖後，還給坐我旁邊的另外一位旅客先生看了一下我的車票，他點了點頭說位子沒有錯，這才安心地放鬆開始享受一路上的旖旎風光。

約莫過了半個多小時後，車子在一個小車站停了下來，菸槍們開始下車進行呼吸運動，本宮也跟著巡視一下狀況。下車後隨機問了一位乘客還要多久才會到聖塞巴斯丁？心想怎麼會這麼短的車程中間還要停靠一站呢？那位乘客告訴我這不是去聖塞巴斯丁的車，是前往另一座城市—桑儻得。蝦密！不可能不可能不可能！本宮如此謹慎小心，連續給兩個不同的人檢查車票，況且每班車都劃位入座，這班車也相當地滿，沒有人跟我要座位啊！怎麼可能會如此剛好？一定是在做夢！返回車上後，腦袋已無法思考，太過晴天霹靂，整個人在夢境與現實的交界渾沌處懸浮，過沒多久，就抵達不是目的地的目的地—桑儻得。

下車後立馬衝向售票處，由於售票處還有長長人龍，此時趕緊邊排隊邊「傳簡訊」給自己在英國的小秘書，詢問從桑黛得到聖塞巴斯丁需要多久的車程。小秘書很有效率地回「簡訊」給本宮，告知並沒有最近的車次，且要坐將近三個小時的車，並建議如果他是我，會好好享受這個意外的安排，把桑黛得給遊歷一番，畢竟這也是一場美麗的錯誤，至少有海灘讓老娘前往，符合了我想要的其中元素之一。

就這樣，老娘傻眼地踏在非巴斯克地區，口水都還沒乾，就被澆了一大盆冷水。這趟旅程路線全然不照劇本走，只能說就算控制再多，去不成的終究是去不成，難以到達的聖地牙哥與聖塞巴斯丁就是要賺老娘的錢，是沒有辦法在一天之內輕易結束的。爾後幾年終於完成心願，事實證明之後走的路線也相對輕鬆愜意許多。

桑黛得是慷他布里雅地區的首府，小小一個地方也被劃分為一個省，最著名的就是海外皆有的桑黛得銀行。一走出戶外，只見這座城市的女人都穿著春天花色洋裝，踏著高跟鞋，無論老少，都相當氣質時尚。

海灘的路上就在離客運站不遠處，不似畢爾包還得搭乘地鐵，桑黛得基本上就是一座海邊城市，在還沒抵達之前，還以為自己到了一個什麼鳥不生蛋的地方，好生恐懼，以為自己被流放了。這座城市有著長長的海岸與天然的沙灘，雖然不似畢爾包的天體海灘有著與世隔絕的的美麗，但易達性之高也讓老娘在沙灘上度過好幾個小時，高溫燒烤下一天就曬黑。

這座城市沒有地鐵，因為人口也不過就十來萬人，但有著一目瞭然的公車路線圖。儘管如此，本宮因為太過驚懼這突如其來的目的地，又一心以為那裡是甚麼化外之地，因此沒有好好欣賞那座城市。

只能說桑黛得最大的亮點，就是每個女人都看似貴婦，相當會打扮，衣服穿搭顏色脫跳，且布料看起來也都相當具有質感。無論年紀大小，都穿著有高度的楔型鞋，每個貴婦的髮型都好像是剛從美容院走出來一般，搭著黝黑的膚色，只能說這裡的媽媽們衣品都好高啊！這座城市也有許多獨具特色的建築，就是在窗櫺上大做文章。一棟建築上往往有大面積的統一窗櫺顏色佔據整體視窗，不是都是白色，要不就是咖啡色。

通過了長長的隧道步行回客運站，觀賞了一連串看似是小朋友的畫作後，又回到了桑黛得車站。買了車票後，終於回到畢爾包吃著自己最愛的 pincho 以慰心頭之憾。

視野拉回到自己住的青年旅館。由於多待了兩天需要洗衣服，旅社內有兩臺機器，一臺費用三點五歐，一臺費用五歐，心裡想有什麼差別嗎？索性把衣服都丟進三點五歐的機器，將洗衣粉都倒了進去便開始洗程。過了半小時把機器打開，我的老天爺！衣服怎麼都溼溼且乾燥？糟了個糕！原來是烘衣機啊啊啊！難怪兩臺機器價格不同，前面還在自以為是地沾沾自喜呢！天哪！真是沒有耐心閱讀的代價！這下好了，衣服沒洗成，還搞得整臺烘衣機內都是洗衣粉。還好大白天青年旅社內沒有半個人，狂冒冷汗的老娘趕緊拿塑膠洗衣匙將洗衣粉舀出來，但舀了個半天也無法完全清乾淨，盡力了，於是便逃離肇事現場。真是破壞大王一出，誰與爭鋒啊！

話說因為人算不如天算增加了兩晚，還得換兩次房間。頭一個晚上還算舒適，到了第二個晚上就不是這麼回事了。由於一間房有四張床，室友們來來去去，第二晚回到房間後一開門，整間居然充滿了男人的體味，簡直令人無法呼吸，窗戶沒有辦法大開，冷氣居然壞了，男人大聲地打著呼，震耳欲聾。房間沒有很大，躲無可躲，戴上耳塞還是無法阻絕熊般的打呼聲，晚上進出房間外的洗手間，每開房門一次，體味就撲鼻而來，於是乎總要屏住呼吸，然後再讓自己如入鮑魚之肆，久聞而不覺其臭。嗅覺與聽覺上的雙重折磨，終於度過了難過的一晚。

翌日，從來不愛搬移的我，居然高興自己可以換個房間，就在隔壁房門的寢室，一進去，冷氣運作得當，整間室友安安靜靜，連講話都輕聲細語，裡頭有一位斯洛維尼亞籍但長年住在義大利的男生和另外一對西班牙的情侶，三個人都看起來相當友善。沒有奇怪味道，沒有運作不良的風扇，剛躺下去，一切都是如此地安靜，沒鼾聲，今晚應當好眠。約莫睡了兩個多小時，忽然被震醒，奇怪畢爾包有地震嗎？由於太過疲憊，因此又沉沉睡去。但沒過十分鐘又被更大力的震度震醒，睜眼一看，才發現本來在對面上鋪的西班牙男人已不見身影，頓時疑雲消散，豁然開朗，我的老天爺！這對情侶居然就在大家同寢室的房間內做起運動來！由於床與床相連接，老娘的下舖就是那位西班牙女生，因此怎麼震都會震到上舖來！我翻了個身，他們便停了下來，但過沒多久又開始天搖地晃；我再翻了個身，咳了個嗽，他們又停了下來，但沒過兩分鐘又故態復萌。就這樣，來來回回，老娘也不知道他們何時結束的，只覺得好生痛苦，怎麼少了東問題，卻多了西問題！隔天問斯洛維尼亞男生，他說他睡死了，根本沒聽到，哇哩咧！老娘可是兩點就寢，清晨六點就被震醒啊啊啊！

此時就要問問看倌們，如果一定要選的話，寧可要選哪個寢間呢？老娘做了調查，發現大多數還是寧可被震動，也不要聞著整夜的臭味與聽著整晚的鼾聲。只能說，老娘還真是「幸運中獎」，兩種都經歷到了！風景各有不同，滋味各有感受！

最後一個晚上，搬到了一間房，裡頭有三位法國男生，他們是一個樂團，隨身帶了吉他、貝斯巡迴表演旅遊。和他們打招呼後，他們在半夜的時候就出門去了，說不知道哪裡有一個盛大的趴踢。我到了一樓交誼間，閒來無事，看到幾位英國帥哥酷酷地在看球賽，聽出他們是英國人，便詢問是否要繼續觀看，沒想到酷帥小哥馬上把遙控器交給我，說我想要看什麼都可以轉。我轉到哪裡，他們也欣然接受，真的是好英國人還沒喝醉的矜持啊！看似很有距離，實在是一種令人誤會的偽裝。

坐在交誼廳時，一位高大帥哥下樓梯來，互看了好幾眼，最後搭上話，才知道他是荷蘭人。隨便閒聊幾會兒，我高興地說我房間的三個法國男生出去趴踢了，我終於可以一個人佔有房間好好睡一晚了。此時荷蘭人用一種妙不可言地眼神看著我，說道：「妳覺得凌晨三個喝醉的男人回到妳的房間妳可以好好睡覺？如果我是妳我可高興不起來。」語畢不久，就說睏了回房了。

老娘愣了半分鐘，心情頓時從雲端跌入谷底，憂愁一個勁兒衝上腦門，這下可好了！雖然三位法國男生個頭都不大，頂多和本宮一般高，但一個男生的力氣可不是靠身高來評斷的，無論如何女生就是吃虧。左思右量之下，洗澡過後，決定在交誼廳待到他們回來為止。為了不錯過我的室友們進大門，索性待在一樓大廳。晚上時間大家都紛紛回房，有一位墨西哥老兄不知為何不去睡，我們倆就聊了起來。聊到一半，一場一直被忽視的大咳忽上喉頭，趕緊衝出門外大咳特咳五分鐘，就這樣進進出出好幾次，靜謐的夜晚充斥著我止不住的咳嗽聲，墨西哥佬都覺得我是不是要把肺咳出來了。聊沒多久後，墨佬也睏了，就回房睡了。

好啦！本宮唯一的聊伴都就寢了，怎麼三位室友的連個影兒都沒見？最後回到自己的樓層去，因為樓上的交誼廳有一張大沙發可以當床睡，最後實在太過倦了，撥了每半個小時響一次的鬧鐘，一旦聽到室友們回來昏睡後，就要回房休息。就這樣昏昏沉沉，加上一場病的情況下最終就無知無覺了。

好似做了一場夢，忽然整個身體晃動被搖醒，眼前一位高大外國男生和他另外兩位男友人，揉揉眼，不是老娘的室友啊！此時高大老外問道：「妳為什麼睡在這？」「妳叫什麼名字？」「妳來自哪裡？」

「妳一個人在這裡旅遊嗎？」「你怎麼沒有出去趴踢？」接二連三的問題排山倒海而來，老娘居然也一問一答起來，因為太過疲睏，防禦力簡直是零，硬是被弄醒後，彷彿吃了誠實豆沙包，問什麼答什麼，毫無招架之力。

最後得知三位又是法國人，自己從南法騎車來畢爾包玩，趴踢回來，看到我一個姑娘在沙發上睡著，好奇心使然，大問特問，最後陪老娘殺時間聊天，他們說當天就要退房離開了，我問一整夜趴踢還有體力騎車回去嗎？起碼也要四個小時。高大小法說沒體力也得有體力，沖沖涼醒醒腦後，就要離開。聊了好一陣子之後，他們終於回房去準備，老娘瞄了瞄錶，早上六點多，天都亮了，警報也該解除了吧！回到房間，我的三位法國室友們早已昏睡，幸好沒有打呼，本宮捱不住，也躺了下來小睡一會兒。等到起來後，三位室友也已酒醒，我們愉快地聊了天，他們三人渾然不知我前一晚上的心路歷程，都是三位好男孩，但酒醒時大家都可以很善良，酒醉後才是真正見到真本性的時候，人生在世，這種險可別冒啊！

最後一天要搭火車去巴賽隆納了，選了一間海鮮餐廳，但新鮮不等於好吃，烹調手法並不到位。悠哉地前往火車站，搭乘了下午三點半的火車，車程將近七小時，前一晚只睡三個鐘頭的老娘，連空氣枕頭都備好了，這麼長的車程，可得好好在火車上大睡特睡。七個小時綽綽有餘，還可以來唸個兩小時的書，所以說只要做好萬全準備，如何殺時間也是門藝術。

無三不成禮，計劃趕不上變化堪稱人生變幻莫測的終極註解，但山不轉路轉，保持一種正向的心情面對變化才能不影響旅遊的心情。呀比！

王后的插隊術（法國、義大利）

王后的插隊術，不在特權，而在誠懇。其實說插隊並不精準，真正的情況應該是你沒有什麼資源的時候，就臨機應變讓自己成為快速通關的人。

記得第二次在尼斯，連絡上家位在蔚藍海岸的友人，他邀請我到他家去玩，坐火車需時一個鐘頭，因為行程太過臨時，所以隔日早上到尼斯火車站準備前往蔚藍海岸的另外一座小鎮。豈料一到火車站，滿滿人潮，購票窗口大排長龍，法國站務員看著遊客詢問，趾高氣昂地在一旁說「所以囉（意思是你遇到的困難沒解）」，感覺相當難以破例與親近。由於本宮下一站從尼斯前往巴賽隆那的跨國火車票已經購妥，且語言課程也已經安排好了，因此沒有辦法延後行程或者在友人家玩上幾天，事先安排行程有好有壞，如果經濟不允許的情況下，行程不彈性，安排好的票卷，得說走就走，否則一旦更改或取消，花費的價格與無法退的金額加起來可能會比早鳥多一倍。當下的情況是，若不搭上那班火車就會來不及接駁原已買好的火車票到西班牙巴賽隆納了。因此，該如何在十分鐘內買好火車票又搬著行李到該到的月臺呢？看著一臺臺自動販售機只收信用卡，且或許只收歐洲信用卡，就感到一陣窘境。此時老娘心生一計，走到一位剛買完票的法國婦女旁，詢問她是否可以用她的信用卡幫忙買票，我再給她現金。婦女欣然應允，老娘得救了！終於在兩分鐘之內買好火車票，匆匆提著行李，一路跳上前往友人家的火車。只能說一切都是如此地幸運與美好。

同樣一招用在米蘭火車站，由於急著要轉火車到義大利科摩湖，因為是當地慢速火車所以沒有先買好車票。沒想到前班火車延遲，因此中間可以買火車票的時間被壓縮，急急忙忙找票務窗口，米蘭火車站可是比尼斯大上許多，看到人潮滿滿大排長龍，一定沒有辦法在十分鐘內搞定，因此同樣的戲碼其實早於尼斯上演，請一位義大利人幫忙買火車票再給他現金，一切都是這麼地完好。一個人的時候能夠顧的事情雖然很有限，但得到的幫忙絕對會比和其他人一起旅行來得多。

最後一次是要前往法國巴黎，從巴賽隆納計算好時間搭乘地鐵要前往火車站，早上要搭九點二十五分的火車因此七點半出門，豈料地鐵因為尖峰時間車廂擠滿了人，這還不說，居然在每一站都停上十分鐘之久，顯然是前方有狀況了，結果本來兩個小時的時間綽綽有餘，最後列車所幸在一站裡停止不動了。眼見有可能會錯失跨國火車的危險，加上送機的友人才在一小時前吃了退燒藥，藥效正旺時，退燒的威力簡直讓他冷汗直流無法站直。在沒有空調的情況下，最後老娘拎著友人拖著行李一路殺出重圍，往地面冒出去攔了一臺計程車就衝往車站。地面的路段塞起車雖不似北平讓人一樣絕望，但一路的紅綠燈也伴著時間分分秒過去讓人如坐針氈。由於老娘早有經驗跨國火車需過安檢，且出發的桑此火車站需要刷票進入，過安檢後，再搭乘手扶梯下至月臺，因此時間需要更加充裕，沒有辦法像義大利米蘭或羅馬車站一樣都在一個平面。好不容易過關斬將抵達火車站，連向友人告別都來不及，就匆匆拉著行李往前奔馳。一路急急忙忙，終於在火車開前兩分鐘抵達。上了座位後，火車就緩緩駛離車站了。從西班牙巴賽隆納到法國巴黎時程總共約六個多小時，一趟並不算快的旅程，但已經是以快速火車在行駛了，以一千多公里的距離來看，平均時速也有一百五十公里。沒想到這樣的火車居然在一個地方慢速下來，最後乾脆停在原地。就像未出生的嬰兒在媽媽的肚子裡一樣，當媽媽在走路上，就像乘客坐在一臺等速的車子上，很催眠。一旦停下來，整個人都醒了，寶寶開始踢打媽媽的肚子，乘客也紛紛甦醒開始困惑火車怎麼停了下來。車長此時開始報告前方又開始以法文報告原因聽也沒聽懂，總之突發狀況在人生就是如此常態，本宮早已習以為常。最後抵達巴黎時，居然花了七個多小時的時間，雖然軟墊的座椅算舒適，但這麼長時間一直坐著屁股也快爛了。

抵達巴黎里昂車站已是下午四點多的時間，在同一天需要搭乘晚上九點十三分的歐洲之星到倫敦，因此一抵達就馬不停蹄地從巴黎里昂車站到巴黎北站寄放行李。巴黎最划算的火車票就是一次買十次單程車票一張平均一歐多，要知道當趕時間的時候，最好的方式就是手上已經持有一張車票。巴黎的車站人雜川流，加上長途火車、都會區電車以及市區地鐵共構，一個不小心都會搞不清楚哪個出入口才是正確的，尤其是碰到尖峰時間簡直就要大爆炸，大爆炸的意思不是指像倫敦一樣由於地鐵車廂狹小英國人又高大，所以擠成一團可能還上不去，而是指人來人往前一站可能沒人，下一站就爆滿的景象，滑個行李都沒有想像中順暢。

過去在法國巴黎常常一日遊，也就是從其他地方坐火車抵達後，當晚再搭最後一班歐洲之星去倫敦。這種玩法若要去市區景點走動，至少要留八小時的時間，因為還要置放行李，尖峰時間法國的路上交通和地底下同等忙碌。由於火車延遲，眼見和朋友見面與吃飯的時間都快不夠，拖著行李看不到地鐵售票的窗口，但只待一天又不需要一次買十張地鐵票，因此跑去一臺機器正在購買車票的男子跟前，詢問他是否有多的地鐵票可以賣我。男子欣然應允，豈料老娘一掏口袋，竟只有一張大鈔。男子沒有零錢，我急急忙忙衝到一旁的咖啡攤要換錢，男子卻還得等我。最後在法國人慢慢吞吞的效率下，終於換到錢給他，拖到對方的時間一臉歉意，實在是很不好意思。

看官可能會疑惑，要怎麼只買十次旅程中的一張地鐵票呢？這就是法國巴黎的不同。在英國倫敦使用一張卡加值或是購買一日券，西班牙巴賽隆納則是把十次旅程都放在同一張票卡上，義大利羅馬買單程票就已經很划算，法國巴黎則是一次掉十張車票出來，由於車票相當小巧，因此可說是相當環保，不同的旅伴也可以合購以節省成本。原則上老娘都會放一張備用的巴黎地鐵車票在身上，過去曾有一年後使用並沒有什麼問題，這對因為交通工具延遲的人來說相當實用，就像你擁有一張悠遊卡都加好值了，車票一刷就被載走或共用腳踏車一拐就騎走同等地方便。

所謂的插隊術，其實並不是真的插隊，而是在相當緊急的情況下急中生智求個方便。在自己最熟悉的城市之一—羅馬，也有這樣的經歷。

王后歐洲行的第一站即是搭乘東方航空中停上海，由於過去上海被西方各列強都佔領過，外灘以及各國領區西式古典建築美輪美奐，加之中國的歷史與文化與現代各國、各省各菜系餐廳，上海的多元面貌也可稱為為歐洲行所做的暖身。

從松山機場預計晚上六點起飛的航空，從家裡好整以暇地前往機場，還使用了當時還沒歇業的復興航空貴賓室。不料當日狂風暴雨，廣播一直通知航班延誤，每班飛機都延遲，讓我驚訝暴雨也會導致飛不出去嗎？亞洲的天氣實在是深不可測，此時只覺得還好有申請貴賓室使用，吃吃喝喝躺躺倒也舒適。不料當一架架飛機都飛出去時，本來預計晚間六點起飛的東方航空，硬是成為松山機場當日最後一班航班。明明從市中心的松山機場到市中心的虹橋機場，計算一下門對門大概僅需花四到五小時，居然最後晚間九時十九分才起飛，整整延誤三小時十九分鐘，到快要午夜才抵達友人家，從來沒有那麼近的距離等得這麼累過，實在是苦不堪言。

在上海的時光總是匆匆，除了有大陸無敵的連鎖按摩外，上海人的溫言軟語聽起來也是相當悅耳。連鎖的服務美妙至極，手法訓練過大體一致，永遠可以睡著的精油按摩，喊你起來總是輕聲細語的技師。每每從歐洲曬黑回來時，總會被上海姑娘說你曬得好黑啊不過好均勻，而且好結實；若是從臺灣出發的第一站抵達上海呈現白豬狀態，則會被稱讚皮膚很緊緻。總而言之不只服務好，心情也歡。

大陸人雖使用簡體字不堪入目，但詞語的使用確實比臺灣豐富許多，但也有令人發噱的時候。記得和一位住在南京的姊姊一起搭乘火車，我提到去上海擺完行李後就要去杭州，但滿想看看蘇州，就在武漢前往南京及上海的火車上由於知道會經過蘇州，姐姐說這是個好主意她當下決定在那裏下車去玩兩天。於是用大陸神奇的手機服務（中國移動和中國聯通是兩大電信）打電話詢問行動祕書找尋一間蘇州的旅店。電話那頭大概是說想找蘇州哪一區旅店呢？姊姊居然回答「鬧中取靜」吧！挖哩咧！鬧中取靜也太難了吧！沒想到電話那端沒有繼續追問下去，後來似乎是問預算多少呢？姊姊式的回答：就「物美價廉」吧！此時娘娘內心已然笑歪，但臉上不能呈現出來，因為姊姊就像小龍女一樣，出口地那麼自然，而電話那端居然沒有追問下去地找到一間旅店並且傳送訂房確認簡訊給姊姊。姊姊除了這兩句經典詞語之外，也許也是太博學的關係，出口成章風格強烈卻很自然。好比火車途中談到昨晚沒睡好，姊姊看著我幽幽地說：「輾轉？」當老娘模仿此橋段給友人時，友人也笑翻。失眠就失眠，輾轉反側幾乎已無人口語使用，姊姊居然可以用輾轉二字詢問我是否度過一個漫長的晚上，簡直言簡意賅到不行啊！

結束了三晚停留上海匆匆見過三五好友後，就要開始當年的漂歐旅程了。話說每每在排自己行程時，總是會有幾個隨興由天的安排。好比說要停上海是為了按摩，停三個晚上是因為停兩個晚上太短停多了又占用到歐洲行程時間，要停上海又要去歐洲最少轉機次數就要使用東方航空。東方航空停的歐洲大陸點（不含倫敦）又屬羅馬稅金較少且八字和本宮最合。要知道人生不要不信邪，如果你和某國人或某國度很合，如做事、申請簽證等很順利，那麼未來應該都不會不太順。如果有了一次不好的經驗，接著兩次、三次，大概就要改變和那個國度以及與那國人接觸的方式。

因此最終敲定歐洲抵達羅馬。由於每年回歐洲的機票都是前一年就訂好的，等到出發前三個月開始排行程時才有自己執念想要去的地方，最後就是必須把點和點串起來。這次沒有特別的地方，羅馬要串巴塞隆納並不難，但最終抵達羅馬是當地時間約莫晚上六點。由於羅馬早已成為本宮第四個家，在不想過夜要把握直接去巴塞隆納上課的條件下，必須周日當晚就飛到巴塞隆納趕周一的開課。因此在查詢的結果之下，唯一一班可以接駁的班機就是廉價航空瑞安的八點多晚班機。

話說本宮當年享有快速通關服務，因此抵達羅馬達文西機場後就有一位義大利機場人員來接，那次的旅程簡直要把老娘急歪。從上海浦東經羅馬要再前往巴賽隆納，因為廉價航空瑞安不與任何航空公司有合約，因此行李無法直掛，所以通常在機場必須要預留至少三小時最好四小時的轉機時間，因為要過海關、行李拖出來後，再重新領第二張登機證、掛行李、過安檢，找登機門，如果不同航廈那時間更長。過去本宮相當自信熟悉的城市一如義大利羅馬其實不需要什麼快速通關，因為美其名快速通關，其實只是找一個機場人員陪同在航廈內接機後再搭乘下一班飛機，並沒有什麼快速通道。但因為當年擁有這項服務，不用白不用，因此就安排了試試看。

在下一班接駁的航班中，並沒有載明要在哪一個航廈搭乘瑞安航空，但航班將於晚上十點零五分起飛，本來三個多小時的轉機時間，因為班機延遲，硬生生地只剩兩個小時。東方航空在往昔如同其他陸籍航空般被批評時常延誤，本宮未曾遇見過，但在那一年確實驚人。除了受到暴雨影響延誤三個多小時的短程航班，不幸地長程班機也被延遲了，雖然「只」延誤了一小時，但要知道老娘可是有後段航班要接啊！要拿出三十公斤的行李又要重新掛入，中間的冗長過程光用想的腿就鐵了一半。

所謂轉機就是，一架飛機沒有辦法直接到達目的地城市而不轉海陸，選擇再搭乘另一班航班時，這就叫做轉機。轉機的智慧關乎意外發生時的抗壓，此話怎講呢？簡而言之，當你從臺灣要去歐洲時，先到歐洲大城市再轉短程航班到達目的地，或者先抵達其他亞洲大城市，再搭乘長程航班抵達歐洲，兩種組合完全是兩回事。

簡而言之，如果短程航班延誤，長程航班就緊張了，而通常長程航班的班次都比較少，除非像某航空公司香港倫敦對飛一天有四班，在未客滿的情況下還算有解，否則長程航班若沒搭到耽誤的時間是比較多的，因為無法改走海陸。相反地長程航班延誤，短程航班若因此搭不到，是有比較多的替代方案的。

短程航班要是錯過了還有很多選項可救，沒錯，當時最壞的打算確實是在機場睡幾個小時，搭乘隔天最早班機趕到巴塞隆納上九點的課，再差一點就是錯過一兩個小時的課，但畢竟人長大了，當學費是自己付的時候，你就會珍惜每分每秒，一堂課都不想錯過，畢竟是自己辛苦賺來的血汗錢。

SUNDAY, JULY 26, 2015

Departure Pudong International Airport (PVG)

Arrival Fiumicino Airport (FCO)

SCHEDULED	ACTUAL	SCHEDULED	ACTUAL
12:30 PM (CST)	1:46 PM (CST)	7:10 PM (CEST)	8:06 PM (CEST)
Terminal/Gate 1/17		Terminal 3	

Departure Fiumicino Airport (FCO)
Arrival Barcelona Airport (BCN)

SCHEDULED	ACTUAL	SCHEDULED	ACTUAL
10:05 PM (CEST)	10:05 PM (CEST)	11:59 PM (CEST)	11:59 PM (CEST)
Terminal/Gate TBD		Terminal/Gate TBD	

在飛機上心急如焚的同時，心裡已經暗自慶幸至少還有一個快速通關做後盾。雖然不知道快速通關能快速到什麼程度，但至少這位人員一定比本宮還熟悉機場內航廈動線與配置，至少不用邊跑邊判斷是否走對方向。飛機終於抵達機場後，一下飛機，和已經舉好牌的義大利熟男見面，走到關前，只見整架東方航空的旅客已經排在非歐盟成員的海關前等過關。本宮慢了一步，沒想到已經大排長龍，這個海關相當小，僅有約兩個窗口開放，且大約每十五分鐘才前進幾步，速度之慢，讓人急如熱鍋上的螞蟻。一旁的「快速通關」人員一點法子也沒有，快速通關並不如其名，沒有快速通道，也沒有特權。

眼見時間分分鐘過去，可能會錯失最後一班去巴賽隆納的班機，屆時住宿或語言課程都會有所耽誤，此時本宮再也按耐不住，開始使用中文向前面旅客一個個說道：「不好意思，我趕飛機，可以排在你前面嗎？」此時一旁的義大利熟男收起帶著有點驕傲的神情，開始一路陪笑，本宮可是能屈能伸，一路一組組旅客詢問，就這樣從前面三十幾組旅客，不消四、五分鐘的時間，一路殺到最前面。此時只有心感大陸同胞在這裡的美好，沒有一個人計較，大家雖然不是口頭上很有禮貌或很熱情地讓道，但可以看出他們的臉上除了帶著一點小困惑，基本上都是不太介意的。也許在大陸沒禮貌插隊的莽夫莽婦多了，相較於我有禮貌的一一詢問得到同意才往前也是讓同胞們看傻了眼。只能說同文同種，講起話來特別方便，語言的優勢在此充分發揮，只見我身旁那位帶領「快速通關」的義大利熟男嘖嘖稱奇，看到老娘發揮戰鬥力，他也一鼓作氣提起勁來，一路陪我說謝謝。

所以說王后的插隊術，重在誠懇禮貌，不在拿翹。一路過關斬將後終於抵達提領行李區，但只能說料得著前頭，料不著後頭。雖然老娘一路殺出重圍早早抵達行李區，但行李的順序就不是本宮插手控制的了。只見本來還在隊伍上的大陸旅客三三兩兩也到了行李提領區，本宮左等右等，上等下等，居然最後在倒數幾個才領到行李。這種感覺就好像是當時急急忙忙算好不能錯過兩小時一班去義大利科摩湖的火車，順利抵達旅店後，沒想到居然遇到櫃檯下午休息，硬是坐在旅館外等了兩個小時。只能說時機就是一切，剛剛好就是最好，只能安慰自己多分泌腎上腺素可以瘦身。

終於拿到行李後，此時快速通關先生發揮了效用，一路領著本宮入境，搭乘最快的電梯到出境大廳，並且快速衝到瑞安航空報到櫃檯，那時老娘真是三步併作兩步，一見櫃檯沒有其他旅客了，趕緊奔上前去趕在關櫃之前掛行李取登機牌，最後終於有驚無險在最後一刻登板成功。之後義大利熟男和本宮又再度過安檢，然後一路向前跑到遠在天邊的登機門。為什麼說遠在天邊呢？要知道機場之大，登機門有近有遠，廉價航空之所以廉價，就是因為有諸多不便。所以通常機場都會安排遠得要命的登機門集中給幾間歐洲的廉價航空，基本上就是要通過所有登機門，走上十五分鐘以上的時間，開始往下進入天花板沒有挑高的區域，而通常登機也沒有連通道，往往要走出戶外搭乘巴士，把你載至飛機跟前上機，當然也是因為這些廉價航空通常是小飛機的緣故。小飛機稍為大一點就是波音七三七，座位為三個三個一排，中間一條走道。更小的飛機有兩個兩個一排，中間一條走道。至於最迷你的航空公司飛機，本宮搭過曼谷航空一排才兩個座位，中間隔著一條走道，飛機上僅一位空姐，連進入機艙內太高的人都需要稍微彎腰。

最後終於成功在登機時間前抵達登機門，那座偏遠大廳滿滿都是等著坐瑞安航空去歐洲各地的人。只見各個登機門都已開放登機，我的登機門卻是人越來越多，但空姐遲遲不公佈要登機的訊息。事情總是在想像之外，當你前面趕趕趕急急急時，飛機就會在這個時候延遲，讓你前面的腎上腺素彷彿長江滾滾連綿不絕地分泌，到最後本來要像灰姑娘一樣於晚間十一點五十九分抵達至西班牙巴賽隆納的班機，最後還是因為延誤而於午夜後才抵達。整座登機門前宛若難民營，充斥著各種旅客席地亂坐，此時因為前面才驚濤駭浪終於喘息的義大利熟男也不能離開，得陪著本宮直到上機才完成他這趟「快速」通關的工作。當下義大利旅客們開始和他嘰哩呱啦地用義大利文交談，說著怎麼最後一個航班還延遲如此。大夥兒這麼晚也都累了，過了好一陣子才終於登機，而快速通關先生此時才真正完成任務離開。

所以說天下無難事，只怕有心人。另外一次的插隊術其實應該稱為插隊術。

西元二零一五年世界博覽會在義大利米蘭，這種難得的盛事剛好在本宮會經過米蘭之際舉行，因此無論如何都要共襄盛舉一下。要知道當年西班牙巴賽隆那就是因為在西元一八八八年與一九二九年承辦了萬國博覽會，因此建構了許多留下來到現在的建築與建設，現也成為城市主要的觀光景點。比如說八八年的世博舉辦在巴賽的城堡公園，凱旋門就是當年世博會的入口，氣勢滂礡。二九年的博覽會以蒙區克山為會場腹地，以西班牙廣場為入口，還在山上建造了能容納六萬名觀眾的體育館，之後成為西元一九九二年奧林匹亞比賽的會場，至此西班牙巴賽隆納氣勢大增，從過去一片荒地與工業區的景象，搖身一變成為一個觀光大城市，人見人愛。

所以說一個城市景觀除了歷史發展與都市發展外，透過舉辦世界級的活動也可以改變城市外貌，一鼓作氣無所猶豫，奠定日後觀光的基礎，雖然經費上有所虧損，但長久之計看，羅馬並非一天造成，以地球村及現代人熱愛旅遊與觀光的趨勢看來，未來仍是大有可為。

雖然米蘭已是一座發展成熟的工業城市，但於西元二零一五年舉辦的世界博覽會仍是重頭戲，總計有一百多國參加。主題是潤養大地，澤給蒼生，主要在探討全世界糧食問題與所浪費的食物山。在最主要的主題館中，排隊就需要花上一陣子的時間。看過老娘第一次被取消班機的篇章就知道，義大利人插隊插得渾然天成，不要臉的程度又可以與天比高，有鑒於過去的經驗，這次老娘有備而來。在排主題館的隊伍上，一個轉彎，在本宮後面的一對義大利人又不知不覺站到本宮跟前了。我笑了笑，忽然出奇不意地用義大利文與他們閒聊起來。這對厚臉皮義大利人一聽到我會說他們的語言，開始客氣起來，本宮的目的就是要與他們交朋友，插一對可以，後面前仆後繼而來可不行。老娘已非昔日吳下阿蒙，不可同日而語。此時這對義大利人就這樣和我邊聊邊排，後面的人聽到我們對話也不至於再次插到本宮跟前來，最後就在閒聊之下進入了場館參觀。裡頭一間間的主題包括水果和蔬菜橫剖面的巨型照片、植物多樣的重要性探討、各種堅果類所佈置成的裝置牆。總而言之，逛了好一陣子後才出了主館。

後面的各個國家館還得再深入走進去，國家之多，令人眼花撩亂。什麼館不打緊，五臟廟最重要。走到一半看到了間美食館，裡頭林立著各式各樣的義大利食物。有趣的是，義大利因為每個區域不同又以山丘相隔著，因此擅用當地食材發展了各地不同料理。一長條小道，兩旁林立著義大利地圖，每家都是來自義大利不同的省，簡直就是菜系聯合街，沒想到吃東西還可以長知識呢！由於本宮尚未走訪整個義大利過，為了增廣見聞，所幸耐著性子與餓肚逛了一大圈，把每個產地的特殊料理與當天賣的食物給看了一遍。當然啦！這種美食區只是為了展示，賣的東西肯定無法真正使用太多當地食材，也相對比較簡約，所費卻不貲。看完一圈，發現其實大部分都還是義大利麵料理居多，只是醬料不大相同罷了。最後看到大排長龍的拿坡里披薩，大家可能都會聽到拿坡里，沒錯，這就是披薩的起源地。至於為什麼要強調是拿坡里呢？因為拿坡里的披薩是有厚度的，旁邊一圈的麵皮蓬度相當高，當地盛產番茄，因此新鮮番茄泥整個平鋪在披薩上，加上高等摩查瑞拉起司以及新鮮羅勒，這種最簡單的組成就稱為瑪格麗特披薩，其實不加太多料才是最迷人的。可以感受麵皮的嚼勁，吃出番茄的鮮甜味，羅勒的芬芳，以及不同於切得黃起司之摩查瑞拉白起司的美妙。

最後順應潮流，一中盒披薩約十歐元，比起美食街其他省份的義大利麵超過十歐元的價錢來說，算是可以吃飽且划算。慢慢排隊飽餐一頓後，天也漸漸黑了。走出美食館外，只見各個國家館都點起燈來，而門口也有許多的排隊人潮。由於本宮當天要搭乘晚間十一點多的夜宿火車到巴黎，因此最多只能參觀一間國家館。為了選一間最好最有趣的，越走越深，越深越慌，因為每間國家館光是外觀就照相照不完了。此時只能悠悠蕩蕩，最後一看時間不得了了，八點多該啟程回到米蘭中央車站了。於是開始往回走，但要知道，像這樣大的博覽會，可沒有如機場一樣的平面手扶梯，還是得徒步一路走回大門口。人在趕時間時總會覺得小腿肌不夠給力，怎麼走都有種還沒走到終點的感覺，晚上人潮依然不減，除了快速徒步外沒有別的辦法。走回去的路比想像中的長，尤其要趕一班跨國火車，這種只可成功不許失敗的感覺伴著看不到出口的長路，終於在鐵腿將近半小時後接近出口。出口人潮洶湧，前進的速度忽然慢了下來，讓人好生著急。終於到了地鐵站，由於身上沒有零錢也沒有意大利金融卡的關係，在菸草店排隊買車票。要知道在義大利有個有趣的俗成，想要買大眾交通工具的車票，找到菸草店就可以買到了。前面排了好幾個人，著急的老娘在隊伍中心情七上八下，忽然就在一個轉彎，本來排在後面的一位仁兄就跑到老娘前面了，只能說無論在哪裡，義大利人插隊就是這麼迅雷不及掩耳，讓人措手不及。此時這位老兄對著後面大喊：「十一張車票？沒問題！」我的老天爺，本宮可是只要一張車票，為什麼就被這位要十一張車票的老兄給插隊了呢？就說老娘已非吳下阿蒙，此時操起標準的義大利語和這位先生有禮貌地說道：「不好意思，我只需要買一張車票，請問可以讓我先買嗎？」當然啦！看到這裡都知道，本來就是老娘可以先買票的。但想要達到目的，態度與技巧都至關重要，在當下完全沒有必要抱怨、指責或對幹。果不其然，老兄一聽到本宮說著一口義大利語，又加上如此禮貌以及心知肚明他插了一個大大的隊，馬上對我說道：「請！」。

所以這個反插隊術最後奏效，老娘抵達米蘭車站後趕緊去取寄放在中央車站的行李，準時地在月臺等待這列跨國火車抵達月臺，然後順利在火車上好好睡了一夜，隔日早晨巴黎迎接著本宮的列車，緩緩進入里昂車站。

註：參考圖片84

歐買尬火車站大門沒開怎麼搭火車？（西班牙）

Frankfurt—Innsbruck—Verona—Nice—Barcelona—Zaragoza—Toledo—Madrid—Salamanca—San Sebastián—Paris—London

還記得嗎？就在前一年被司機誤導到了世界著名銀行之地桑倘得而無緣到聖塞巴斯丁後，不甘心的老娘在隔一年就安排了一趟旅行說什麼也要去一下一飽口福。怎麼說呢？西班牙聖塞巴斯丁位於北邊臨海，有各式各樣豐富的海鮮，最知名的就是pincho bar，也就是一塊小小的法式麵包棍上放著堆了層層疊疊的料。一餐可以選擇吃好多種不同的組合，就好像臺灣小吃一樣，份量不多，但可以吃到各式各樣的佐料。抵達聖塞巴丁是九月中旬，沒想到天氣已經有點涼了，而在消費低的西班牙中，這座城市真可以用三字經形容的貴，媲美位於南法的尼斯，生活費高昂。但還好還是找得到一個十二張床一間房一個晚上十八歐元一張床的價位，於是決定待三個晚上以不虛此行吃個夠，藉以彌補一年前一日遊沒成的缺憾。

抵達後明明訂的青年旅社在超級市中心，但老娘這樣也可以迷路，路上問了一位男士，他護送我到門口後暗示要陪我進去被我婉拒了，依稀有這個印象，但他大概不是我的菜才會被我斷然拒絕。被安排到一間巨大無比的房間，裡頭不只十二張床這麼簡單，大概有將近二十張床，而且地上攤了滿滿的背包客的巨大背包，簡直寸步難行。好不容易將我的三十公斤大行李安置妥當後，在青年旅館的公共空間稍事休息，被一位紐約客邀約同遊，但這位大叔實在又不是老娘的菜，於是成為被本宮婉拒的第二人。最後決定去祭祭五臟廟。在聖塞巴斯丁的 pincho 不算便宜，隨便一個都要兩歐元以上。不過厲害的是海產超級新鮮，而且烹飪技法相當高級，一個 pincho 大約有六種不同的層次，不似在巴斯克以外的西班牙地區，吃到的 pincho 就是一塊小麵包上放一樣食材，既單調又無趣，因此二歐元以上花起來也可說是花得值得了。聖塞巴斯丁就在海邊，但能拜訪的地方卻是相當有限，林立各家商店，海邊也算是衝浪勝地，但因為位於北西的關係九月中旬就無法穿著泳衣躺在沙灘上了，也因此隨意逛逛後又回到了旅社。

晚飯前在公共空間使用電腦認識了一位長相不凡身材極好的澳洲人，自然地聊起天來後居然就在白天的紐約客跟前和他一起出去晚餐聊天，實在是好不給紐約客面子啊！他告訴我隔天晚上就要搬出去到旅館住獨立房，因為受不了一大群人擠一間，尤其是澳洲的年輕人相當沒有教養與禮貌，我聽了彷彿想起一年前認識的一位澳洲姊姊，她就在我面前說澳洲口音的壞話哈哈哈，澳洲人要不要這麼愛黑自己人！果不其然用完晚餐回到青年旅社後，已經凌晨一點了整間房間還開著燈，不時充斥著澳洲青少年放肆地聊天，還穿雜著用平板看電影放出的聲音，更慘的是公用淋浴間居然沒有穩定的熱水。這個在九月中旬晚上有點涼颼的夜晚實在是有點煎熬啊！這又再次印證了老娘沒有洗熱水澡的運。

隔天與澳洲人相約互相伴遊，於是開啟了瘋狂 pichos 之旅，所謂吃飯有對的伴那是越吃越香，我就帶著他這麼一間換一間，每間就吃一兩個 pincho，三天完全用 S 型的方式將每家酒館都吃個過癮，一家也沒錯過。吃到最後一天，澳洲人受不了了，他說他再也不要吃 pincho 了，趁著酒館下午關門，他衝進一間貌不驚人的 tapas bar 要了現成的一個小漢堡啃了起來（因為過去三天一直被我阻止說不能浪費胃吃這麼不入流的東西）。就在他大嗑的同時，我大笑說這也不是什麼正規的漢堡，這是漢堡 pincho！他撐了三天的形象最終破滅實在是讓我大笑不止，感覺成了我控制狂下的犧牲品。

但為什麼每天的重頭戲就是吃呢？實在是因為九月中下旬，聖塞巴斯丁已經開始不停下雨，陰雨綿綿走在海邊風大無比，除了商場可以進去逛逛外，實在沒有什麼其他地方好殺時間，所以讓我有點失望無法在海灘上享受陽光，但好處就是真的不虛此行，吃到怕到大概十年可以不再去想念多層滋味的 pincho。

聖塞巴斯丁的下一站是巴黎，這是一段刻意安排的中停點，因為去巴黎的路上可以經過聖塞巴斯丁，往來的交通工具就是我最愛的火車。聖塞巴斯丁的火車站不在市中心，距離住的地方步行約三十分鐘。而為了在最後一天清晨搭上一早的火車，前一天必須特別場勘以便熟悉路線，好在拖著三十公斤大行李的我也能提早抵達而不錯過火車。

為什麼要這麼慎重其事地場勘呢？原因就在必須搭早上五點多的火車到西法邊界的 Hendayes，除了看時刻表並了解是否須先買好車票外，最緊張刺激的莫過於抵達 Hendayes 後僅有十三分鐘換月臺搭乘國際列車到巴黎車站，錯過就拜拜。至於為什麼要搭著麼早的列車折磨自己呢？原因就在於超划算的三十六歐元即可搭到這班六小時的列車。要知道在歐洲搭火車很多時候是比乘飛機還要貴的，尤其火車價格只上不下，想要舒舒服服的從一座城市的市中心到市中心就只有早買早划算。

Hendaye—Paris
Thu. 19 Sep.
6h45 Hendaye Station TGV8530
12h35 Paris Montparnasse 1 ET 2 2e Class

最後一日半夜幾乎沒有睡就爬起來準備，凌晨就拖著行李在黑夜中步行至火車站，一路上無車無人，路途平坦都還算順利，走到火車站前，想說來拍張照吧，誒！等等！火車站大門怎麼如此緊閉如嬌羞的少女，那……那……那……本宮要怎麼搭乘火車啦！就在徬徨無措身上又沒有網路沒有智慧型手機的同時，拿出還好有先進科技腦袋本宮的娘買的蘋果平板，試圖連上附近免費網路查火車站開放時間，無奈未果，忽然看到兩三人拉著行李從火車站大門一旁的走道進去，一個箭步跟上去，才發現哇哩咧原來可以直接抵達月臺，也因此免了詢問一旁計程車司機的蠢環節。所以說有人的地方就有安全感，只要有人都不怕。

一早抵達月臺居然有一群十幾人的青少年，原來是為了送行一人，這麼一大早清晨五點，真可說是有情有義。順利搭上火車後，心情從一點點放鬆，到越來越緊繃，一想到只有十三分鐘的換月臺時間，又想到過去曾在換國際火車被延遲上氣不接下氣差點趕不上跨國列車（詳情請參「趕跨國火車靠的不是意志力，靠的是腎上腺素」篇）就渾身冷汗。火車快要靠站時就早早挨在車門旁準備下車。跟著領頭羊的腳步開始以熟練的方式拖著我那移動的房子（三十公斤的龐大行李），沒想到一出站、一下坡，往法國的火車月臺就在眼前，完全不似在義法邊界轉換火車沒有電梯需要大力士下樓梯再大力水手搬行李上樓梯，簡直比六分鐘護一生還快！三、五分鐘就抵達國際列車，快到本宮不可置信還特別下了火車在邊上視察一番。只能說經驗讓人心有餘悸，經驗卻也讓人警醒戒備。一段美好的聖塞巴斯丁美食之旅就這麼結束了，終於了了一樁心願。

誰說朝聖之路一定要用走的？（西班牙）

所謂的朝聖之路，就是你打開西班牙旅遊書，書上記載著這是世界遺產沒事就要去走走的一條聽起來很有挑戰性的道路。至於朝聖之路名字從何而來呢？簡而言之就是有人在西元九世紀初發現基督教十二使徒之一聖雅各之墓，所以朝聖之路的終點就是聖地牙哥之康波斯特拉，也是大家心心念念要抵達的聖地。這讓我們聯想到也被列為世界遺產在西元前二世紀的漢朝所產生的絲路，只不過一條關乎宗教，一條關乎貿易。

其實早在歐遊開始的第五年，就已經買好了一段三國火車票，打算從畢爾包坐十個小時的火車到聖地牙哥之康波斯特拉（後敘皆簡稱為聖地牙哥），不料計畫永遠趕不上變化。拿著在臺灣買好的跨三國火車任搭票，跑去火車站想要花點預訂費保留位置，否則十小時可是吃不消，不料一天僅有一班直達火車居然大爆滿，爾後幾天都沒有位置，這下可好了，任搭票都不任搭了。其實有時候老天爺是會聽見你的心聲的，就當你心裡想著連坐十小時我可以嗎？我辦得到嗎？屁股不會開花嗎？上天就成全了你的擔憂，遂了你的心意，讓你乾脆不要去。於是才造就了之後改想去聖塞巴斯丁的行程，無奈又是一陣旅遊永遠有突發意外的（詳情請見無三不成禮畢爾包篇）。於是乎聖地牙哥成了一樁未了的心願，看來要拜訪聖開頭的地方，都要好好折磨本宮一番，總是無法一次到位順心如意。不過不打緊，人生漫漫，有的是時間，越得不到的越想要，總有一天要給他去到。

終於，五年後，把西班牙晃悠了一圈後，再度輪到西班牙北部，決定了我的朝聖之旅。雖然說娘娘我並非基督徒，實乃尊重各門各教的自由派，但身為一個旅人，是決計不能錯過的。攤開地圖，開始要排行程時，卻又開始一個頭兩個大。且待本宮娓娓道來。

要知道，乾隆下江南也是一行人浩浩蕩蕩，皇帝也還是有皇帝的樣子。本宮雖然財政上不如乾隆，但漂漂亮亮出行帶著一只三十公斤行李也是不能不講究的，朝聖之路這種大家要揹著大背包走上全程八百公里也需時一個月，等於繞臺灣一圈半。這種風格可不適合本宮，就算走一小段搬著三十公斤行李都可要老娘的命了。因此唯一能夠的選擇就是造訪朝聖之路上的各個城市過過乾癮就好。既然不徒步旅行，首先得要找出起訖點。巴賽隆納一直是老娘的大本營，那麼到底是要從巴賽隆納往西走把聖地牙哥當終點？還是要把聖地牙哥當起點出發呢？這可是一門大學問了！

首先，根據老娘多年旅人與從事旅遊業的專業，一定得先找出一個國際機場。由於這可謂是本宮的第一站，因此從亞洲出發就必須先看是從哪個機場出發。由於早早就安排先飛到上海玩幾天，因此必須從上海出發到法蘭克福，再想想是要先飛到巴賽隆納往西走一路到聖地牙哥，還是直接飛到聖地牙哥再往東行。

看了看旅遊書，選定了朝聖之路中的另外兩座城市—布魯勾斯和雷甕。於是開始了漫長的查找過程。常打麻將的人都知道，不要放過各種排列組合的可能，只要能胡牌，你會就現有情勢留下最多可能通往聽牌的道路。

看了一下班機時間，抵達法蘭克福是晚間六點，那麼若要拖行李出來再重新辦理搭機乘另外一航班至少要留四小時的時間才保險，因為有時長程飛機根據過去多次經驗一旦延誤可不得了，且機場的人與流量也不好掌握，若機票不是開在同一張，後面的班機可不管你前面班機的死活，說飛就飛。查看了一下各種組合，晚間肯定是趕不上最後一班飛到聖地牙哥了，而隔天早上無論如何都得經過馬德里或者巴賽隆納轉一次機才能飛到聖地牙哥。那麼就需要決定到底是買隔天一早的機票在馬德里或巴賽隆納等轉機至少兩小時？還是乾脆在機場睡一晚？隔天一早再直接搭乘第二個航班直抵聖地牙哥。若選擇第一個選項，倘若把行李領取後到法蘭克福機場附近住一晚等於要花一晚的住宿費，若選擇第二個選項抵達法蘭克福後先飛到馬德里或巴賽隆納的市中心住一晚，隔天再到機場也實在太舟車勞頓且不划算，所以決定無論如何都在機場睡一晚，反正之前也不是沒睡過馬德里機場，更何況巴賽機場就像自己老家一樣，更是駕輕就熟，沒問題的！

緊接而來需要做的選擇，到底是要睡馬德里還是巴賽隆納呢？由於之前睡過馬德里機場，知道沒有辦法待在行李領取區睡，相對之下沒有保護罩，因為一旦出關就等於會接觸到不一定是乘客的各種閒雜人等，還得跑去餐點店消費，為了照看行李也不能真正睡著。比較了價格相去不遠後，決定賭賭看巴賽隆納機場的機場人員是否不會把過夜的乘客趕出行李提領區。但其實選擇第一個選項還是相當刺激的，因為晚上六點才抵達法蘭克福，為了節省時間當天抵達巴賽隆納，必須搭乘晚上九點最後一個航班到巴賽隆納，三小時內必須取出行李過海關再重掛行李搭乘飛機，在法蘭克福這麼大的國際機場內，可以說是相當趕。但身為資深旅遊從業人員，老娘自有絕招。要知道世界三大航空會員幫派，想要討個方便買哪家航空公司的機票都是學問。由於從上海飛法蘭克福是搭乘星空聯盟的中國國際航空，所以想要賭賭看是否可以開不同機票但卻可以行李直掛及一次拿到兩張登機證，就一定要選擇同一家聯盟的航空公司。因此選擇了也身為星空聯盟成員的德國航空買了一張從法蘭克福到巴賽隆納的機票，再打電話給航空公司人員在系統內輸入前後段連接航班，若幸運的話他們會知道這位乘客雖然沒有開在同一張機票，但依然得趕轉機。

確定了從哪個轉機點轉機以及用本宮的專業買好保險後，就該想想隔天到底是要坐火車去布魯勾斯或聖地牙哥，還是要坐飛機一路殺到聖地牙哥呢？由於從巴賽隆納坐火車到布魯戈斯至少也要五個半小時，坐到聖地牙哥九小時起跳，還得從巴賽機場跑到火車站。才剛從上海飛十幾個小時到巴賽隆納，又要在機場折騰睡一晚，隔天若要再坐五小時以上的火車屁股不爛才怪！且在機場的好處就是，機場什麼設備都有，指標又清楚，可以掛行李的話，基本上就是在一個強烈保護罩下不怕風吹日曬雨淋，看了一下機票時間非常完美，抵達巴賽隆納的隔天早上六點半就有一班飛機可以在早上八點二十飛抵達聖地牙哥，一下飛機就可以去旅社安置妥當隨即開始造訪這座聖地。上述當然說得容易，其實在真正查找的過程，由於老娘有強迫症的關係，實際上是寫了一整套由東到西的計畫價格表，以及由西到東的另外一套路線價位表，且把布魯勾斯和雷甕都串起來了，就只為了比較整體價格與路線舒適度，當時排這個行程就搞了兩個週末都未下訂，好不折煞人！原因為何呢？因為中間的路線可一點兒也馬虎不得。要知道要串點，每個路線都得思量清楚，可不能決定了前頭，結果後頭路線串不起來，到時可就一個頭兩個大了。這個時候一定要沉住氣，不要因為路線太過複雜，就急急忙忙買下去，想說搞定一樁是一樁，若環環相扣，後面的串連方案不舒適，折騰的可是自己。

從聖地牙哥往東走的第二個目的地就是雷甕。在絕大多數時間，老娘能用火車代步就不用飛機，能用飛機代步就不用客運，這完全是以晃暈程度來決定的。雖然在我們的認知以及絕大多數的城市裡，火車站通常就位於市中心，但要知道有些城市還是會因為都市規劃而廢棄舊有火車站，而蓋新的火車站在近郊，就像很多城市機場負荷不了飛航吞吐量而蓋距離市中心更遠的新機場。這時候青年旅館也得在這個時候決定了。查找了雷甕與布魯勾斯兩座城市的旅社，選了離景點最近且價格最划算的兩間青年旅社後，就開始就分別兩座不同的火車站距離旅館的距離，看是否有相對應的帶步工具。好比說從火車站到旅館是否可以走得到？火車班次時間亦牽扯到在該城市造訪的時間是否足夠。查詢之後發現雷甕火車站離市中心不遠，可以步行走到，但從聖地牙哥坐火車到雷甕可是要四小時起跳，只能說慢速火車真的把車程拉得很長。確定好聖地牙哥到雷甕的交通工具後，接下來是布魯勾斯，從雷甕坐火車到布魯勾斯最快將近兩小時，但火車站到布魯勾斯市中心居然要五公里多，走路要超過一小時。而客運行駛時間與火車相同，但巴士總站就在市中心，且距離我住的青年旅館就在隔壁門，步行僅要三十秒！在客運上坐上兩小時絕對在容忍範圍內，所以第二與第三個目的地中間的交通工具就這麼定了。最後一站要回到巴賽隆納，火車至少要坐六小時，客運卻要八個半小時起跳，當然選火車。

確定先到最西邊再往東行，以及所有旅館和交通工具後，終於可以下訂了。要知道在經濟有限下且當所有的行程環環相扣時，所有網頁同時展開，將資訊在超過八個網頁上同時填妥，再一個接著一個按確認購買以防網頁過期或過多進行當機，其實為的都是擔心便宜的床位或是車票忽然沒了，這大概只比在臺灣搶演唱會的票再稍微不刺激一點。

終於又要再度漂歐，這趟朝聖之旅就先從上海說起。在上海欲搭國航抵達法蘭克福，早上十一點四十五分的起飛時間說起來也不算太過負擔，不過就是早上六點起床，八點出門而已（想像一下若是早上六點的飛機前一晚根本不用睡了）。七月攝氏三十二度的天氣實在讓人恨不得拔腿趕緊抵達歐洲。到了櫃檯詢問國航是否可以直接掛行李到巴賽隆納，還記得嗎？本宮買的國際機票與歐洲內陸段機票可是不同的兩張機票，卻都屬於星空聯盟。國航的地勤點了點頭，居然還印出了德航的登機證，真是讓人喜出望外！這下三小時的轉機時間不用再緊張地要出關提領行李再重新掛行李了。有了行李直掛後，儘管在機場要等將近五個小時還是比較輕鬆，至少可以在機場內慢慢逛，慢慢走，慢慢上網，慢慢休息。好事多磨，人生可不會如您想像的順遂。

領了登機牌後，到免稅商店買個化妝品，豈料前面的大陸土豪一口氣買了人民幣一萬八千元左右的三十五件化妝保養品，實在太過驚人，原來機場也可以這樣掃貨。早早抵達登機門還挑了個好位子坐下來，仔細檢查了電子版上的航班號碼和起飛時間為十一點四十五分。豈料到了十一點十九分，電子版上居然寫上了延誤，但延誤多久卻沒有詳細載明，跑去看了國際出發訊息，歐洲航班就只有老娘這班延誤，搞什麼啊！老娘還有後段從法蘭克福要飛巴賽隆納的班機耶！雖然行李已經直掛且登機證已到手，但要是延誤超過三小時可就沒解了。登機口的地勤也是一問三不知，只說一小時內不會起飛。所謂山不轉路轉，一小時內不會起飛，老娘想想抵達法蘭克福後叫天不應叫地不靈，萬一後段班機錯過要重新買機票又沒有網路，到時可該如何是好，於是跑離登機門，衝去買了一片國際網卡，以備不時之需。

瞧！這就是過去班機被取消的血汗經驗，當遇到一個狀況時，絕對要掌握當下時間弄個備案。這一小段黃金時間可能為未來省了好幾個小時的精力與時間。匆匆忙忙買好網卡再跑回登機門，只見地勤們老神在在地開始發起了餐盒與飲料，此時只見一位大陸伯伯氣急敗壞在櫃台咆哮，顯然也是有後航班接駁，大陸地勤人員表情木然冷靜，很顯然他們早已見怪不怪，畢竟這也不是前線人員可以決定控制的，當時解釋再多也不能改變班機延誤的事實。過不久地勤就以飛速發完早已準備好的便當和可樂。領了餐盒後，本宮的可口可樂上居然印著「握拳」二字，不禁莞爾一笑，實在太過應景！解決完餐盒後，終於要登機了。在飛機上起飛終於要告別戀戀不捨的上海，一看起飛時間下午兩點零三分，延誤兩個多小時，我的老天爺，我那三小時內要轉機的航班可得等等我啊，一路上如坐針氈，但好在航程實在太長，最後就放鬆想說降落前一小時再來奮鬥。

距離法蘭克福僅有一小時，空少一經過我老娘就著急地詢問是否可以請機長通知地勤有轉機乘客的航班，大陸空少一樣老神在在，說現在也不能幫我做什麼，這不現實，還不如我下飛機趕緊跑了唄！空姐也說趕得上，但兩位的魂實在不在回答我問題的狀態上，真是讓人好生著急啊！客倌可能會說哎呀免驚，前面羅馬經驗不到兩小時就完成了，這次被延誤也還好吧！是的，最終被延遲了兩小時十八分鐘，看似仍尚有充裕時間的老娘，其實還是有所擔心。法蘭克福機場的規模不是羅馬可以比擬，此堪稱歐洲最多航線的機場，共有三百多條航線，而羅馬一百多條航線的機場規模對我來說總覺得跑起來也還算容易。

Departure
Pudong International Airport (PVG)
Arrival
Frankfurt International (FRA)

SCHEDULED	ACTUAL	SCHEDULED	ACTUAL
11:45 AM (CST)	2:03 PM (CST)	6:05 PM (CEST)	6:05 PM (CEST)
Terminal 2		Terminal 1	

Departure
Frankfurt International (FRA)
Arrival
Barcelona Airport (BCN)

SCHEDULED	ACTUAL	SCHEDULED	ACTUAL
9:05 PM (CEST)	9:38 PM (CEST)	11:05 PM (CEST)	11:40 PM (CEST)
Terminal/Gate 1/ A16		Terminal 1	

飛機一降落，我輕裝無手提行李，一個箭步衝往經濟艙的第一排，等著商務艙的人下機老娘就要奔了！機艙門一開，人流一動，姊當下真是三步併作兩步，頭也不回地往前衝，一路上一百九十幾公分的德國佬都還被我拋在腦後，老娘用著平時職業旅人與麻將快手的動態視覺能力，邊走邊認路，完全猶豫停留不得，一路跑跑奔奔到了海關。天哪！忘了國際班機抵達還得先過海關才能轉內陸班機！本宮跑在第一，海關人員任我挑，挑了一位金髮帥氣小哥，他卻要看我回程機票。都什麼時候了？沒想到老娘印出的機票放在托運行李上，趕緊拿出平板電腦給他看，他居然給我拿出手指頭算總共停留歐洲天數，我的老天爺，最後終於等完他用運用高人一等的數學，土法煉鋼算出總天數符合免簽天數後放行。我又三步併作兩步地開始衝向登機門，幸運地，登機門就在該區距離出入口第一扇。

一看晚上九點五分預計起飛的班機，蝦密！居然也延誤！一看錶，簡直神了！本宮的凌波微步居然只花了三十分鐘就一路從國際飛機區過了海關奔到了內陸飛機前。跑得氣喘如牛腎上腺素大爆發，抵達後居然還要再等四十分鐘。最後班機在九點三十八分起飛，本來十一點五分預計抵達，最後拖到了十一點四十分才降落。也好，因為要睡機場一晚，睡的時間越少風險越低，因為一個人落地睡還要顧行李實在分「神」乏術。總而言之，還是要謝謝自己的策略奏效，要不是買了同一聯盟的內陸飛機票，行李也不能直掛，更無法一次拿到兩張登機證，那麼這班最晚的班機一定搭不到了，若這班飛機沒搭到，隔天早上六點半的飛機也將一併泡湯。拿到行李後，沒有地勤人員來趕，機場內三三兩兩的人已經開始入睡，幾個獨身旅人也鋪地就寢，老娘終於放鬆精神，在這個外人進不來的關內能夠好好睡上一覺了，撥了個清晨四點的鬧鐘，就這麼入眠了。

隔天起床漱洗後終於入關再走到出境口，只見大家都圍著一臺臺自助報到的機器，現在這已成為航空公司的趨勢，能以機器取代人力就盡量節省成本，尤其是廉價航空。但海外護照大部分時間都還是無法被順利讀取的，因此也無法真的順暢取得登機牌，掛行李還是得跑到櫃檯託運。看了一下電子看板。最早一班飛機居然是清晨五點半，就在我報到時已經有班機讓乘客登機了，而且是去到克羅埃西亞一個小地方，光是六點五十分前就有二十一個航班飛往歐洲各地，可見夏天班機之密集。上機後飛不到兩個小時就抵達聖地牙哥，由於機場小人又少，下機不到二十分鐘就抵達提領行李區。

出關後只見聖地牙哥陰陰的天氣迎接從濕熱的東亞到來的王后，由於此處屬於海洋性氣候的嘎哩西亞地方，內陸有平緩的群山，但對於推著三十公斤行李的老娘，這些坡度可就不平緩了。好不容易找到自己的青年旅社，居然位於半山坡上。觀察了一路上的路名，並非我們所熟知的西班牙文，而是與鄰國葡萄牙相當接近的嘎哩西亞語，目前已成為公用語言之一。

出了旅館後，前往心心念念的聖地牙哥大教堂，外觀居然正在整修，一半都被醜醜的鷹架和藍紗布覆蓋，真是讓人好生傻眼，什麼時間不選，偏就選在整修時來呢？在大教堂前可以看到許多騎自行車抵達的單車手將腳踏車恣意地倒在廣場上來個快照。沒想到過沒多久居然陰雨綿綿了起來，大夥兒撐著傘，只能說雨之城浪不虛名，海洋性氣候的溼度與變化多端也是讓夏季增添一分陰鬱的色彩。

由於在聖地牙哥選擇待兩晚，因此有充分時間可以入內參觀大教堂。當本宮剛抵達一座城市時，只要不趕時間，通常都先掃過市中心，把整體景觀體驗一番，也把未來幾天會重複走的道路摸熟。終於挨不過饑餓找了間小酒館坐下來，點了一盤西班牙蛋餅，我的老天爺，居然和傳統的蛋餅不同。裡頭的蛋液半生不熟，完全潤滑了口腔內部，不會有乾到不行還要飲品解乾的困擾，實在太過驚喜，決定往後幾天也要再來享受從沒吃過的驚奇蛋餅。享用簡單美食後，沿著街道走居然聞到陣陣皮革味，原來是路邊有兩三攤賣皮製品的攤販。要知道西班牙的皮製品頗負盛名，親民的價格與高品質入手絕對划算，當下居然就在攤位前逛起來，一下手就買了一條真皮皮帶和包包，總共也才花了二十五歐元，實在是太過驚奇的價格，老闆還當場換了一個本宮喜歡的皮帶頭，簡直就跟乾隆下江南一樣地令人驚喜。

過沒多久，烏雲退散，太陽公公終於冒出頭來了，街道上的裝飾也因此鮮明了起來。雖然西班牙位處南歐，但位在北部的聖地牙哥，氣候在夏天仍是不容小覷。不知為何幸運地身上剛好帶了一件斗篷，完全就在那三天派上用場，尤其是晚上濕濕冷冷的天氣，穿著夾腳拖鞋若無斗篷保暖，實在是舉步維艱。重頭戲來到了大教堂，這個在九世紀初因為發現聖雅各之墓而開始興建的宏偉建築，經過幾百年的修建又改建，最終以西班牙羅馬式呈現。總而言之，大家記得這座教堂可是與羅馬和耶路撒冷並列為三大基督教聖地。很可惜最精彩的榮耀之門居然整修中，讓本宮扼腕，但好在教堂內部並未在整修。只見主祭壇一片金碧輝煌，華麗的裝飾為西班牙巴洛克樣式。主祭壇之後有一個地下墓地，裡頭有聖雅各像，因為階梯狹窄，還得排隊才能進出。

在聖地牙哥，一路上會看到許多攤販賣扇形貝的裝飾品，這就是此地的象徵，也稱為聖雅各貝。在大教堂的側邊有一間建築，上頭居然寫著飯店二字，原來是西班牙的國營旅館，在西班牙的八十多間國營飯店中，約有半數是在中世紀的建築物中，而這座聖地牙哥國營旅館原為十五世紀建造的國立醫院，裡頭融合哥德、文藝復興以及巴洛克式風格。

七、八月份基本上在西班牙各地都有各種慶祝活動，實在是很會享受生活與創造經濟的民族。就在一座廣場上架起舞臺擺滿椅子，晚上居然有弦樂團和歌手表演，白天也有許多廣場有演奏指揮，大家就隨地在廣場坐下來欣賞，實在是氣氛十足。搞得兩個晚上再冷，都一定要移駕前往各大廣場感受一下熱鬧人潮與免費的藝術表演。另外令人印象深刻的莫過於每家餐廳酒館總會有章魚這道餐點。原來嘎哩西亞以漁業為主，漁獲量居然高達西班牙全國的四分之一。海產之豐富令西班牙其他城市望塵莫及。每個人餐桌上的小木盤上總會有肥美的章魚撒上顏色類似七味粉的辣粉（但一點都不辣），因此不免俗地也要來點一盤，二分之一的量約為八歐半，但要注意的是有些餐廳是涼拌方式，上面依然會撒類七味粉，吃起來時就不是東方人喜歡的熱呼呼感覺，等於說是前菜的意思。雖然在聖地牙哥吃海鮮很爽，但七月日夜溫差從半夜攝氏九度到白天可熱到攝氏二十七度，平均溫度攝氏十八度看來，卻沒有一種可以坐在海邊享用海鮮的夏日海灘感，純粹就是享用海產的新鮮與肥美。

大啖兩天章魚的期間，最重要的就是要地理勘查。如果你抵達一座城市的方式和你離開的不同，絕對不要為了省時間而不場地勘察，因為當你離開的那天可能會花更多的時間，而錯過火車或班機絕對是很大的時間與金錢成本，除非無法步行到達，那麼當然不用因為場勘而多花兩趟來回車票錢。

由於抵達聖地牙哥是坐飛機，再坐公車到市中心，離開卻要坐火車，這時造訪一下火車站是絕對需要的。只要能在三十分鐘內步行抵達的絕對是能走就不坐車，但拖了三十公斤的行李可能要多花一倍的時間，所以找一條筆直且平緩的道路絕對是必要的。聖地牙哥的火車站不在市中心，但步行是可以到的。抵達後只見一道長長的樓梯往下，看來要離開那天有的搬了。場地勘察的好處還有一點，就是你可以衡量當天要如何穿衣服，搬運與行走絕對會無止盡地產生熱能，加上你有不能休息需要一鼓作氣抵達目的地搭乘火車的壓力，因此老娘的標準穿搭絕對是內搭無袖，外穿一件外套就搞定，另外一雙很好滑壘的夾腳拖。只要是在夏天，無論攝氏幾度這都是不會讓你後悔的穿搭，當然腳趾夾力要夠，一般人是無法駕馭以夾腳拖完成行李移動的。除非你一路上都有計程車搭。搬運行李的過程最忌諱洋蔥式穿法，因為你脫了一件還得手拿一件，結果還是沒有達到解熱的效果可就分身乏術了，又要顧行李又要提包包，還要再拿好幾件衣服，絕對會成為小偷下手的目標。行李也是一樣的道理，一個人旅行千萬別拖一件以上的行李，就是好好顧一件有輪子的行李，一個隨身包，千萬別想著還要拖一個登機箱，無論你銜接的多好，都會有些空檔會需要自己搬所有的大大小小包，尤其是上下火車、客運，或是歐洲有許多地方是沒有電梯的，可有得你折騰的。

在聖地牙哥的青年旅館裡還發現一件有趣的事情，那就是同寢室的不同床位旅人，大家都是一個大型登山包，以及一雙雙高筒保暖的布鞋，所以說老娘從來不自詡為背包客，因為像這樣克難的走朝聖之路的結繭之路實在不是王后的作風。

要離開的前一天再度跑去大啖最愛的西班牙蛋餅，結果受到了年輕服務生的青睞，硬是又招待了一模一樣的一盤蛋餅給本宮，一份就是已經很佔胃的份量，第二份吃不完還得硬吃啊！一個旅人在外受陌生人照顧得心存感恩，吃不完也得吃，真是一種有負擔的寵愛啊！

過了兩個晚上在聖地牙哥要前往下一站雷甕了，一大早八點三十四分的火車，早上六點就得起床，七點半就得出門以防個萬一。清晨一早冷空氣的威力果然不同凡響，半夜攝氏九度，清晨一早也要十一度，早上的聖地牙哥街道上果然冷清，就老娘一個人拖著行李前往火車站，一路上、下坡後又上坡，上坡後又再下坡，拉著行李果然與輕鬆徒步不一樣，一早濕濕冷冷的冷空氣非常提振精神，精神上絕對比半夜不睡趕搭早上六點的班機來得舒爽清新，但如此這般地翻山越嶺，加之抵達火車站後一階階樓梯下到火車站，只能慶幸這些階梯沒有法國馬賽火車站旁的來得有十八層地獄之感了。

說到朝聖之路還是不得不小覷西班牙在歐洲的幅員廣大（這麼說還真對不起俄國），雖然是因為慢速火車才拖拉了四個多小時，但坐火車的好處就是可以恣意地欣賞窗外風景且不會有九彎十八拐的暈車困擾，想睡就睡，只要顧好行李和記得下對站就好。本宮下榻的青年旅館距離雷甕火車站步行相當近，約莫十幾分鐘就到了。抵達雷甕時天氣晴朗，邊走邊拍照，還看到了駐守在橋頭的兩頭獅子（雷甕王國的國徽為獅子）。一條路直通市中心，一看不得了，簡直就是童話鎮，每棟建築有著各式的色彩，好像來到了迪士尼世界。終於抵達了青年旅館前，看到了電鈴按鈕旁寫有各式各樣的營業場所，卻怎麼也沒看到老娘的旅店。索性按了按摩室的門鈴，就是覺得奇怪，怎麼雷甕這種地方流行按摩嗎？對街也有一些按摩室，還以為自己來到亞洲了呢！門終於開後，抵達自己的青年旅館，哎呀不得了！

復古風格讓人眼睛為之一亮，雖然當時就是因為看到照片被吸引，風格與地點絕佳，因此多花點錢沒事的，不過就是睡一晚嘛！到了自己的四人房後，和也待在房裡的女孩室友隨意聊了一下，忽然進來了一位大叔，且床鋪就和老娘的在上下鋪，這位大叔目測約莫五十來歲，挺著個大肚皮，就在房間開始要睡起午覺來了，打呼聲不說，舉止還相當奇怪，也不與我們打招呼。他跑進來後又出去，我和那位女孩室友說如果他要住這間我可能要動念換房間了，老娘可不想在雷甕的唯一一個晚上伴著呼聲無法入眠啊！所以說，青年旅館之所以有此名，還是鼓勵大家年輕時仍要持續向上努力，老了就別和青年瞎攪和了，這樣一位中年人或過去在薩拉曼卡的老人，睡在同一房間都很是讓人擔心。只能說希望我五十歲讀到我寫的這個心得不會被未來的我唾棄。從我所在的青年旅館可以看到美麗的廣場，真的以為自己是童話故事裡的主角了。

稍事休息一下後，便出去一條街壓到底晃晃，晃到了一廣場，就是著名地標雷甕大教堂。這座教堂比起正在整修的聖地牙哥大教堂對於本宮來說可有美感多了，因為教堂正面與側面都是採開放式的廣場，因此可以一睹建築的完整主體。而這座大教堂最明顯不過就是哥德式風格了，只要看到許多塔尖有好幾個突起物，就是哥德風無誤啦！裡頭最著名的就是彩色玻璃玫瑰窗，讓教堂內部溫暖起來，浪漫風情就像雷甕這座城市一樣，所到之處都充滿了童話感。到了晚上更是不容錯過，因為大教堂打上燈光又是另外一種美感，遊客都紛紛在可以取到全景的角落拍照。

不知不覺又到了晚上覓食的時間，雖然和認識的英國女孩換了聯絡方式，但她和她的友人要和剛認識的男生約會，所以就把本宮撇下了。話說不知為何那一兩年有點過度依賴旅遊網站餐廳的分數評比，往往都是查找了個半天，選個價位低但最受好評的餐廳，於是選定後就一路晃到人潮滿滿的各式酒館附近。

抵達了選定的酒館，看到人潮滿滿的客人站的站、坐的坐，好多人都點了一小盅濃湯，以及一小碟的各式食物分享。真是奇了怪了，為什麼沒有本宮心心念念的章魚呢？怎麼眼睛所見都是肉類卻無海鮮？帶著一點失望，看了菜單半天，最後點了一盤食物。殊不知上來居然是一個大餐盤，我問幫我點餐的熟女服務生說為何不像是其他人一樣一小碟的食物，她才說那是tapa，而她幫我點的是半盤份量。我心裡叨唸著難道看不出來我一個人嗎？老娘好想嚐嚐各種不同的tapas，而不是只吃一大盤一樣的東西，章魚就算了，肉類和澱粉類就是很容易膩。心裡又在暗自不爽為何菜單上只有標明半盤和一盤的價格，而沒有tapa的選項呢？合併著過去許多點餐經驗，菜單上的文字總是與想像不同，自此之後，眼見為憑，點餐最好的方式就是在餐廳晃一圈，看著別人桌上好吃的東西，說自己也要一模一樣地來一份。點餐時圖片絕對比文字具有說服力，食物方面還是別折騰看菜單了，看也看不懂，還會被當觀光客削。雖然不知是否被當觀光客敲了，價格也不高，但吃了單調的一餐又沒有吃到海鮮，心裡著實不爽快，只能自己暗自生悶氣，最後回到了旅店。回到房間後，中年大叔不見了，只能說省了另一道麻煩的手續，可以好好睡一覺了。

和西班牙友人聊天才知道一出了聖地牙哥所在的嘎哩西亞，就沒有豐富的海產了。雷甕基本上位於喀斯提雅雷甕省，這個地方產肉不產海鮮，一直把整個西班牙都想成海鮮王國的老娘顯然錯了。不過回頭想想確實如此，雷甕的天氣少了聖地牙哥有的濕冷，晚上雖然也有些許涼意，但沒有下雨，白天艷陽高照，也呈現了夏天應有的風貌。話說雷甕過去也是個王國呢！不過只存在於十到十四世紀，後來被喀斯提雅併吞，所以這裡的省就以過去兩個王國合併命名。而我們現在所說的西班牙語，其實就是喀斯提雅的正宗語言，所以和大部分的人溝通，比較沒有口音問題。

待了一個晚上後，隔天的客運出發時間為早上十一點一刻，還可以一大早起床再把清晨的雷甕好好觀賞一番。從雷甕到布魯勾斯搭的客運只花了六點二三歐元，還可以劃位子，由於本宮從四月底就開始策劃買了七月下旬的車票，因此絕對可以買到便宜的票，且又可以挑到好位子避免暈車問題。雷甕的火車站和客運站基本上就在隔壁，只是因為人煙稀少，找站牌搭對客運還是一件很重要的事，可不能重蹈聖塞巴斯丁的覆轍（詳情請見「無三不成禮，計劃趕不上變化絕對不會只發生一次」篇）。

隔天早上一大早起床好好看了童話鎮一眼，在經過的一間餐吧停下來吃早點，唉唷不得了！一大盤的可頌居然用心地橫剖一半放進烤爐熱呼呼且帶點酥脆，伴著自選的奶油與果醬，簡直太對東方人對熱食執著的胃，一切太過美好，一掃前一晚只吃一種餐點的陰霾。太陽公公依舊稱職地探出頭來，沒有厚雲的籠罩，心情頓時又開朗起來。

坐了一個多小時的客運，不消一個時辰就抵達了布魯勾斯，還記得本宮當時打的如意算盤嗎？布魯勾斯客運總站距離所要入住的青年旅館兩棟建築物緊緊相連，步行僅要三十秒！下車後，伴著一股不費吹灰之力的心情，就差沒吹口哨了，抵達至青年旅社後，一股英國宿舍的裝潢味油然而生。什麼叫做英國宿舍感呢？就是學生住的便宜裝潢，牆壁與地板能用貼皮就用貼皮，牆角都會用圓滑修飾，不太會有方正感。但回音極大，沒有特殊的擺飾，基本上以手繪為主增添活潑藝術味，但整體而言有種住在有隔間的防空洞之感。

沒想到一入內，櫃檯前擠滿了不知是英國還是愛爾蘭人的一大群男扮女裝的男人。只見櫃檯超沒效率地分派房間以及回答問題，結果老娘居然在櫃檯前整整罰站三十分鐘。所以說人算不如天算，本來以為可以三十秒抵達旅店，結果還不是拖了三十分鐘才能進到房間？與其他城市下車後步行到旅社所花的時間也差不多。好不容易進到自己的房間，旅社可算是空無一人，佈告欄上也貼滿了二十五分鐘的按摩十九歐元的優惠，其實價格大概就像臺灣的腳底按摩一樣，不算貴。由於只住一晚，把該做的功課先做好，問好可以抵達火車站的公車要上哪坐，時刻表也拿出來，每三十分鐘一班的公車不算不頻繁也不算太頻繁，抓好保險時間後，等等可是要去公車站場地勘察。

居住的旅社公共空間只有一個充滿桌椅的大食堂，可以說是沒有什麼值得令人留戀的舒適裝潢，這樣也好，大家才能好好的在外享受城市之美，而別窩在旅館裡結果錯過了什麼美好的風景。房間一貫地上下鋪，空間不算窄但也不能說太過寬敞，一旁有鐵櫃可以鎖上自己的東西，配備都還算是基本。終於有時間拿出在雷甕買的手機號碼卡，裝上後攤開地圖稍微瀏覽一下古城市中心，地圖一旁居然有著各式餐廳的食物照片，沒有料到這座城市還挺會行銷的。

終於安置之後，旅舍旁就是一間大型超市，進去買了一大瓶礦泉水後回到旅館放妥，開始步行前往市中心。通過一座石橋後，抵達了大廣場，一如朝聖之路上的其他城市，一座偌大的天主教教堂映入眼簾。這座建於十三世紀的建築為哥德式，看到兩座尖頂，還有許多凸凸的「豆豆」，再次強調就是哥德式準沒錯啦！這座教堂可是有被列為世界遺產喔！由於陽光普照，萬里無雲，整座教堂看起來沒有一種陰鬱之感，穿著無袖與夾腳拖的老娘，與這樣的天氣景色很是相搭，教堂的每個角落也在陽光的灑落下，可以不費吹灰地看到建築的各種精雕細琢。教堂的開放時間為週一到週五早上九點半到六點半，不過週二會在四點到四點半之間關門半小時。但進到這座教堂可是得購門票的，成人七歐元，不像其他大部分在西班牙和義大利的天主教堂是免費入場，不過在側殿有道門可以進去免費參觀。環繞著教堂走了一大圈，想到過去參觀過的教堂，看到與巴黎聖母院一樣有的飛扶壁，這種為了擴大窗戶面積而支撐沉重屋頂的手法，就不禁令本宮想著自己雖不至博學多聞，但所謂行萬里路勝讀萬卷書，一個人的旅行雖然沒有導遊講解，但邊走邊學能記下一兩項知識交互運用算是有點收穫。

差不多繞完一圈後，看到指標指著往城堡，於是沿著石頭小徑往山丘上走，途中經過了聖欽斯忒邦教堂與雷他布咯博物館，這座教堂的正面建於西元十四世紀，但整座教堂則是於西元十八世紀豎立，風格仍是哥德式。一路再往上，沒想到小山丘上和聖地牙哥一樣，路旁居然有小型的回收桶，西班牙落實的回收設置確實有一套。進入聖欸斯忒邦教區還是可以看到不遠處的布魯勾斯大教堂雙塔尖，只能說天主教國家的教堂密集度真是十分驚人，就像臺灣大大小小的宮廟一樣，也許人生在世無論何種宗教，都需要靠信仰來度過難關。

再往上走些，居然到了一座觀景平臺，從那裡可以眺望幾乎整座布魯勾斯市中心以及郊區的原野。只能說這真是一座相當平緩的山丘，一路上去沒什麼喘氣感，不似翡冷翠、巴賽隆納、臺北象山一樣讓人氣喘吁吁，一看之下原來只比市中心高七十五公尺。在平臺上將大教堂一覽無遺，更遠方處的郊區原野還有風力發電扇，平臺處更以銅浮雕標示著各個地標的名稱。布魯勾斯整體市景大約是以紅磚色的屋頂與白色牆面為主構成，因此看起來也算是色彩調和。

建於西元前九世紀的城堡已經看不到原貌，由於法國人於十九世紀離開前將其炸毀，因此幾乎看不到城堡的影蹤，城堡要塞於西元二零零三年整修完成揭幕。下山後到了一座大廣場，廣場上有著小孩在踢足球，廣場大部分都被陰影蓋住，走出廣場外到噴水池前並沿著河邊曬太陽，氣溫漸漸開始降低，走在陽光照不到的地方透著一股寒意，我站在河邊最後一個太陽不被遮蔽的角落，思考著是要咬著牙在市中心吃完飯再回去，還是回去旅館拿件斗篷再出來。太陽西下的過程中，本宮驚覺這陽光一旦消失，娘娘就要凍斃，這座城市的夜晚即將來襲的寒意，與白天欺人的陽光普照大相徑庭。直到看到太陽已然落下，這才咬著牙步步艱難地往旅舍走去。

原來布魯勾斯雖是溫帶海洋性氣候，卻受大陸性氣候影響，七月晚上居然可以來到攝氏十一度，冬天的最低紀錄居然可以來到攝氏負二十二度，簡直把老娘冷得皮皮剉。雖然只有夾腳拖鞋作伴，但還好有件保暖斗篷，折回去旅店拿絕對是正確的選擇。布魯勾斯根本就是大陸型氣候嘛！因為比起聖地牙哥少了溼冷，但那種冷度與風刮起來，卻又沒有在聖地牙哥還能堅持的穩靜感。

選了地圖上旁廣告紙上獲得前三名的一家 pincho 店，心裡想著這裡又不是巴斯克，怎麼居然有 pincho 比賽。但一個人旅遊最好的飲食選擇就是 pincho 餐廳，因為每個都是小小一份在一小塊法國長棍麵包上，可以吃盡各種口味而不單調。巴斯克民族的這種飲食發明真是友善獨行者。一抵達餐廳人滿為患，找到一個座位都難，還好老娘一個人，搶得先機佔到了一個吧台的位子。在巴斯克享受過正宗 pincho 的我本無太多期待，沒想到進到的這家可厲害了。和聖塞巴斯丁一樣堆疊六層的 pincho，從最上層的蝦到最下層的蛋，中間佐以美乃滋，可說是海陸俱全。爾後點了一小個只比湯匙大一點點的濃湯，旁邊有炸鱈魚條，沾在一起享用著實美味，又可滿足華人愛熱食的偏好。接著點了一個小炸物，咬一口裡頭居然有三層內裡層層分開，起司、豬血糕、洋蔥和糯米椒，真是人間處處是驚喜！一個人的肚子能裝的食物實在有限，尤其是一個人用餐時無人可聊天，往往沒有歇息時間，最後一道決定點了別人桌上看到的巨大 pincho，由於在菜單上看到為必點，且好像就是以這道得獎的，一層層炸過的蔬菜青蔥彩椒絲，最上頭插上了一尾小炸蝦，只比手掌小一點的 pincho 在巴斯克可是沒看過，整道佐以不知名濃稠黃棕色醬料。一咬下去不得了！原來那醬料是蜂蜜！與整個炸物融為一體，不愛吃蔬菜的小孩都得一口接著一口，真是絕了！後來看到菜單上寫著此道為 tapa，難怪份量比較大。不管是 pincho 或 tapa，只能說這家餐廳非常會行銷，寫著第一必點的鱈魚條濃湯，其他就寫上金獎作品，旁邊以圖片呈現，觀光客點餐也就沒什麼好猶豫或困難的了。平均一道兩歐元的餐點加上一杯西班牙著名的 sangria，付了十歐多後就心滿意足地離開了。

回家的路上心雖然暖，室外溫度卻低，腦子在低溫下突然清晰了起來。想著本宮不是吃了四道 pincho 以及一杯酒，就是因為一張十歐元鈔票有找，老娘才點四道餐點啊！拿出收據一看，蝦密！居然算了我兩杯酒錢！老娘一杯酒都喝不完了，居然收了兩杯，只怪自己沒有看清楚，整個心情又不甚愉快了！後來與其他西班牙人討論，其實在西班牙在帳單上加上你沒有吃的東西是基本招數，等於另類收小費，只要你沒仔細看，店家就賺到了。如果你去和服務生說，服務生也只是說搞錯了，一點羞恥的感覺都沒有，這種經驗日後發生了好幾次，無論是和當地人或自己一個人結果都是一樣的。試想一下如果一大群人去用餐，點了一堆東西看官會一項項檢查嗎？店家只要多加一項或在某一個數量上增加，一天下來就有好多變相的服務費咧！不過其實不用生氣，往好處想，西班牙的消費比起義大利和法國已經低很多了，很多餐廳也都不收服務費，像義大利就會收一桌的固定服務費，所以住在西班牙的人都習以為常，在意的人只要每次拿到賬單時仔細檢查就好，只能說出門在外，強龍不壓地頭蛇，自己謹慎小心點總是能避免一些不愉快。

在布魯勾斯過了一個晚上，隔一天要搭下午三點八分的火車去巴賽隆納，因此儘管火車站有段距離，但時間上綽綽有餘。早上退房後，將行李放在旅館，就步行至當地人推薦位在附近的博物館，印象中當天免費，所以我被鼓勵去參觀。簡單的逛完之後，拉著行李就慢慢前往公車站牌。布魯勾斯雖然日夜溫差大，連續兩天的白天倒是都豔陽高照，路邊的告示牌寫著高達三十一度，不過沒有特別感覺熱。終於抵達西班牙廣場，看好公車站牌後，一旁居然有著假日的二手市場，隨意拍一下照後，就搭上二十五號公車前往火車站。公車開往火車站一路經過了好多偏僻的重劃住宅區，蓋著各式各樣的現代建築，每棟建築生動的色彩好似在陽光下一棟棟巨型的幾何形狀。終於抵達火車站後心裡只在滴咕，這座火車站未免也太偏僻了吧！兩點多抵達火車站，沒事做還好尚有間餐廳可以享用午餐。有趣的是，餐廳裡的電子看板居然有三座月臺的監視器畫面供乘客觀看，看來也是方便旅客趕火車用，因為錯過一班可沒有下一班呢！前往巴賽隆納的路上有一畝畝的向日葵田，可見布魯勾斯一帶的日照長度相較其他地區還是算長的。

朝聖之路就在本宮這種另類走法下結束了！所以說不愛走路不愛起水泡的人，還是有方法可以看看這條路上的各個城市的！本宮的一樁心願也算了了。

換航廈靠的不是腿力，是意志力（英國）

當我們要一個地方時，如果不能走水陸，那就是走航空了。也許一個小城市只有一座最多兩座機場，但像倫敦這樣大的城市有五座機場，每座都分布在外環或郊區，通常跑錯機場是不太會發生的，但若是轉機買的機票又不只一張，那麼轉換機場姊就完全不建議了。舉個例來說，如果你到上海抵達虹橋機場卻要奔到浦東機場轉國際班機，那就是從最西跑到最東了。

搞清楚機場後，等等，每次上接駁車前，你搞清楚是第幾航廈了嗎？有些小城市的機場確實是只有一座航廈，但有些中型城市就已經有航廈之分了。好比倫敦最大的希斯洛機場就有五座航廈，雖然一座航廈已經關閉不再使用，但四座航廈也是夠嗆人了。寫了這麼多，就在告訴各位客官們若您去的目的地沒有直飛班機，轉機的安排就是一門學問了。

由於科技的日新月異，在網路購買機票已經成為大宗。然而，許多的網站並沒有完全性地揭露各種眉角，以下就讓姊娓娓道來一段曲折的買票與轉機過程。

為了從巴塞隆納到臺灣，卻又想要買最便宜的機票，且又因為犯懶不想面對，最後拖到出發前四天才購買機票，卻面臨到大陸十一大假便宜機票越來越少，價格越來越高。再早幾天看到的法國航空去巴黎轉機的便宜機票價格居然被墊高了，再來的班機竟然是早晨六點就要起飛去巴黎。要知道巴塞隆納機場快速巴士最早是早上五點多發車，那麼六點的飛機若不搭計程車就是前一晚三點搭乘夜間巴士或是在機場過夜了（當時並不知道有夜間公車這玩意兒可到機場）。這麼苦的行程又不是最便宜的價格，姊就不要了。

就在半夜之際，居然釋放了一張與幾天前看到與法航近乎相近的便宜機票，那就是轉兩次機的英國航空。從巴塞隆納早上十點搭乘飛機到倫敦希斯洛機場時轉機，至於其他要坐飛機到倫敦史坦史德機場再轉到希斯洛就不用了，簡直是十萬八千里。若要從倫敦蓋特威克機場轉機到希斯洛仍然折騰。因此從倫敦希斯洛機場轉機時間漂亮的話，轉兩次機又何妨呢？若是同一間航空公司開在同一個票號的話，行李一託運就沒姊的事了，價格又是最便宜的，且是最後一個這樣價格的位子，何樂而不為呢？卡一刷就下去了（雖然有網路購票免不了的隱藏費用）。

三天後，姊早早起床就前往機場搭機。仔細看一下航廈訊息，阿唷喂不得了，倫敦第五航廈不是英國航空的大本營嗎？居然抵達的是第三航廈，還要轉到第五航廈搭國際班機到上海。一個多小時的時間也是夠了，但看到同一家航空公司要換航廈心裡多少還是有些嘀咕。

抵達了機場居然沒有排隊的隊伍，看來大家都還是搭乘西班牙廉價航空往來英國與西班牙居多。託運完行李後，姊居然只拿到了兩張登機證，等等，先生，我的上海到臺灣的中華航空登機證呢？地勤先生說行李不直掛且也無法在英國就拿到登機證喔！哦我的天！忽然想到華航是天合聯盟，英航是寰宇一家，行李不直掛啊啊啊！這就是在網路旅行社買票的神奇之處，它只會告訴你四小時是長時間轉機唷！但不提醒你行李不直掛，必須 check—out 再重新 check—in，所以必須留四小時。再仔細一看，哎唷喂！又是一個不同航廈，浦東的第二航廈必須轉到第一航廈，不過四小時應該足夠。

過完安全檢查後，下樓跑去逛了一下商場，才發現自己的登機門就在安檢完的同一層樓，太習慣到歐洲大陸，忘了英國是不同簽證區域屬於國際航班，在巴賽隆納機場看不懂往前還是往上的指標不停地鬼打牆，到底是要上樓還是要往前走實在是讓人困惑啊！登機後因為前一晚只打盹一小時已然昏昏欲睡，但起飛後應該會好睡一些。豈料因為機場跑道關係，飛機就是不開，這下老娘急了，眼看已經快延遲了一個小時，雖然知道航空公司的實際飛行時間往往比表定時間短，但還是擔心長程飛機搭不到啊！於是趁還有網路時查了個備案，好在英國航空飛上海晚上還有另外一個航班，英國又是不同於申根的免簽地區，友人也多，B 計畫、C 計畫都了然於胸了，還是忍不住問空姐換航廈是否來得及啊？空姐一派輕鬆說英國的時間比歐洲時區早一小時，因此算算仍有一小時的時間，然後又拍拍自己的頭想說怎麼每次從歐洲大陸到英國都會忘記要再減一小時呢！所以說人在急的時候就只相信眼前所見，基本知識都拋諸腦後了。

航班 BA 473 — British Airways 起飛：巴賽隆納，ES (El Prat)10:10—11:35 抵達：倫敦，GB (Heathrow)
第三航廈（要換航廈要換航廈要換航廈！）

航班 BA 169 — British Airways 起飛：倫敦，GB (Heathrow)
第五航廈
13:40—7:55 抵達：上海，CN
航班 CI 502 — China Airline 起飛：上海，CN (Pudong) 抵達：臺北，TW (Chiang Kai
來回機票：TWD20,982

有了備案，一切也只能聽天由命。飛機降落之後，只見我旁邊兩位先生小姐不顧一切地往前衝，才發現不少人要轉機。倫敦希斯洛機場第三航廈不愧為最忙碌的機場航廈，好在指標清楚，一行人衝往轉到第五航廈的接駁車，隊伍沒有很長，班車很多，車程十分鐘即抵達第五航廈。抵達後看電子看板登機門訊息，我的天，從來沒有在自己的航班上看到紅字過，居然看到登機門已關的字眼！再仔細看看時間，距離起飛時間尚有半小時。哎呀失算！雖然有一小時的換航廈時間，但卻忘了登機門都是在起飛前半小時即關閉。往前衝一眼看到英航的貴賓櫃檯，不管三七二十一衝去問轉機訊息，畢竟老娘的行李可不能比老娘本人早到上海啊！否則行李就成棄兒了！

櫃檯英航地勤鎮定地查了我的班機，跟我說還來得及，我說可是電子板上顯示機門已關閉，地勤淡淡地說：「你必須跑。」跑！姊可以跑！小姐又補了一句，你必須搭電車第一站下到達你的登機門。蝦密！還要坐電車！姊不是已經到了第五航廈了嗎？地勤又說跟著指標就對了。天哪！以前坐英航到歐洲大陸怎麼不感覺第五航廈有如此大呢？於是拔了腿就跑起來，一路邊跑邊滑壘終於抵達到電車前，坐到第一站第一個衝下車，看到手扶梯長長一段起碼三層樓，已經鐵腿的我衝往電梯，不料後頭跟來一群人電梯門一直關不上就算了，機場工作人員還一直按錯鍵導致電梯一直無法往上。

電梯門一開，終於抵達到登機區域，又是不顧一切地往前衝，只見遠遠就看到地勤舉牌大喊：「上海！上海！」地勤遠遠就喊我的名，顯然知道我是因為前班飛機延遲而唯一未登機的旅客，好險！這就是買同一張票同一家航空公司的好處，起碼他們還甩你，不同航空公司可能就直接關機門了，連等都不會等！

好容易上機後，發現該班英航飛上海的國際班機頗小，總共也才三十多排，難怪一下就登機完電子看板早早就顯示登機完畢。坐定位後，看慣了國內兩家航空的機上娛樂螢幕，這架英航的螢幕小到讓你以為沒有電影可看。座墊倒是皮椅裝置，枕頭的部分可以兩側內凹讓睡著的頭左右有所依靠，不必一定要靠窗。空姐的素質就是可以溝通，我居然還被空姐輕拍了肩膀只為叫我點餐，奇怪不能眼神交會嗎？冏～餐點部分倒是可以入口，飛機餐嘛！非本國籍航空能夠讓人驚豔的大概就屬荷航了。

轉機一陣驚濤駭浪，早晨倒是準時抵達上海浦東機場，有鑑於前面太過驚險鐵腿的轉航廈經驗，又要再度轉航廈的我於是早早就下機，沒想到一路順暢到不行，居然十八分鐘就出關踏出航廈了。更沒想到從第二航廈步行就可以抵達第一航廈，一大早也是空空蕩蕩，居然在下機三十分鐘內就抵達到另外一座航廈大廳，該說是浦東太小，姊的腿太長，還是命運愛惡作劇呢？抵達時整座大廳機組人員都還沒開始上班呢！剛吃完飛機餐的我也只能乖乖進到已經開的餐廳點一碗肥牛麵大快朵頤，畢竟還要撐四小時才能用餐，地勤也不知何時才來，大陸東西隨便都好吃也是有目共睹，有了臺胞卡和人民幣倒也可說是暢行無阻。

早晨八點五十分，機組人員忽然像猛虎出閘紛紛抵達櫃檯開電腦暖機，原來九點才開始上班。姊早早辦妥登機後便入關，卻還是要殺另外兩個多小時的等機時間。上海浦東機場第一航廈的免稅商店化妝品貨品型號不齊，逛一下就沒意思了，飯也吃過了，倒是有些頂級無噪耳機換算下來挺划算。浦東機場的好處就是場內部分座椅沒有把手，不少人橫躺著沉沉睡去，一區域有密集充電插座，每兩三個登機門就有一臺飲水機。姊幾乎把整座航廈的登機門都給走完了時間還沒到。最後終於上了華航空蕩蕩的大飛機，享用完整餐點而非只是涼涼三明治，只能說中華民國品質非同凡響！

在大陸轉機往往會忽略了一些大小事。好比忘了身上要檢查是否隨身帶著人民幣，在機場想要吃碗麵等待漫長的轉機時間時，卻發現身上什麼幣別都有就是忘了帶人民幣。跑到樓上美食街卻被告知不接受外幣，於是回到與登機門同樓層看似高級的咖啡廳，沒想到可以接受美金，重點是拿大鈔給他們，咖啡廳還有超小幣額的美金可供找零，實在太過神奇。座位區舒服不說，價格也和樓上嘈雜晦暗的美食區大不相同，只能說因禍得福，用那裡的免費網路，吃完後舒適地用起自己的電腦後，才又熊熊想起自己沒有翻牆軟體，能夠與家人聯絡的線上通訊全部被封鎖，連要做個事都無法上網估狗大神一番，只能說有一好沒兩好。

最近一次的便宜機票，大概是此生到目前為止買過最便宜的來回機票了。歐洲來回僅要新臺幣一萬三千多元，當然還是要付出一些代價，好比回程的時候要在上海等八小時。一看到這樣的行程，忽然笑顏逐開，可以出上海按摩去了！如果說轉機時間僅有五、六個小時還沒有辦法出去蹓躂，但八小時就足夠了。

為了圓久違的春秋大夢，把自己最愛的連鎖按摩店整個上海都掃了一番，查好所有的距離、車程以及優惠，終於鎖定一家時長兩個小時的按摩優惠，打電話去預約，對方發了個微信來確認，本宮告知對方沒有微信支付，對方只說沒問題付現也可以，若當天有突發狀況用線上通知即可，只能說現代人真是有網路天下無敵。

一下飛機後，急急忙忙要衝出關，只見機邊站了一位舉牌人員說道：「往巴賽隆納在這裡等等。」我和另外一組臺灣人困惑地看著他，不知道到底要等什麼，於是問上這位小哥。小哥說要把我們帶去轉機，但我說我要出關，另外一組臺灣人也說要出關，小哥愣了，又說：「先等等！」拜託！時間要緊，老娘又沒有要轉機，等什麼！於是我拋了一句我要出關不用現在去登機門就離開了。另外一組臺灣人跟著我，問說是否出關沒問題，我告訴他們只要有臺胞證就沒問題，登機證拿了還怕什麼呢？回來只要掌握好路上交通狀況，轉機易如反掌。

拿了臺胞證也不用行李，因為行李直掛，但身上還是免不了大包小包，因為超重，在臺灣掛行李時雖然是大陸航空，但地勤是臺灣人，一如往常拿了好幾公斤的東西出來揹在身上，本來想要搭計程車一路帶到按摩會館的，沒想到一出關就看到寄放行李的區域。寄放行李便宜的不得了，卻因為櫃子全滿了，老娘的東西就被「擱」在行李間了，雖然不是什麼值錢東西，但還是擔心管控而被誤拿了，因此還是照了張相保險一下。地勤告知午夜前要取，由於是凌晨一點半的班機，因此還是得在午夜前拿取。

寄放好後，忽然眼尖看到不遠處有一間按摩館，想說過去看一下價格，果不其然一個小時就將近要人民幣四百元，正要照相時，居然被櫃檯人員制止不能照價格，真是奇了怪了。當下作罷，繼續往前走，但走著走著，忽然覺得怎麼眼前一陣熟悉，不對呀，這可是要當年在浦東機場要轉換航廈的區域。於是詢問一個清掃人員計程車要上哪搭，沒想到已經走到兩個區域的中間，於是又折回去本來出關的地方，居然又要過一次簡易安檢，這才發現原來因為剛剛被按摩店分了心，錯過了要去搭計程車的手扶梯，又因此折騰了半個小時。

好在計程車的隊伍不長，一上車後，就直奔浦東的按摩館，但就算再近，大上海也不是叫假的，還是要來個四十分鐘的車程。一到後，忽然想到每次到大陸的重要任務就是去藥房買布做的 ok 繃，便宜又好用，加上自己當時感冒了，可得趕在藥房關門前買一大罐維他命 c。五點降落的飛機，八點才抵達按摩館，藥房九點關，於是衝去最近一間，當時風之強，最近的藥房可是就在轉角而已，那時候心裡只想罵大陸真 TM 的大，怎麼走也要走十分鐘。

一抵達藥房，只見整間都沒有中間櫃，空間寬敞一目暸然，整個白色裝潢，藥品都陳列在玻璃櫃內，像展示鐘錶一樣，是很怕有賊嗎？一進去問是否有維他命C？藥師愣了一下說沒有，我心裡想奇怪，這麼一大間藥房怎麼可能沒有？眼尖看到了一瓶，就說這不是嗎？藥師說：「噢！妳說維生素C啊！」我的老天爺，真是兩岸用語大不同。趕緊買了「維生素C」與「創口貼」後，又再急急忙忙頂著強風回到按摩館去。

這一精油推拿一按就是兩小時，按得本宮渾身舒暢，稍事整理一下，一出會館已經是十點。想要趁機飽餐一頓，樓下剛好一排餐館，家家都賣四川著名的酸菜魚，每個人都在這個強風的夜晚圍著這道名菜，看得本宮垂涎三尺，趕緊找了一間進去，並說趕時間，沒想到遇到所有廚師準備用餐，只見一群廚師的圓桌上擺了好幾道四川菜餚，正要大快朵頤，我說能不能通融一下，店小二為難地把問題傳給了廚師，廚師冷漠地看了一眼就別過頭去，店小二僅說：「師傅忙了一天了，也該吃飯了！」這麼一說老娘就認了，服務業嘛！只能說老娘運氣不好。於是匆匆步出了該間餐廳，趕緊到一旁的幾間小餐館去。

找了一間什麼人也沒有的小餐館，也有酸菜魚，問是否可以趕快做好菜，店家正愁沒有生意，直說師傅可以立刻做。等待時刻總是這麼令人著急，心裡想著最慢也得十點半離開，本來想著只要在起飛前兩小時抵達即可，因為登機證已到手，行李也已從臺灣直掛，但後來冷靜下來想想不對，閘門會在起飛前三十分鐘關閉，車程也要留一個小時，還得到入境大廳取寄放物，再到出境大廳，浦東機場又大，過安檢加上走到登機門若要避免意外也要留一個小時，保險起見十點半就要搞定一切，大陸這麼大，根據過去的經驗有時叫車也不好叫。就在等待的時刻，詢問店小哥是否可以幫忙叫車，店小哥用手機說司機在幾公里外，我說請他立刻叫，以節省時間。

等待的時間總是如此漫長，女服務員說酸菜魚是現切的，當場片魚，然後便和另外一位客人一起講起食譜來，說得一嘴好菜。過沒多久酸菜魚終於上來了，一大盆姊根本吃不完，才吃不到十口，計程車就來了，本來司機看沒人站在門口要開走，還好店小哥機靈，出去幫我攔住了，我胡亂地吃了幾口付了錢，本來要留點零錢小費給店小哥的，他直說給也不是給到他，是給老闆，要我好好把零錢收著，會用到的。心裡充滿了感激，心想好險沒有在前面那家店家吃飯，否則客人多，哪還會有如此貼心的服務呢？雖然吃得狼吞虎嚥，倒也心滿意足，摩按到了，美食也享用了，老爹還時不時地打線上電話詢問是否出發了，千萬別錯過班機，真是皇帝不急。

下車後，沒想到店小哥的話應驗了，零錢果真給用上了給了計程車司機。趕緊取了自己的東西，再坐電梯換大廳。隊伍與路途沒有想像中的長與遙遠，自己相對是早到了，但早到總比遲到好，轉機這種事可以靈活運用時間，但可別得意忘形導致最後錯過才好。

無論是轉航廈還是轉機，都得預留足夠時間並加緊腳步，若有突發狀況或失算的情形發生，於有限的時間內運用自己的超強意志力，絕對可以順利完成之旅人的腿就是鐵做的。報告完畢！

義大利電信的詭計（英國）

每年去義大利遊學，總免不了要買當地的手機易付卡，早期沒有智慧型手機，到後來有平板但還是堅持使用智障型手機，最後被老闆逼迫使用智慧型手機，才發現短短六年間，科技的發展已經徹底改變了人們的生活習慣，早期佩服自己路長在嘴巴上，雖快但發現當地人也是會亂指路的，到最後有設備沒網路，在那邊找網路找個半天，至後來的要有設備有行動網路，一切的一切都改變了，讓我這原始人不得不改變想法與型態，也是來自電信業者提供的方案每年有所變化。記得老娘拿著末代諾基亞智障型手機，小心地捧著被我不慎丟進洗衣機洗香後又被火烤因而熔了半邊的殼，終於找到一間夜市的通訊行，老闆一眼就叫出我叫不出的型號，我一說要換殼，老闆就問我：「妳是山頂洞人嗎？」只能佩服老闆博學多聞，歷史念得真好！

第一次與義大利電信交涉，就是在二零零九年拿波里的高街上買了一張 TIM 公司的預付卡。由於受到家母影響對數字的迷戀，總是認為好記的數字可以在腦海中牢牢記住，於是選了一張好記的號碼，但隱約看到該號碼的包裝有被拆封過的痕跡，卻也不以為忤。由於購買當時是在拿波里的最後一天，於是到了從拿波里前往羅馬的火車上才慢慢開啟，卻發現怎麼樣都無法連上訊號使用。

在羅馬居住的民宿是在比較超過五十間後，選擇距離羅馬火車站兩站地鐵距離且價格又好的雅房，卻在火車上發現義大利號碼無法使用，在炎熱的九月拎著行李在豔陽下等待房東前來，汗流浹背幾乎哪兒也不能去蹲坐在住宅區前虛度光陰。約莫半小時到一小時後，房東才悠悠前來。

回歸正傳，抵達羅馬後跑去首都的 TIM 分店告知無法使用，店員默默幫忙換了一張新卡後說道拿波里的 TIM 不是正規的分店。蝦密！電信也有山寨？！就在換完後，居然新的 SIM 卡還是不管用。好吧！山寨的 TIM 不管用，首都的大店行不通，只好放棄。最後被當地人領到了 VODAFONE 買了一張新的手機卡，可惜不讓選號碼，當場盯著它可以通話以防萬一，此時已花了不少大洋，就為了打電話。

連續使用該號碼好幾年，一直到二零一四年又需要重買一個新號碼，於是又踏上與義大利電信搏鬥的不歸路。話說由於本宮在英國寄居時是常年 VODAFONE 用戶，加之歐洲各國幾乎都有此電信的存在，因此在之前那支義大利號碼使用還算滿意的情況下（該說再也不考慮 TIM 了），於是買新號碼時不作它想。由於前車之鑑，因此老娘買的當下確定可以使用了才離開門市。

由於當年仍在使用智障型手機，因此給予的月套裝含簡訊與通話數仍堪用，從薩來諾到了伊斯基亞島後，因為已過一個月的專案時間的緣故，因此決定加值五歐元正規費率以便可以打到海外以及在海外接收電話，殊不知加值完之後，居然收到一通簡訊說總值負二十五歐元。蝦密！怎麼老娘加值了五歐卻變成了負二十五歐！於是又為了這樣的不合理狀況從伊斯基亞島的東岸一路坐公車殺到西岸就為了去島上唯一一家 VODAFONE 門市詢問。

一進門市用義大利文解釋過後，門市人員一副心知肚明的樣子擺姿態說明使用月費專案會自動續約，因此若沒有阻止續約，將會直接續到下一期。也就是因為如此，當我加值普通費率時，系統辨別我這個價值是為了續約使用，因此還必須再付二十五歐元以滿足月價值。我氣不過地說自動續約不合理之外，老娘當時明明只付二十歐元為何現在變三十歐元了？店員又一副趾高氣昂地說因為在店內續約付費是有特惠二十歐元，但實際裏頭有三十歐元的價值，因此系統無法辨別，因而使用實際價額。甚麼跟甚麼啊！我心中已翻了好幾次桌，這就是義大利電信的詭計！美其名給你優惠（其實也沒多優惠，一個月二十歐元貴得要死），實則欺負妳不會記得阻止續約，因此老娘不只付了當時二十歐元的月費率，還又倒貼五歐元結果啥也沒。但當時只會在義大利多待十天，又怎會再加值二十五歐元就為了通話呢？說不定加完值價值變成零（非負數）仍無法運作呢！當時只能氣得跳腳直喊奸詐！

又上了一課。由於印象太過深刻，所以隔年再到義大利與電信業者交手時，就告訴自己要特別小心。二零一五年到錫埃那住宿一晚時，剛好附近就有一家 VODAFONE 門市，於是乎趕在關門前前往。此時前一年記憶猶新的我進去買完 SIM 卡後除了買月專案之外，另外加值了五歐元以便可以打電話到國外。當時的娘娘已經進化到願意接受智慧型手機了，原因就在於月專案都包含了免費上網，不要也不行，不用白不用，此時智慧型手機就起了很大的作用。買完預付卡之後，除了當場請門市人員幫我設定好可以使用，還特地詢問是否可以直接取消自動續約的功能（前一年的夢魘）。此時 VODAFONE 仍然沒有進步，門市小姐告訴我不能取消，要我記得在結束前幾天打電話給客服人員，但時間點仍是不清不楚，到底是專案結束前三天？還是專案結束前三小時？仍舊是個羅生門。

在錫埃那短暫走訪兩天後就前往里米尼，不料慘案又要發生。就在一星期不到的時間，娘娘的手機又突然收到了 VODAFONE 的訊息，說餘額已為零，請本宮盡快加值以便可以打電話和上網。蝦密！又來！！到底是怎麼回事？老娘不是已經付了月專案另外還加了五歐元嗎？此時又開始與 VODAFONE 無盡地周旋。要知道義大利幾乎所有的店都有下午休息時間，一休息就是下午一、兩點開始到下午五點，周日更是許多店面大門深鎖，叫天不應，叫地不靈，餐廳也不例外。

最後終於與門市人員對上話，門市人員說我傳的國內簡訊已占用掉五歐元，必須再加值。我說不對呀！我還有月專案呢！照說傳簡訊應該要吃我的月專案所含的幾百通簡訊，怎麼無法自動辨別選擇最佳專案呢？門市人員看了一下說道，你這月專案「沒有啟動」，用大陸用語叫「激活」。蝦密！月專案還要啟動？有沒有搞錯？老娘在西班牙買了月專案連設定都不用，卡放進去自動就可以使用了，連一小時都不用等，加值的正常額度，西班牙 VODAFONE 也會自動辨別使用月專案先，不會吃掉想要用來打國際電話或傳國際簡訊的額度，除非不在方案內，怎麼在西班牙又便宜又方便還可以選號碼，到了義大利同家公司就詭計多端呢？

此時讓我想起錫埃那門市小姐那種你問了一大堆我還是有事隱瞞的嘴臉，就不可思議到無以復加，看到了老娘擺明就是外國人，怎麼會不幫直接啟動呢？簡直就是詐騙集團到集體式的欺瞞！此時如何?門市人員永遠都是一副何必大驚小怪，好似整個企業的教育訓練就是告訴他們不用主動幫忙，雙手一攤。當時在義大利還有一個月要待，也只能摸摸鼻子重買一次老娘用都還沒用過的月專案。

歷史告訴我們要吸取經驗記取教訓，但一山還有一山高，你記取了每一年的教訓，每一年都還是有新花招。語言通的時候都會有問題了，更不要說語言不通或語言不甚通。因此永遠都要有一筆預算是貢獻給地頭蛇的，觀光就是這樣，再精明的人都還是會被別人的遊戲規則或詭計給騙財，但能花錢解決的事都是小事，也只能這麼安慰自己。

再隔一年又要去義大利交手了，此時娘娘的腦海中矇矇矓矓想起了過去不好的感受，但因為細節太多，還要慢慢恢復記憶，但萬事具備了，才敢抬起腳步再度踏上VODAFONE門市。此時看官們會說，娘娘這是何必呢?換一家電信業者吧!嗯……人就是這樣，本宮在英國和西班牙的經驗美好，所以每每都願意再給一次機會。更何況TIM已被老娘封殺，其他的電信業者似乎又不夠大，擔心基地台不夠訊號不良，所以還是前往「老朋友」VODAFONE的地盤。

這次是在西西里島的卡塔尼亞，一樣只待一個晚上，但因為門市就在市中心，因此仍舊是跑去先買為快，以免到之後到小鎮上沒有門市求助無門。此時老娘就這麼排山倒海地把過去的教訓一一提出，那位義大利先生告知:第一、號碼已經可以當場使用囉!其二、月專案也可以用囉!(不過我忘了他有沒有幫忙「激活」)。三、月專案不會自動續約。至於義大利系統有沒有聰明到自動先吃月專案額度，之後才吃正常加值額度，本宮已不想追究，乾脆不加值就是，原因在於隨著一年年過去，科技進步，電信業者也從幾百分鐘免費通話及簡訊，改成幾十分鐘通話及行動上網了。既然可以上網，也就不用海外傳簡訊給家人啦！此時也就不用煩惱以及與門市人員再度打仗了。

以上那些就是義大利電信業者的詭計大小事，林林總總拉拉雜雜，明槍易躲，暗箭難防，萬事小心。

註：參考圖片26、29、66、71、87、97

源起（英國）

探索歐洲的起點以及啟發地是在一座離臺灣好遠的城市—愛丁堡。時間追溯至二零零五年，話說老娘的娘為了培養老娘國際觀以及訓練英文，發起了遊學此項活動。老娘小時就是向英國老師學習英式英文，到了國中受到本島美式英語的影響改變口音，因緣際會看到一部英式影集，發現居然可以不看字幕都可以聽清楚字字句句，又為優雅的英式英文所著迷，因此又改回了原有的英式口音。在老娘的老娘告知須安排一段遊學後，老娘想也不想的就說要去英國，而又不知從哪兒聽到愛丁堡大學裡的語言課程很不錯，連這座城市在地圖上的哪裡都不太清楚就打定去那兒。

既是要讓英文突飛猛進，老娘當時也不知哪來的想法，決定不參加遊學團。因為遊學團都是臺灣人，猛講中文是要玩屁，所以就選擇了獨自一人勇闖異地。也許是獨立性格的血液在沸騰，從未自己一人出過國的我把預算做出，決定在愛丁堡待三個星期，自助倫敦一星期。天知道當時懵懵懂懂的我簽證都是出國前幾天才自行搞定，出國前幾夜都是噩夢度日，不是夢到錯過班機，就是夢到在機場迷路。緊張大師—家爹又語帶恫嚇說香港機場有多大多大，害得我出國前表面風平浪靜，私下拉個不停，心理影響生理，惶惶恐恐，但日子一到也就硬著頭皮出去了，護照還是在出國前一天才在本宮的娘提醒下，跑去英國辦事處領回。

雖然在校英文算是不錯，但一人出國還要轉兩次機仍是免不了一慌，到香港以及倫敦轉機看到拿綠色小本本的中華民國國籍之人，逮到機會就要聊聊試圖讓自己安定。終於風塵僕僕將近二十小時後抵達位於英國蘇格蘭的愛丁堡，我的老天爺，當時可是不知臺北距離愛丁堡五千九百八十哩，相當於九千六百二十四公里。一下飛機後，愛丁堡機場的小巧與倫敦希斯洛以及香港機場比起來算是平易近人許多。就在我準備出關時，眼睛一尖，瞧中在我前方一位穿著打扮中性的姊姊帶著性格的畫家帽，手上正是一張與我印有一樣抬頭的愛丁堡大學信紙以及綠色小本本。我一個箭步衝上前搭訕，姊姊說她是要在愛丁堡攻讀碩士，是住在有英國人的寄宿家庭中，邀請我一起搭計程車去學校先陪我去宿舍，然後再回她的寄宿家庭中。

我就這樣稀裡糊塗地跟著姊姊走了。一上計程車，司機講了一大串英文，姊姊又回一大串，天殺地司機講的我一個字也聽不懂，到後來才知道原來蘇格蘭有口音，本就英文沒有很輪轉的我，遇到非影集上聽到的倫敦口音，又更加不明白了。英國的計程車很可愛，像一臺大型金龜車，司機坐前座與後座中間隔著一扇窗，後座可容納乘客以及行李，空間相當寬敞。由於愛丁堡大學的校區散落在城市的各個角落中，好心的姊姊先陪我去位於舊市區的校區，陪我找到宿舍後，就自行離開去找寄宿家庭的主人了。

找到負責接待的學校員工後，她帶我上到一間宿舍，老娘的行李很重，約有三十公斤，帶了各式各樣花花綠綠的夏日服裝，一聽到我的宿舍位於三樓，實際上等於是臺灣的四樓（一樓稱作 ground floor），立刻問了那位可愛職員電梯在哪。這位噸位不輕的姊姊說，在愛丁堡這種地方是沒有電梯的，尤其是在舊市區，我說我抬不動我的行李，這位姊姊說沒關係我們一起來。就這樣一臺階一臺階地扛上去，扛完半條命都沒了。再問到網路線在哪裡，姊姊說很抱歉，這間宿舍沒有網路，「歡迎來到愛丁堡」後就拍拍屁股閃人了。

這下好了，我到我那又大又美麗的廚房晃晃，再看看我那小間套房擺著的兩張床，心理萬般祈禱不要安排室友和我同住，因為我的超大行李內的衣服已經可以堆滿整整一張床。就這樣東照照西拍拍之後，我看著窗外的海鷗，聽著海鳥叫聲以及振翅飛翔聲，忽然覺得這座城市太過安靜，終年在臺北市成長的我忽然有點懷念家鄉的車水馬龍了。

實在是太無聊的情況下，我就抱著我的小小筆電（可是華碩第一代小電腦）奔到附近不遠處的一家網咖，使用那裏的桌電出現的中文都是亂碼，又沒有網路線可接筆電，店員建議我走路去約十五到二十分鐘遠的一家果汁吧，說一杯新鮮現打果汁約兩鎊多但可以坐一整天。我眼尖瞄到這家網咖一樓原來有 salsa 舞蹈教學以及晚上現場拉丁音樂演奏，老娘我骨子裡的拉丁基因迅速感應，讓我想著未來幾天都有事可忙。

就這樣在沒有智慧型手機的那個年代，我一人走了貌似無止盡的路，終於找到果汁吧。這是一家以猴子為主要擺飾的小巧店家，一進去便看到一位看起來像日本人的亞洲面孔男人，以及其他零散的客人。借了網路線仍是無法連線，這時一位本地英國人要出門時我把他攔住，他在我那充滿了一堆美麗正體中文的電腦中找到了網路連線的地方，我開心地大叫說我找到了，這位中年大叔倒是毫不吝嗇地給我一道白眼說：「是『我』找到的！」雖然找到網路連線，仍舊不得其解，此時那位像日本人的叔叔問我是否說中文，我說是呀，那位英國大叔此時給我了一個可以翻到倫敦的大白眼說：「唉呀早知道就有人幫你搞定啦！」隨即閃人！

原來這位長相恰似日本人的叔叔是位臺灣人，當時四十歲，家有妻小，為了一圓遊學夢遠赴愛丁堡，又為了每日和家人說說話，用了時下最流行的 skype，並告訴我這項軟體可以免費通訊，開啟了我對 skype 第一次的接觸。大叔替我喬好網路之後，說要帶我回他住的宿舍，那裡不是套房，而是共用衛浴，但有好多好多年記與我相仿的西班牙人以及其他臺灣人，說我一定會喜歡。用完網路後我們一起回到大叔的宿舍，我的老天爺，原來人都集中在那裡！原來我的「套房」因為較貴如此不叫座，共用衛浴的「雅房」倒是住得滿滿滿。

一進門就聽到乒乒砰砰的聲音，只見幾個西班牙男生在玩球，我一進門一位男生看到本宮就傻住，另外幾位也是如有稀客般熱情地打招呼。這群西班牙人在當時也才十八到二十歲，都是年年輕輕利用暑假到英國練習英文。另外還有幾位臺灣人年紀都比我大，但因為亞洲人看起來都較年輕，因此和大家都打成一片玩在一塊。

到了隔天要開始上課了，由於我的費用包了早晚餐，還包含每日上午上課以及下午的社交活動。早餐到食堂用餐時認識了一些俄國人以及波蘭人，當下就拿起筆抄下這兩種語言的招呼語說法，簡直比學英文還要認真。用過餐後，我一個人像神遊般在校園裡面晃蕩，一位好心大叔認出我，問我是否不知道教室在哪，我傻愣愣地點了點頭，大叔於是把我領進上課大樓做測驗。簡短的筆試與口試之後做分班，天知道我如此殷殷切切盼著能和非華語的同學練習英文，但在那三個星期之中卻和來自三個不同的臺灣遊學團臺人同班。換句話說，課堂上的討論百分之八十還是使用咱官方語言—中文。

道點有趣的。每天最有趣的莫過於下午或晚上的社交活動：有去舊市鎮參觀導覽、有晚上聽現場演奏音樂、有跳蘇格蘭傳統舞蹈、有去英式酒吧喝酒打傳統保齡球。在暑假這個大旺季，學校裡的學生最多當屬臺灣人，次多就屬西班牙人了。先前提到的西班牙人不屬於任何一個遊學團，都是各自來到這座城市互相認識而群聚在一起的。大部分屬於十八到二十歲剛成年的青少年，再來就是上班族媽媽們連休兩個星期的假來到這裡度假學英文。在這趟旅程中，好學的老娘也就因此接觸了西班牙文，奠定了日後學習西文的契機。

西班牙人最令人感到有趣的便是一群人吱吱喳喳地一直講個不停，而且所有人都在同時間發言卻又可以聽到其他人說的內容。早晨上課、下午隨便吃點東西，晚間六點到八點睡「午覺」，九點到十點起來洗澡吃晚餐，十一點在廚房暖酒，十二點在拉丁酒吧喝酒跳舞直到當年法定的三點鐘（舞廳一定要關門），才慢慢步行回到宿舍倒頭就睡，隔天再早起上課。愛丁堡位於北緯五十五度（臺北為北緯二十五度），夏日要晚上十點半才天黑，日照時間相當長。對照這些鬥牛士，老娘這個生長在日出而作日落而息文化之下的臺灣人可就無法跟隨了。

俗話說的好：「When in Rome, do as the Romans do.」（入境隨俗）。照理來講應該遵循蘇格蘭人的作息，但成天和西班牙人混在一起的我，每日和她們混酒吧舞廳也想嘗試所謂的西班牙午覺 (siesta) 以及作息。這下好了，五點我就乖乖躺在床上，眼睛看著啵亮的陽光搭配著恣意飛翔的海鷗們，睡不著！到了晚上好不容易等他們暖好酒出門舞到三點鐘，習慣睡前洗澡的老娘常常要洗到一半遇到用完電熱水器燒完的熱水，在半夜二十度以下的溫度歡喜迎冰水，四點多上床睡覺，此時我的小西班牙航海員們早已含著奶嘴（是真的有含奶嘴）睡得香甜，隔天又要七點半起床趕九點的課。

就這樣夜以繼日、日以繼夜地過日子，只能說青春還真的沒留白。有時候人在外頭就是會有許多與其他文化的碰撞，如果自己又是一個擅長學習的人，當真就是近朱者赤，近墨者黑了。也難怪和我同星座的孟子如此活潑，孟母為了這個學習力極強的小孩要三遷了。從西班牙人身上學到的還有禮貌這回事。雖然前頭談到西班牙人總是你一言我一語地聊天講話，但他們的聲量卻一點也不大聲，也許年輕人稍微比年長的高亢了一點，但比起許多亞洲人可怕的喧嘩來說，西班牙人仍然是一個講話盡量不影響遭人的典型歐洲民族。另外一點就是，每次我們坐電梯或要過一道手推的大門時，第一個過門的人往往是最後離開，為什麼呢？因為那些人會負責幫忙扶著門，以免後面的人措手不及被門打到或是被電梯門夾住，所以他們不會匆匆忙忙地不管後面的人，而是很紳士（大部分都是男生）地照顧後面的人不被迎面而來的玻璃打臉。

另外一點亞洲人普遍避諱，但在西班牙人身上可以學到的，就是一個保守亞洲人難以啟齒的話題。話說一位西班牙女生同學早上沒來上課，平時在課堂上積極參與且發言的這位小大姐，居然反常缺席。一下課後我們前去看她，原來她大小姐前一天晚上認識了一位英國男生，因為太過開心，對，就是看倌您想的那樣，所以整個早上都耗在宿舍裡。地板上一團亂，還好笑地數起數來，我問她怎麼會有保險套，她指著也在現場的十八歲西班牙女孩說是她給的。因為這位二八年華女孩看起來實在太乖，我問她有經驗了嗎？她回道沒有，但是來到愛丁堡時發現原來她老爸偷偷丟了一整盒在她行李箱裡，自己沒用到，反倒當了及時雨解救了好姐妹。哇賽當下老娘真是大開眼界，這種性教育實在是太成功了，既不用和女兒說破，卻也反向告知要注意安全。如果以保守亞洲人的觀點，給了就等於鼓勵了，連放在嘴上說一下都不行。

其實人性是叛逆的，越限制的東西大家越好奇越要嘗試，但未婚懷孕的少女們難道父母不用負一半責任嗎？要負的責任絕對不是讓女兒單獨在外過夜，而是沒有告知如果箭在弦上絕對要的保護措施是什麼。記得國中時健康教育的老師都侃侃而談地教導我們人與人會產生下一代的方式，生物老師也教導過動物界的交配，但父母卻不能用坦蕩的態度教導自己的兒子要如何保護女性，且同時耳提面目地告知女兒要如何保護自己。只能說要大家面對人性而不要有無謂的天真，西班牙人算是佼佼者，活得非常前面。

另一個活得很前面的觀念就是：不談遠距離戀愛。這普遍的觀念在十幾歲或二十出頭的青少年男女中，就已經相當發達且明確。團中有一對情侶是在愛丁堡認識的，他們相戀後共識就是，離開的那天就是分手的那天。為何如此斬釘截鐵呢？因為兩個人所居住的城市開車就要五小時，對他們來說沒有辦法相處的戀愛就給不了承諾，更稱不上男女朋友，因為西班牙的情侶普遍上是很朝夕相處的，對於遠距離這種空間阻隔是一點都不會考慮。其實這種觀念也是相當負責任，由於亞洲社會或輿論有太重的包袱，因此往往把不給承諾的人歸類於花心大蘿蔔或渣男／渣女。還記得以前國中、高中時期，如果聽到誰的八卦和某人產生一點點的親密行為，也許只是親吻，若最後沒有在一起，那個不想在一起的一方就會成為眾矢之的，被大家在後面撻伐，連自己的兄弟也無法捍衛其行為，只能在其他人面前聽大家的批判，然後苦笑說自己的兄弟就是這樣。其實年少輕狂，就連成熟出社會的人，都不一定知道自己要什麼了，更何況一個還在唸書正值青春期的青少年／女呢？但西班牙人值得令人學習的地方就是，他們不想要什麼，那是清清楚楚，所以往往會在一開始時就把話說清楚，這種相當了解人性的做法，被本宮歸類為「活得很前面」。

另外一個為什麼覺得西班牙人「活得很前面」的原因在於，有一年的臺北電影節是以西班牙電影為主，當時電影票便宜到若買預購票，一張才新臺幣一百元，老娘一口氣就買了十幾張。西班牙的神—名導演阿莫多瓦的電影，一部接著一部看，每次看完一部，嘴巴都張得大到可以吞下一頭牛，因為實在太多前衛的想法與人與人之間情感的深刻描述了，這些在在都擺脫了人類近代既有的傳統，且並不是只針對同性戀、變性人等的描繪，每部電影都有著太多令人瞠目結舌的劇情，在亞洲世界很難看到的。長更大點以後，才知道原來西班牙經歷了佛朗哥獨裁年代，從西元一九三九年到一九七三年，三十多年的統治期間，在相當父系的沙文主義氛圍下，離婚是非法的，女人無法開銀行帳戶、工作或在沒有父親或丈夫的同意下離開自己的國家。我對西班牙思想的演變並不了解，但覺得西班牙的血液中是在天主教下，不失面對人性的勇氣，並且執行且產生了一切所有盡量能符合人性以及預知人類醜陋面的措施與觀念。之後每年去西班牙時，都能在小細節上暗暗佩服西班牙人面對現實以及人性的勇氣，所以就比較少聽到一些極端反差的故事在這個國家發生。因為越限制，人們越要闖；越保守，發生的醜聞就越聳動；越開放，反倒沒有什麼人會去踩踏底線，因為大部分的人不會無故去試探底線，若自由的範圍較大，四肢能夠伸展也就夠了，不會無聊到去做大非大惡之事，也不會有過多的壓抑導致可能的極端反差行為。

在愛丁堡待的三週期間，中間有兩個週末，兩次週末都說服身旁還留下來的西班牙人一起去別的城市玩。愛丁堡雖然被大家盛讚，但畢竟是蘇格蘭對外門戶，是一座大城市，比較看不到自然美景的。

因此人們總說，要走出愛丁堡，才能看到真正的蘇格蘭。一個週末和友人一起租車去了擁有全英國最多城堡的城市─亞伯丁，另一個週末則是花了八十鎊參團去了兩天一夜的穹蒼島。

在學校的期間，雖然有廚房可以使用，但本宮幾乎都不做飯的。開玩笑，娘娘還要自己做飯嗎？哈哈，玩笑話。但有一兩位西班牙妹子隔天要離開正在整理行李，我在她們的廚房想弄點吃的，打算做法國土司。到了爐子前我傻眼了，因為跟我們習慣的瓦斯爐不同，共有五個級數，而且總共有四個爐子，這時老娘的沒耐性立即顯現，於是不顧一切地將所有爐子火轉最大到五，因為實在懶得去研究哪個爐子是哪個開關。又因為沒有鍋子，因此將鋁箔紙放在爐子上，就這麼開始煎起我的吐司來。期間還不小心著了一點小火，不過很快地就被本宮撲滅。因為火有點太大了，所以有些吐司還焦了。油有些不夠，吐司還黏在鋁箔紙上，當我把它弄開時已經支離破碎了……終於弄完了，我吃了吃，嗯，還真難吃！

一做完難得一見的鉅作，我鬼靈精怪地端著作品跑去房間跟他們聊天，美食天后莎拉一看到就皺起眉頭，立馬拒絕了我的分享……可惡！小小的惡作劇沒得逞哈哈哈！吃了一會後，等到再度回到廚房時，只見一陣煙霧瀰漫，這才驚覺原來剛剛一直在迷霧中烹飪。由於門打開的關係，煙霧向廚房外飄，過沒幾秒鐘，警報器開始鈴鈴作響，大家都衝出來看怎麼回事，原來是因為英國的抽油煙機不強，窗戶也無法大開，警報器又特敏感，感應器感應到因此警鈴大響，響得震耳欲聾透徹雲霄，搞得整個宿舍人心惶惶，過沒一會兒，從廚房往下一看，全部在宿舍的人都已逃生到一樓廣場並試圖瞭解發生了啥事。此時我們已經笑翻了，因為沒有火災，只是因為我的愚蠢而嚇到大家。黑素斯還拿外套把警報器蓋起來，看能不能小聲點，因為實在要把耳朵震聾！

馬麗娜和勞拉則是到外面去替我向大家解釋。過不了多久，三個消防隊員全副武裝地來了。我用著闖禍的眼神看著他們，試圖向他們解釋沒有發生什麼事，他們對我笑了笑，把警報器解除。老娘鬆了一口氣，接著又古靈精怪地說有一事相求，最後拿出我準備好的相機希望能夠來張合照，消防員幽默地把帽子戴在勞拉頭上，我們三人就這麼合照了一張，此時馬麗娜已經快要昏倒了。莎拉大笑之餘，還是一直用相當重的西語口音對我說「Fxxk you！」每次聽到莎拉這樣說就笑到岔氣！我向他們解釋說臺灣人是很會烹飪的，像我媽咪做菜就很好吃，但可能是因為本宮只會享受所以非常不擅於此道，莎拉立刻說我鬼扯，反駁說她媽咪也很會做菜，但她就得自真傳，而後居然告訴所有已經離開英國的西班牙人此事，還想要透露給之前喜歡我的西班牙男生知道。我喊求饒，她叫本宮放心，說只會說我很不會用廚房，不過不會說我做菜做得很難吃……還真是好心啊……公子在電話那頭帶著笑問我說：「妳醉了嗎？」「如此的熱線你和我害本宮忽然有點不知所措；那廂馬麗娜則是打給她的男友大哭，她的個性比較敏感一點，以為她活不了了。平時爽朗的她，原來也有著纖細敏感的另一面。真是感到對她不起，使她受到驚嚇……

在國外的好處就是，當你遇到很多國際學生時，你往往可以判斷自己和誰的頻率相同或哪些人對你情義相挺。一天又多了兩三個新朋友，兩個西班牙人及一個俄國女生。在當年真的是不很喜歡俄國人，因為她們就是給人高傲的感覺，不過幸好當時就只有那一位俄國女生，因此跟一群友善的西班牙人在一起，她到後來也放開了。其實本宮之後有許多前蘇聯各國的女生閨蜜們，只要能夠忽略她們鼻子抬得高過你額頭那種欠揍的第一印象，以及一開始刻意保持的距離，基本上久了，她們會成為最情義相挺的好姐妹。

晚上和這些朋友們又去喝酒跳舞，不勝酒力的老娘那晚雖然才喝了兩瓶卻醉了，雖然意識還很清醒，但整個攤累在那邊都快睡著了。朋友們叫我不要睡，說等會兒還要去另外一間舞廳。最後老娘決定自己走回去宿舍，因為實在是撐不下去了，馬麗娜在此時拜託我不要一個人回去否則很危險，我跟她說我沒醉，但其實很難說服人，因為醉了的人都會說自己沒醉，而我那時確實是有點瘋瘋癲癲的。此時談話高手馬麗娜說她相信我沒醉，但至少坐個計程車回去她才放心，她說她願意幫我出這個錢。後來沒辦法，而且想想那裡離宿舍確實有遠且外面好冷，因此就答應她坐計程車不過當然自己付錢。想到這裡，就覺得一路上受到馬麗娜的許多照顧，雖然她年齡與我們差不多，卻有著真摯的情感與大姐般的性格，出門在外還能受到認識不久朋友的在乎，只能說人與人的情感交會就是如此動人。

種族歧視這個議題在還沒有出國前就被其他人警告過，總是說自己在白人世界要小心被歧視，尤其是講英語的國家。本宮當時心想，誰要是敢歧視我，我一定給他歧視回去。一路上都沒有遇過這樣的問題，且身旁的外國人都對本宮很好。一天晚上和自己的西班牙友人以及學校安排一個臺灣遊學團，透過兩個英國籍助教一起帶去一間舞廳，不過因為才十一點鐘所以還沒有開放，進門前卻發生了一些小衝突。兩名守衛告訴大家要檢查護照或是國際駕照才可以進去，但是大家都是帶國際學生證，我來到愛丁堡也從來都是持國際學生證進去酒吧的，我的那些臺灣朋友告訴我這是種族歧視，因為她們剛剛有看到其他西方人沒有看證件就進去了。守衛的理由是國際學生證很容易取得，我把這件事告訴馬麗娜，她覺得很過分，怎麼會有種族歧視這種無聊的舉動發生……她向來是最尊重每一個文化的，因為自己從小到大就在不同的國度居住過……那一個臺灣團非常生氣地轉移陣地了。我則是和我的西班牙朋友們留下來等到開門，開門之後，根本沒有人檢查證件……唉……

其實當老娘遇到類似的情形時，絕大多數的情況下不會聯想到種族歧視，因為心中從來沒有覺得自己有什麼優越其他人的地方，當然也就不會覺得自己有什麼矮於他人之處了。所以遇到同樣的事情時，第一直覺不會有如此感受。相反地，換個角度想，如果今天有一間酒吧，有一群看著不是我國家的人，或是講著非我國家語言，人數十人以上，無論今天是亞洲其他地方的人，或是白種人，人們下意識地都會感到有點害怕。一個人，好奇；兩個人，無害；三個人，觀察；十人以上，若有點喧嘩，就有點害怕了。那種害怕的感覺並不是說真正的怕他們，而是一種請問這些人在這裡「聚眾」又不會講中文是……？非我族類且無法聽懂對方在講什麼時，人數又大於自己可以感受的安全範圍時，便會下意識地產生防衛心。

當然啦！本宮並非要為此事說項，但很顯然地事出必有因，其實學校的英籍助教們應該要了解警衛們真正拒絕的原因與擔憂之處，以避免產生誤會或將來造成未來的學生也有相同不舒服之處。其實同樣的事情也發生在大家所謂「優越的白種人身上」。本宮在西班牙跑趴期間，當時的「好姐妹」，一位奧地利辣媽打扮既靚又時尚卻被拒於門外，本宮卻順利入內，只因為奧地利辣媽身上有一大片刺青露出來，由此可知進去與否完全取決於警衛的心情。比如說進去西班牙舞廳絕對要注意的是，一定要穿後腳跟有帶子或包住腳跟的鞋子，否則就會被視為拖鞋而被拒絕入內；男性不能穿無袖吊嘎（就是所謂的背心），也會被拒於門外。但當然也有例外，完全就看守門心情以及人數多寡。一次和一位臺灣男性朋友要進去一家走優雅時尚路線的舞廳，不料友人剛好穿著無袖背心，結果警衛說這次讓我們進去。所以可見很多時候並非與種族、性別有關，大部分的時候都是依這間酒吧或舞廳想要走的路線來決定是否可以入內。又譬如說柏林有著連續三天的電音趴，能不能進去就完全看運氣。如果警衛認為你根本就是不會聽電音或身上嗅不到電音氣息，完全就進不去。而這個打扮標準就完全沒有標準依歸了，不是可以公式化的規章，除了碰運氣外裝也裝不來。

所以說很多時候是人們自己矮化自己，與種族無關。當一個白種人到了亞洲保守國家，因為語言與自己長相不同的關係，依然會有被孤立或不順利感，也許他們知道文化差異不同，但不會任意使用「種族歧視」這個字眼。所以說在老娘心裡這個概念並不存在，自己國家的人或同種族的人都會欺負自己人了，更不要說不同文化的人。有時候臺灣人在外，還不幫臺灣人呢！幫助你的還是和你出身於不同國家的人，當然原因有很多，並不能因此而推論這是種不良善的舉動，很多事情大家做與不做都有自己的理由，無需產生負能量或敵意。正所謂靠山山倒，靠人人跑，靠自己最好。

言歸正傳。門開了以後，進到裡面，舞池比起其他舞廳相對小很多，大家把外套掛在欄杆上，沒想到不開心的事又發生了，西班牙朋友啊黑達的白色西裝外套居然被偷了，大家怎麼找都找不到，最後推論一定是被人幹走了。跳了一陣子馬麗娜的氣喘又犯，我陪她到外面去呼吸新鮮空氣，要回到舞廳時又到了門口，正是剛才那兩個守衛，其中一個對我說：「我認識你喔！請把證件拿出來。」我說我只有國際學生證，護照和國際駕照都擺在宿舍。他看看我，接著面無表情地對我說：「那你有手機號碼嗎？」我回答「有啊！」他居然對我說：「那可以給我嗎？」……哇哩咧……搭訕還可以偽裝地如此正經喔……從這裡就可以看出英國人真鮮，那種渾然天成的黑色幽默，以及只要沒喝醉就擺脫不了保守拘謹的民族性格完全展現……此時馬麗娜在旁邊已經快笑得不支倒地了……那守衛不放棄地繼續說：「也許改天可以約出來喝杯咖啡。」我說不行，他一臉震驚地問我為什麼，此時老娘已經笑到要岔氣，可是還是忍住跟他說因為明天就要離開愛丁堡了，最後和他說很高興認識你，與他握握手後就順利重返舞廳了。

最後一天要離開愛丁堡，一大早四點多黑素斯來宿舍幫本宮把行李從四樓拖下來，我們就一齊搭乘叫好的計程車前往機場。一路上看著清晨的愛丁堡，最後一眼從天黑看到天亮。去機場的路比我想像中的長，終於抵達下車後，因為行李太重，所以我把從臺灣帶來但沒用到的一包抽取式衛生紙及塑膠手套送給黑素斯，他睜大眼睛說你送我這個做什麼，此時心中的惡作劇小鬼靈精又悄悄出現，我一臉正經樣告訴他這是別離的禮物，內心早已狂笑不已，因為黑素斯的不可思議表情實在太過令人噗嗤，不過最後他還是假裝忘了拿老娘備的這份實用禮物。哈哈！怎麼這樣搏了本宮的好意！

這位西班牙朋友黑素斯與本宮可說是相當有緣，抵達與離開愛丁堡的日期一模一樣，且離開時班機還相同。只能說有男生真好，他幫我提那最大重達二十九公斤的行李，幸好海關沒有算我超重，搞不好也是因為我們一起掛行李的緣故，兩個人的重量額度一起算，要不然要加錢的話我一定會當場把東西移出來。

黑素斯轉機的時間很怪，要等八個小時，我要他跟我一起在倫敦玩一玩，否則八個小時在機場要幹麻？航站情緣嗎？他說如果海關讓他出去他就陪我玩。

一個多小時的飛機，我跟他兩人整個睡到不省人事，機上早餐都沒吃到，因為在愛丁堡機場有吃一些，前一天晚上又只睡一個小時，真的是累垮了！

到了倫敦，幸運地，黑素斯可以出去到外面，我們搭上倫敦所謂的黑色計程車，上去才是苦痛的開始。一路上計價錶跳得比我的心跳還快，雖然旅館離機場沒有到天邊遠，但還是跳到我冷汗直流，等到到達目的地時，合臺幣兩千多元，我的老天爺！相當於老娘一晚的旅館費……一到倫敦就大失血，領教到身為首都的與眾不同……

本宮住的那條街名為花園，那裏有許多路名都叫什麼什麼花園的，一到那條街馬上就察覺本宮住的地方是高級住宅區，因為兩旁全是維多利亞式的建築，白色一整排美麗的建築林立於街道兩側，很有歷史感的傑出都市規劃！路邊停的不是法拉利，就是保時捷，或是許多我不認識牌子的跑車，要不就是雙B、捷豹，一整排停在路邊，還以為是在看車展。

黑素斯幫我把行李放好後，我們就到最近的一站地鐵站搭乘地鐵。那時候本宮真是開心極了，因為不僅住在高級住宅區，交通也十分方便，真是要感謝家人請住在倫敦的姊姊幫忙安排這麼好的地方。儘管在發生地鐵大爆炸後，老娘說過不坐地鐵的，但之後的一個星期還是天天以這個最適合觀光客使用的交通工具來進行移動。

倫敦的物價真是貴的嚇人，在一區也就是市中心，坐一次地鐵要合臺幣一百二十元左右，光是交通費就是臺灣的四倍。黑素斯和我坐到半價票亭，要買便宜音樂劇的票。所謂的半價票亭，就是西區音樂劇官方折扣票，當有些人臨時無法去了，或是最後一刻有空位，就會由半價票亭以折扣的價格售出當天的音樂劇票。售票員很專業，會告訴你所賣的位子是否會有樑柱或死角，通常一個人都可以買到相當好的位子，因為沒有和友人一起買連位的限制。

最後和黑素斯道別，一個人就在倫敦晃了一週看了三部音樂劇，離開那天還面臨機場大罷工，只能說第一次的獨身旅行就奠定了未來被班機取消的宿命。源起，待續……

人生就是不停地在趕火車（臺灣）

火車這玩意兒與飛機的製造帶給人們大大不同於以往的方便。簡而言之，火車站都是在市或鎮中心，因為火車可以穿越城市，飛機卻需要起飛與降落，為顧及居民安全且市鎮中心寸土寸金，機場往往在市郊或所謂的荒郊野外。

基本上對老娘而言，原則就是若超過五小時火車車程，就會放棄改坐飛機，但五小時內都在可忍受範圍，畢竟睡個覺也算舒服，要散步也可以在不同車廂晃來走去空間算是充足。飛機交通時間計算應從門到門（英文所謂的 DOOR TO DOOR），從家門（或旅館門口）到下一座城市的飯店門口總共所花的時間，若以一班飛機兩小時飛行時間計算，且全程以公共交通工具做接駁，基本上 DOOR TO DOOR 時間至少八小時起跳，大城市如倫敦到史坦史德機場，或遇上地鐵、公車班次少以及塞車潮，十小時跑不掉。這樣大家就該理解飛機在整體時間花費上有多麼省時了吧！

不過坐火車也並非想像中如此容易。要知道心態上可能會因為它就在市中心，把時間抓太緊，認為跑也可以跑到，又或者因為某些國家、城市太大，火車站、月臺太多，導致還要好好研究車程與接駁班次，接駁時間又不是自己可以控制，想要在某段時間達成某個目標而把自己逼太緊的行程難以避免。總而言之，狀況五花八門、千奇百怪，不在此一一贅述，但光是老娘趕火車經歷，包含海內外就足夠編輯成冊了，如此可見腎上腺素比一般人分泌的有多多。

先從最近發生的臺灣小蛋糕說起（對我來說就是 a piece of cake，中文簡稱小菜一盤）。臺灣夠小了吧？卻也擺脫不了趕火車的命運。話說和友人在新竹唱卡拉唱得太過渾然忘我，結束後一查之下最後一班高鐵居然在半小時內，可惜臺灣的高鐵站除了臺北在超級市中心外，其他的都在天邊遠，一路被汽車載著狂奔，豈料在高速公路上演塞車潮，情急之下，駕駛人一路狂飆路肩，一下交流道，怎麼離高鐵站還是有一段距離，終於到達門口，連道別都來不及，就一路急奔買票，要進站時刷卡的閘門太遠，聰明如老娘跑到站務員前的快速通道，機靈的臺灣人就是貼心，站務員一邊跟我說來得及先不用刷票趕快衝並告知月臺號碼，一邊用對講機通知列車人員我的狀況，還好一路向上的「見不到天」月臺有運作正常的手扶梯，於是三步併作兩步，兩階跨成一階，終於鐵腿趕上最後一班高鐵，氣喘吁吁，沒料到在臺灣這麼小的地方也要趕成這樣。

來個加味版。話說前幾天要到北新竹，由於臺北車站到北新竹僅有區間車全程超過一小時的車程。若坐自強號到新竹站再抵北新竹加起來也要一個多小時，節省時間起見，聽從友人建議坐高鐵到新竹站，再轉臺鐵，從六家站坐內灣線到北新竹站。甚麼鬼，這麼高級坐法此生沒聽過，只是僅有九分鐘轉車時間，友人說抓好路線的話時間綽綽有餘，下一班火車要再多等約半小時，想著我多年的旅遊經驗，動態視覺感敏銳，胸有成竹，不是問題，於是就開始此路線一路打個盹。到了桃園站，廣播說「各位乘客，由於行車調度關係我們將在此站停七分鐘，請乘客耐心等候。」

蝦密東東！一聽到晴天霹靂的消息趕緊打給友人，友人說我實在太「幸運」，高鐵延誤也可以被老娘遇到……高鐵耶！坐高鐵是為了甚麼？不就是求個快速準時到達嗎？這種鳥事居然又被我遇到。還好老娘身經百戰，坐懷不亂，友人叫我還是衝衝看，老娘提早走到車門口準備開跑，此時已有許多人在那等候，可見大家在下班時刻多麼歸心似箭。門一開就一個箭步往外衝，看到兩個也拔腿就跑的上班族，完全就是老娘當時的燈塔，於是像風似地跟隨著他們開始下那應該比捷運忠孝復興還長的手扶梯。只見最前面一位女孩與排第二位的西裝老爸以最柔軟的膝蓋節奏，加我三人左右腳一致地一二一二往下奔，完全是從軍練兵狀態沒有岔音，噗哧一笑到嘴邊又忍住，因為氣息不能斷，必須一鼓作氣分秒必爭。下去後飛也似地過了空橋，一路狂奔往臺鐵六家站入口。前兩位乘客居然還給我嗶嗶（入站刷卡聲）。西裝男一個箭步往前首當其衝向上坡的手扶梯奔去，女的其次，我跟上去後，那女孩居然停了下來嘆了口氣一副已然放棄的樣子，只因為聽到了火車開車警示聲。老娘不服輸，跟著領頭羊西裝男的腳步開始往上爬，女孩看到我因而受到激勵，跟隨在後。此時大腿上側肌只能說是緊到乳酸一觸即大噴發，完全就是以意志力支撐，不成功（搭上火車），便成仁（再等半小時，高鐵等於白坐）。只見視角出現尚未啟動的火車，西裝男站在門口望著我們，列車長揮揮手比著OK，背對我們上車，並未看見兩位還在三步併做兩步的趕車人們。就在最後列車長從容的背影身後，我們三位都成功跳上了車。此時三個百米選手臉色慘白，喘到不行，整節車廂只有我們三位站著舒緩氣息無法立刻就座。由此可見領頭羊的重要性，有人帶領激勵人心，大家都有志者事竟成，快要放棄卻都不會放棄，眾志成城。

故事太過白目，不過就是半小時的時間差距，那麼各位看官就來個終極版末路狂花。

話說另一時空在臺中市區一路開車買晚餐，欲坐已購好票的普悠瑪號，友人在路途中看到烤玉米，老娘看導航上時間還算充裕，就讓她下去買。殊不知越等越久，導航抵達目的地時間也因尖峰時間開始呈倍數增加，等到心涼，要知道下一班自強號雖然不用等很久，但沒有劃位，車程又比普悠瑪多了半小時，當時搶的火車票可能白費。最後友人終於拿到香噴噴烤玉米，一上車老娘便狂踩加油飆往租車公司，一路上傻眼臺中市的道路原來不是都像七期重劃區如此寬敞以及無車，中間還經歷了道路維修，導航為了抵達租車公司正門口，還因此規劃繞路。就在尖峰時間的臺中主要幹道上橫衝直撞，一下車就奔到櫃檯請他檢查火速還車。一經確認放人後，我問友人還剩幾分鐘車開，她回：「來不及，剩四分鐘」。老娘「嗯」了一聲，便頭也不回地往前衝，只見大包小包還一人帶一箱行李的兩個女人，一路在草地只容一個人身的石頭步道上，一路說「借過！借過！」百米障礙賽，連跑帶跳衝到火車站看到最靠近的月台一身普悠瑪味，我大聲問了站務人員是否為普悠瑪往臺北，他點頭，我回頭，只見那吃力的友人終於在一秒後映入眼簾，我急聲道：「快上車！」於是一馬當先跳上車，友人也在幾秒後跟了上來，此時腎上腺素仍然維持高亢狀態，老娘又再加碼說「跟我走！」欲直接殺到位子上，友人立刻舉起手說「等一下！」，才發現她雙腿抖到不行，我則是在旁邊噗嗤地笑了出來，留下一臉疑惑的路人甲在旁邊看兩個沒用的女人。

火車插曲，小菜一盤。從沒想過在自己的小島上也需要趕火車，但人生就是這樣，你在哪裡會遇狀況，就會接二連三地遇到不同的考驗，能夠有這麼多趕火車的驚險故事，也是醉了。

如何在一座小島追網路（義大利）

在現今的世界網路已成為一個必不可少獲取資訊的媒介。雖然老娘自豪過去都是使用智障型手機，我最親密的夥伴—諾基亞先生。過去的自助旅行都是路長在嘴上，雖然有幾次被路人隨意亂指而白走好多路，但大部分的時間在歐洲這種九彎十八拐以及每個小巷弄都有自己的名字的情況下，當地人指路還是很有幫助的，所以使用智慧型手機的地圖功能一直都不是過去認路的首選。但自從辜狗大神進步到可以預估步行、單車、汽車、火車、輕軌、地鐵的路線與時間後，手持地圖的景象似乎已不在現代呈現。

前頭去馬憂洛卡島的班機取消，導致自己更改目的地到伊斯基亞島。抵達碼頭後開始尋找可以載自己到青年旅館的公車。公車站就在碼頭旁，拖著一個三十公斤的行李上了滿滿是人的巴士，還站在門口隨時詢問司機就怕下錯站，惹來眾人的目光，可能想著哪來這麼大的行李箱？抑或帶這麼大的行李為何要坐公車？

實際的路程沒有想像中的長，公車一路上坡約莫五分鐘後就抵達自己目的地的站牌，下車後也沒有想像中的難找，一個明顯的招牌指示著往旅館的路。那是一條小徑，時有斜坡，時有階梯，一路拖著往下走，似乎望不見盡頭，心裡只想著要離開這座小島時屆時可有的受了，大概要抬半個小時⋯⋯走到一半，看到暖暖的夕陽，透過芒草照了張相，紅通通的斜陽就在海上方，完全無法想像剛剛才在船上經歷的暴風雨。一路又再沿著坑坑疤疤的小徑往下走，終於抵達了自己的青年旅社。

一進大廳，偌大的早餐食堂映入眼簾，一位看起來非當地人的中年先生走了出來，操著一口流利的英文幫我辦入住。原來這是位加拿大先生，來到義大利已經超過一年了，一個人在這座小島上經營這座青年旅社，沒有其他伴，倒有一條狗。詢問加拿大先生一些基本資訊，他說網路壞掉已叫修，但他認為以義大利的效率一週後才會修好。登登！晴天霹靂！沒有網路我要怎麼找下一個目的地及更改航班？我感覺我被困在這座小島了。

也許看官會問，為何不用手機的網路呢？看過義大利電信詭計篇就知道，我不只要和義大利電信搏鬥，還得同時間去尋找網路。伊斯基亞島雖小，但在老娘的島這頭卻沒有網路咖啡吧提供網路使用，只好隔日再想辦法。

辦好入住後加拿大佬問我晚上是否要和他們一起去附近市中心用晚餐，本宮欣然答應，在前一個晚上折騰地找解決方案七小時終於來到這座小島，老娘可不打算抵達的第一個晚上再陷入找尋下一個目的地的愁雲中，畢竟沒有網路，什麼也不能做。把行李放到房間後，只見從寢室的窗戶就可以看到樓下的一個游泳池以及遠方的海，看來這間青年旅店過去應該是一間頗具規模的正宗旅館，被這個加拿大佬頂下來後，拿來當作青年旅社經營算是一個很聰明的方式。畢竟許多小島還是沒有較划算的青年旅館，這就會讓預算很有限的獨立旅客望而怯步。老娘最後沒有去阿瑪菲海岸的許多岸邊景點住就是因為找不到青年旅館因而那些地方不成為選項之一。看來伊斯基亞島就是因為這位加拿大大叔經營青年旅店而雀屏中選，也算是一種緣份。來到早餐大廳，戶外還有一座看臺，外面擺放了三張桌子提供住客邊看海邊享用早餐，我入住時大概就只有看到一位房客坐在戶外欣賞夕陽，晃來晃去再也沒有看到其他人了。

過不久到大廳集合，沒想到只有加拿大佬、一位女孩和我三人以及老闆的狗。女孩是她的員工，土生土長的島民，我們要坐公車到附近的鎮中心。坐沒幾站就下車，原來是加拿大佬要逛電器行。逛完後沒多久電器行就關了，最後慢慢散步到一間餐廳前。我們坐在院子享受紅酒以及一些炸海鮮拼盤，原來是女孩的男友在那間餐廳工作，而我們坐在那裡等他下班。紅酒瓶上載著伊斯基亞產的紅酒，義大利令人驚艷的地方就在這裡，島再小，都還是有地可以種植葡萄產紅酒，自給自足，大概只有電器需要靠外來進口運送。女孩男友工作的餐廳是一個頗具規模也很有當地風情的地方，至於為什麼不在那裡用餐不得而知。反正有人伺候著本宮，本宮也樂得高興。

沒多久就逛到鎮中心的老街，女孩牽著男友，老闆牽條狗，情景相當逗趣。最後我們來到港口旁的一間不起眼餐廳，如果不是當地人，還真不會知道找吃的要找到那裡。只見戶外高朋滿座，坐滿了一桌桌的老人，大家都已經開始大啖海鮮。看到大家桌上都有一大碗淡菜，八歐搞定，而淡菜義大利麵也只要七歐就有了，看來這間絕對是物超所值的選擇，難怪這麼不起眼卻門庭若市。

大啖海鮮之後，我們返回到鎮中心，抵達一家看起來太厲害的甜點店，每一種蛋糕瞧起來都相當紮實，我挑了一個草莓卡士達蛋糕，看來伊斯基亞島也是以甜點見長。整條鎮中心走完其實不算短，九月的小島看起來熱鬧無比，除了當地人還有零星觀光客。抵達小島的第一天就過得充實無比，就好像第一天到熱那亞就被同公寓的室友同學揪去吃吃喝喝般，玩樂命的生活總是特別忙碌—特別忙著享受。之後員工女孩男友開著一臺噗噗車，就是那種聽著聲音都覺得那臺車快要熄火或壽終正寢的聲音，以沉重老舊的引擎與身軀載著我們一行總共四人返回了青年旅館。

睡了一晚後，隔天不急著找網路，反倒是想要抓住夏天的尾巴，從旅館往海邊看似有段距離，但有腳的人總是有捷徑，照著指示一路都有道路或階梯直直往海灘前去，沒花多久功夫就抵達了最近的沙灘。曬足了一天日光浴後要上坡返回前吃了個冰，在冰店遇到了一位當地人搭訕，問是否要騎重機載我上去。這位有點年紀的小叔原來是位工匠，秀著他幫當地人家裝潢的照片，告訴我要做成那樣的精工與精細不容易。雖然他老王賣瓜自賣自誇，但對於義大利人針對細節的刁鑽這點本宮從來沒有懷疑，只是他們能夠在短短時間把自己的長處一下子展開來，行銷自己來把妹絕對是義大利人的專長。在沒有迫切需要這項車伕的服務情況下，老娘最後還是自己徒步回到了旅店。

這間旅館房間的好處就是面對泳池的窗臺可以晾著泳衣，整夜風徐徐吹隔夜應該也就乾了。散步到櫃檯欲詢問有關網路的事，突然進來了一位高大酷似布萊德彼特的年輕小哥，這位小哥揹著一個背包走進來，看起來相當輕裝，但也有可能因為他的身高超過一百九十公分的關係，背包在他身上顯得沒那麼大。這位布萊德先生辦理簡單入住後，沒想到就開了本宮的房間住了進來。我們簡單的自我介紹，對方是位德國佬，年齡相仿，自己一個人來旅行。

多了一個人的大旅館感覺確實熱鬧了一咪咪，晚間員工女孩盡責地帶著我和布萊德坐公車到島的另外一頭，也就是伊斯基亞的主要港口，去一間酒吧先喝餐前酒。所謂餐前酒是一種義大利北部的文化，也就是在真正享用晚餐之前，大約七點左右的時間先進到酒吧喝酒，而這些酒往往會伴隨著一些免費的食物，簡而言之，先墊個肚子，也順便開開胃，因為正式的義大利晚餐可不似西班牙如此輕食，往往好幾道下肚飽到要吐，來個餐前酒先聊聊天暖暖胃，等一下晚餐才正式登場。有趣的是，這間酒吧居然有免費網路可以使用，本宮原與天下失聯，終於再度與世界接上線。

餐前酒過後走到港口旁，港口的水都淹到道路上了，讓人不禁想起這幾年意大利威尼斯也是水淹金山寺，大家都得在水中行走。到義大利維若納，也可以看到過去水淹的高度歷史標記。結束後我們前往一個大廣場，居然是一個慶祝活動，裡頭充滿了各式各樣的攤商還有一座舞臺，其實就是一個中型夜市。可以玩可以吃，只是吃的東西換成義大利三明治，但三明治可都是現做的，現場夯不啷噹有八位師傅。

翌日，我和布萊德彼特唯二房客結伴出遊，沒想到伊斯基亞島在九月異常安靜，也許不是附近小島主流，卡布里在九月或許熱鬧得多。伊斯基亞島有一座大城堡，名叫阿拉貢內誰，座落在一個火山礁石上，與伊斯基亞本島通過一座橋連接，是島上最著名的景點。此城堡建於西元前五世紀。只要看到建在海邊懸崖高處的城堡，基本上都是軍事防禦用，千萬別幻想是什麼皇宮貴族的居住地，最主要是居高臨下，能夠監控海上敵軍。那座城堡的所在地距離我們住的地方有段距離，但這個島確實是小，基本上繞島一圈一小時可完成。找到城堡並不難，因為遠遠地就可以從海上看到那座城堡。在當時城堡的開放時間為早上九點到日落，義大利的好處就是夏天白天到晚上八九點太陽才下山，所以有許多充足的日照時間。

從城堡可以看到四周的海，附近有許多小船隻，居高臨下，很難想像古代有許多海盜船在四周。由於本宮酷愛照相，每到一個角落就要留下倩影，布萊德先生最後有默契到只要本宮呼喊他的名字，他就無奈地把手伸出來放棄掙扎，只能說布萊德先生誤上賊船，不過以老娘這麼多年獨自旅行遇到的旅伴，布萊德已經算是相當有耐心沒有抱怨也沒有生氣，可算是本宮之大幸。城堡上面還有一座教堂，是屬於希臘東正教的修道院。建在高處的教堂往往有一個好處，當門大開時，日光穿透，整座教堂都明亮起來。

玩了一整天後回到青年旅店，最妙的是我和這位布萊德旅伴回到只有我們兩個的大旅館，通常旅伴都會各自回到自己的房間，但偏偏老闆讓我們待在同一間，所以回去的時候其中一人負責開房門，另外一人尾隨在後的感覺實在太過奇妙。幸好老娘什麼大風大浪沒見過，所以也沒有什麼尷尬感。稍事休息梳理後，又和這位唯一的房客下山用晚餐。

進到一間每次公車都會經過的餐廳，晚餐時間已經高朋滿座，我和布萊德找了一張桌子坐下來點了餐後，看著現場的歌隊演奏當地民俗音樂，整個餐廳熱鬧騰騰。甜點上了之後，服務生顯然上錯了我們點的提拉米蘇，居然給我們一塊巧克力蛋糕。布萊德趁著服務生把我們上錯的蛋糕端走前偷吃了好幾口，最終服務員還是有把提拉米蘇上上來。

快樂的時光總是匆匆，要結帳時布萊德問我要留多少小費，我說我不打算留，因為義大利的習慣就是按人頭或桌子收固定服務費。此時布萊德居然正色道：「妳不留小費？妳知不知道在餐廳工作的人很辛苦？我以前就是在餐廳打工，知道服務生需要小費的心情。」所以說為什麼看與一個人合不合或能不能一起生活，就和那個人一起旅行就能夠得知，因為你完全可以看到這個人的經歷與生活方式和價值觀，此時老娘再也按耐不住，決定一出餐廳就分道揚鑣。

出了餐廳決定不和布萊德一起回到旅社，自己在港口附近繞了一圈，心裡想著自己旅行的好處就在這裡。這個旅伴不和你同進同出，完全沒有必要忍受或將就，你們可以這個景點一起看，下個行程自己走，一路上能看到的人很多，想走就走，想留就留。

在這座寧靜的小島與這間旅館的好處就是，當你就寢時是伴著海浪聲入睡，醒來時也是和著浪花聲睜眼。之前的班機取消陰霾盡消，沒有網路彷彿也不是個問題，在無人知道本宮所在的小島上，與世界短暫斷聯的滋味是如此清靜，無牽無掛，自在漫遊。

該面對還是要面對，悠遊享受一整天後，最後還是坐了半小時的公車到島的另外一頭去拜訪島上唯一一間老娘的義大利電信公司。本來以為加值後可以使用網路，挫折的過程就不再贅述，詳情請見義大利電信的詭計篇。只能用一波三折來形容此趟旅程。原來要使用科技與世界接軌並沒有想像中的容易，尤其是在一座資源不甚豐富的小島。

和布萊德先生兩天的奇妙日子結束後，很快的隔一晚就有不同的旅人住進來。一位比利時小哥與另一位獨自旅行的奇妙掉牙大媽。隔天四人一起到附近的教堂參觀還在海邊留影，布萊德直說這是一個多麼詭譎奇妙的組合。總之，你永遠無法預料和你同一間房間的房客是誰，也絕對無法想像有多少人因為不同的原因而獨自旅行。白天的組合太過妙不可言，晚上到了交誼廳，居然多了八九個人住進來。遇到了神似馬克祖伯格和其友人賈斯汀與希斯萊傑綜合體及其他幾位加拿大人再加一位英國美妹，晚上大玩遊戲罰酒後，隔天又看到更多的住客。看來老天送給本宮布萊德彼特獨處一晚我還不領情真是辜負了上天的好意，看官們也許認為暴殄天物，但只能說人各有好，實在勉強不來。

當天晚上員工小妹籌劃了一個晚餐聚會，一路上小妹一直用義大利文跟我說她很害怕餐廳沒開，果不其然到了現場還真的沒開，還好小妹是島民，趕緊找了一個備案而裡頭也有足夠的位子，大夥兒就這麼進去裡頭用餐。一整趟晚餐下來，掉牙大媽發揮纏功，頻頻抱怨，搞得餐廳人員還用義大利文說他們很用心烹調與服務，想知道掉牙大媽有什麼不滿。本宮在一旁尷尬地看一場老外大鬧老義劇，布萊德在一旁倒是老神在在，還時不時和掉牙大媽開玩笑調侃她，看來布萊德對於這種尷尬情景也是挺有自己化解的一套，真虧有他。整套晚餐下來費時不短卻還挺有趣味，吃得差不多後，老娘盤算著同餐桌的人至少有三人同寢室，由於每一間房間六張床共用一間浴室，回去很有可能會搶洗手間，所以本宮就先退了，一旁一位阿根廷素食廚師大姊也說要一起撤，於是我和她就結伴一起離開。

月黑風高，走沒兩下，忽然出現了一臺車停在我們身旁，裡頭兩位義大利人叫我們上車說載我們一程，一般來說本宮不會亂上車的，但路途實在有些遙遠，開車三分鐘的事，我們可能要走十五分鐘，且有阿根廷大姊作伴，索性就上車了。沒三兩下車子就抵達我們的青年旅館，早早回房洗個澡就睡了。

伊斯基亞島最負盛名的就是它火山形成的海底溫泉，最棒的是有一個戶外的露天場地，不用付任何費用，無論白天或黑夜都可以自由享受海底熱水。前一天晚餐認識了阿根廷大姊後，就說好一起前往索勒界敨海底溫泉。那座海底溫泉的入口就是從一座長長的階梯一直往下走，從高處就可以看到許多人已經聚集在海邊。那個海邊不是一座開放式的海灘，而是礁石構成的一個封閉式小灣。大家穿著泳衣進去三三兩兩聚成一團，人多的時候可要自己找一個好位置。一泡進海裡，感受十分奇妙，因為臺灣除了綠島以外，溫泉都是以池子或溪流為主，真正泡在大海裡還有熱熱暖流之感真是一種獨特享受。走到一些地方，就是熱流冒出的源頭，一開始陰陰的天氣，忽然撥雲見日，曬著太陽泡著熱水的感覺十分美妙。本宮在那裡拿著相機大照特照一番，大夥兒也十分自然，沒有任何異樣眼光或掙扎。

走到一旁有一個小山洞，得彎腰走進去，山洞裡有一個石子池，一位義大利叔叔邀請我們和他一起泡在一個池子裡，裡頭居然也充滿了熱泉，十分有趣。還有一罐罐可銷售的火山泥。這位來自托斯卡尼的大叔操著濃濃鄉村口音，他對我的阿根廷姊姊很感興趣，一直對她發動猛烈攻勢，他們倆年齡相仿，我在旁邊樂觀其成。那座山洞不知道是否為公有，但感覺這幾位山大王佔地為王，裡頭還擺著幾個海灘椅，真可說是別有洞天。泡了好一陣子之後，大叔們跑來和我們在一旁的餐廳喝咖啡，我們也就結束了這一趟美妙的溫泉之旅。

之後的幾天，每天的行程就是帶著自己的小電腦，坐著半小時的公車跑到小島的另一頭，去到之前去過的餐前酒酒吧使用網路，開始找尋自己的下一個目的地。有時候遇到尖峰時間，小島的公車也滿滿是人，若在沒有位子的情況下站半小時，甚是折騰。

之前取消班機的是瑞安航空，如前面篇章所述，已經進步到若航空公司已計劃取消航班會在前一天通知。正在苦思到底要前往哪裡時，想起西班牙班上同學一位匈牙利好姊妹說過我可以去找她住她家，要知道預算有限的旅人最需要省的就是住宿費和機票費，如果你是航空公司員工就盡情使用公司機票，如果你認識了不同的朋友，就盡量找機會造訪那個地方。終於連絡上那位同學後，她說剛好未來幾天的時間可以住她的小房子，只是要找出什麼方式可以到她家。於是上了瑞安航空網站，可以將原有機票直接做航點更改，但並不是每一天都有飛行，也不是每一天可以選，若選擇太熱門的日期就只能補票差。

要離開小島並不是一件容易的事，因為小島沒有機場，最近的一座機場是拿坡里，但拿坡里正如前篇所述，不是一座大機場，因此機票相對較貴，飛行的航點也較少。那麼附近最大的幾場就屬羅馬機場了。我的好姐妹住在匈牙利第二大城市—舍給，從匈牙利首都布達佩斯坐火車約莫兩小時，因此最好的選項就是從羅馬起飛到布達佩斯。

一趟行程浩浩蕩蕩，首先得先查好機票，抵達時間剛好可以搭上最後一班火車從布達佩斯到舍給，再回推應該要搭幾點的火車從拿坡里到羅馬，最後回推幾點要從小島港口出發到拿坡里港口。前前後後坐公車轉船再換火車到機場下機後再趕火車，還是在羅馬待一晚為妥，因為老娘待在的伊斯基亞那頭的港口船班不似另外一頭多，但若提著行李坐公車折騰半座島還要在不熟悉的碼頭買船票實在不是什麼明智之舉。最後本宮還找到在羅馬的依靠，一個晚上不用付住宿費又可以在飯店吃晚餐敘舊，也算是順順地接了一個轉運點。

其實老娘的效率還是很高的，九月六日的班機被取消，從九月五日抵達小島到九月十日就找好新的班機訂好九月十四日從羅馬出發到布達佩斯的班機，這已是最快不用補票差的日期，等於在小島上待了九天之久。也好，這座小島的環境確實是一個很好陶冶身心的所在，青年旅館也不貴，所以算是一個意外的好地點。

從羅馬的小機場奇仰皮諾機場晚間六點十分出發到布達佩斯已經是晚上七點五十分。最後一班火車到底是幾點出發已是不可考。總而言之拖著行李直奔火車站為最大目標。

就這樣，從抵達後每天就在聯絡、等回覆、查找、確認、再確認，之間每天一小時的來回車程追網路，而青年旅館的網路卻始終沒有好。最後問題來了，確定好新的航班後，廉價航空就一定要把電子機票印出來，還得找個可以列印的地方。此時在薩萊諾得到的人脈終於派上用場。由於當時班機被取消之前，一位義大利大哥說他有位朋友在伊斯基亞島上的飯店當經理，老娘一查房價價錢不得了，完全負擔不起，最後變通連絡上了這位經理，步行走到他工作的飯店請他把電子機票印出來。過去下坡少說也要十五分鐘的時間，就在印完走出來沒多久後，忽然看到一位眼熟的人與車子，原來是也住在同一間旅社的嬉皮小叔開著他租的車子，他向我揮揮手我也下意識地直接上他的車，只見小叔眼神迷茫，車子裡充滿了濃濃的大麻味，不過開沒三分鐘就回到了自己的旅店，只能說這座小島實在太小很容易遇到認識的人，但交通卻不甚方便，隨時搭個順風車絕對可以省去很多氣力。

完成了所有該做的前置作業，一切就緒完成，最後一晚和大家一起用餐後，決定繞路不走為捷徑的階梯，沒想到就在公路上看到不遠處的一間飯店上空在放煙火，煙花太過迷人，也許就是因為自己的新嘗試與繞道而行，反而得到這樣的驚喜。又或許是伊斯基亞對本宮的送別，每每離開義大利的一個地方，總是充滿了無限五味雜陳的情感，或許此生不會再踏上這座小島，但絕對永難忘懷。

把握人生所有能泡澡的時光（匈牙利）

都說過西元二零一四是一場極其即興的旅程。對於那些我們不熟悉的國度，也許我們從來沒想過要把時間分配到那些地方造訪，但旅程中若遇到不同的人，往往就是開啟你前往的一個小小動機。

從來沒有想過要造訪匈牙利，這個我只有印象匈奴人因為被雄大才略的漢武帝打趴最遠跑到匈牙利而導致有些匈牙利人看起來還有點亞洲人的國度，因為在西班牙學語文時認識了超契合的同班同學，加上班機被取消而被熱情邀約到匈牙利第三大城市—舍給。途中經過了羅馬停留一晚，隔天就起床搭飛機到布達佩斯。

Origen Roma (Ciampino) destino Budapest T2B (FR8418)	
SALIDA (CIA) Roma (Ciampino)	LLEGADA (BUD) Budapest T2B
Mon, 15Sep14 18:10horas	Mon, 15Sep14 19:50horas

羅馬有兩座機場，一座達文西國際機場，一座就是奇仰皮諾機場。大部分跨洲的航線都飛前座機場，後座以歐洲內陸線為主。兩座機場都可以從市中心搭乘機場客運抵達，若從忒了米你火車站出發，

兩者都可以在三十分鐘左右抵達，比起倫敦或是其他大型城市而言，這種通車時間實在是讓人輕鬆很多。但相對緊張的是，最後一班從布達佩斯到舍給的火車是晚上九點十三分出發，並於十一點十九分抵達。在那時可以說是非常幸運的，因為到今時今刻這兩座城市末班火車幾乎都是晚上八點十三分出發的。當時在匈牙利的好姊妹只說如果我「無敵幸運」，就可以搭上末班車。我讓她別擔心，如果我錯過了，就在布達佩斯住一晚。

在歐洲有趣的地方就在於，這個大陸並不能說超級大，但卻擁有著各種不同文化和語言的國家。因此從羅馬到布達佩斯坐飛機不到兩個小時就可以抵達，在飛機上就可以聽到雙聲帶，一下飛機就看到了不同的文字，彷彿一個多小時就可以到達另一顆星球般，新鮮感十足。飛機實際的飛行時間往往比表定短，如果幸運不用坐太久的接駁車，也就是從飛機抵達航廈的擺渡車，那麼快速出關就勝券在望。這樣的幸運發生在本宮身上，晚上七點五十九分老娘就已經在行李提領區等待拿取行李，你沒看錯，就是在表定時間後的九分鐘老娘已經待定。趕緊利用機場有網路，發了個訊息給好姊妹說會趕八點四十五分出發的火車。

出關後，就立刻搭了機場巴士到達 Ferihegy 火車站，總共只花了十分鐘的車程就抵達。下車的地方在晚間相當地詭異，因為根本就可以說是在一座高速公路中間下車。路燈很暗，鳥不生蛋，看到對街似乎有火車站月臺，卻沒有火車站遮蔽物也就是一座主建築，顯然就是一個小站了。眼前有一座高高的天橋，老娘拖著行李走到天橋入口尋找電梯或手扶梯，你沒有看錯，這座偌大的天橋是有電梯的，在電梯前按了半天，沒想到居然故障停用！走到了樓梯前，我的老天鵝，真的是相當長的一段樓梯，這座樓梯不是以最快速的六十度建造，而是以四十五度小坡度蓋了一條超級長的道路，就很像是你平常上下樓三四階就可以完成，但坡道卻要花多一倍的路程行走一樣。不僅如此，對面下樓梯也是一條長長的路，且放眼望去，居然沒有半個路人，想要開口乞求一雙手增加速度，都沒有人可以幫忙。

在趕火車的壓力下，老娘走到了路口，看著眼前的五線道馬路，再左看看、右看看，忽然深吸一口氣，在一段空檔下奮力一衝，行李很重，但老娘和它很熟，穿著夾腳拖用最省力的方式推著行李，開始小跑步，就在通過一條車道後，忽然一道閃光與一聲長長的喇叭聲，老娘沒有被嚇住而停了腳步，就在那一瞬間抵達中間分隔島後又在沒有車的情況下，順利跑完剩下的三條車道抵達對街火車站。

此時老娘已是嚇出一身冷汗，幸好背面沒有長眼睛，否則真的是不敢想像剛剛一臺車與老娘的血肉身軀有多麼接近，只能說上天保佑，這種事真的不宜再幹。好不容易達成任務後，趕緊到一旁的售票機買火車票，只見還有一些時間，火車尚未抵達，又等了十五分鐘，不禁懷疑到底還有沒有末班車，與一旁的路人討論了一下，沒過多久火車就來了。

火車很空，大車廂內有隔間，一間有六個座位。上了火車有種如釋重負之感，想著兩個小時的車程可以好好休息一下。不料坐沒多久，忽然聽到一名醉漢在火車走道上大吼大叫，老娘本想好好在一個人的隔間內好好睡上一覺，卻忽然又得擔心起來在這個密閉空間，若被醉漢闖進來，老娘要逃就只能跳車，索性開始拖著行李往醉漢的反方向前進，忽然看到其中一間有一位年輕小哥坐在裡面，我走進去，禮貌地問他是否可以跟他坐在同一間，他點點頭，我就在他斜對角坐了下來。於是後來的一個多小時車程，就和這位小哥一起度過。

小哥個頭不高，但臉長得很可愛，可愛之餘，還有點亞洲人的輪廓影像，彷彿自己跟匈奴人很熟似的。開玩笑！小哥還是很西方人的長相，但不知道為什麼很多匈牙利的眼睛就是有種亞洲人的感覺。小哥的家鄉就是舍給，平常在倫敦工作，這次回家探親，兩人聊起來後就沒完沒了，只能說老娘很幸運在這麼空的火車內還可以找到一個保護罩，兩人也留下了聯絡方式成為朋友，想著也許未來到倫敦說不定還可以碰上一面呢！

下車後，相互道別，進入火車站就看到挑高大廳和好幾個華麗吊燈，這時才擺脫了一路上黑漆抹烏又陣陣驚險的心神不寧，彷彿終於回到了光明的地上世界。一到大廳一樓，就看到好姐妹剛好也到，坐了她的車終於抵達一個晚上可以好好睡覺的地方。一到後好姊妹就貼心地準備了茶點和迎賓酒，所謂的迎賓酒，就是匈牙利著名的濃度高一口乾，至於詳細內容物是什麼本宮給忘了，但總之就是喝完會很嗨，濃度高且甜的酒類。

那幾天簡直就是造訪好姊妹最佳日子，因為好姐妹剛好不用上班，隔一天便領著我開始認識那座城市。舍給，匈牙利的第三大城市，是南部大平原的發展中心。一如大部分的歐洲景象，市中心有著廣大的徒步區與廣場，地板鋪著紅磚，兩旁的建築物大多以黃色、紅色、米色與粉紅這些暖色系為主的城市，陽光照下來更有種柔和的感覺。走到大教堂前，只見好姊妹興奮地說我來得正是時候，因為酒節馬上就要開始，教堂前一個個以木頭搭建的攤位，在晚上的時候就會搖身一變成為販賣匈牙利酒的狂歡節。舍給大教堂有著雙子塔，將主教堂夾在中間，這座新穎的教堂原來歷史並不很悠久，是從西元一九一三年開始建造，但因為第一次世界大戰的關係，一直到一九三零年才完成，是一座天主教教堂。

逛完後，好姊妹便把我帶到了河邊。踢撒河被稱作最匈牙利的河，因為幾乎貫穿整個匈牙利，它還跨了烏克蘭、羅馬尼亞、斯洛伐克以及賽爾維亞的邊界。雖然有這條河，但身為一個內陸國，河畢竟與海不一樣，難怪好姊妹與本宮在西班牙時去海邊絕對是活動的首選。

到了河邊一間餐廳，只見戶外的座位桌上一個個鋪著藍色的桌巾，好姊妹告訴我來這裡絕對不能錯過魚湯。在法國馬賽都沒吃上一道魚湯的老娘，終於見識到歐洲的魚湯與中式的不同。只見整個湯頭的顏色為紅色，裡頭就是所謂的鯉魚和另外幾種不同的河魚，至於為何整碗湯都紅到不見底，主要是因為舍給產的紅辣椒粉，裡頭還有一些番茄和洋蔥。雖然為辣椒粉卻不辣，看來是潤色用的，整道魚湯色香味俱全，與中式的清湯大不相同。兩個人吃下來一個人付了七歐元，划算到不行。

喝飽飯足後便繼續在市中心散步。舍給的大眾交通主要以地上輕軌為主，這是人口不多的城市最受歡迎且具經濟效益的交通工具。走著走著，就看到一個可愛的小店面，好姊妹把我領進去，告訴我這是一家新開的冰淇淋店，讓我們一起嚐鮮。雖然本宮對義大利以外的冰淇淋從來沒什麼信心也不感興趣，但舍給的物價實在不高，所以在不怎麼熱的九月來支冰淇淋也算是一種陶冶味蕾的方式。沒想到這間新開的店有著令人驚喜的小清新，薰衣草口味的冰淇淋相當清爽，一種躺在薰衣草花田卻又不會感到薰衣草精油那種過度沉重清爽感，好不芬芳！

觀察舍給的建築，大多是以四層樓為主，但實際的高度卻比亞洲的四層樓高，可以想見大部分的樓層，尤其是一樓有多麼挑高，不禁想起多年前友人對匈牙利下的註解：「每棟建築都像鬼屋，每餐肉都吃到想吐」，令人莞爾。

舍給最令人印象深刻的地方就是如同歐洲其他國家一樣，有著一個個噴泉可以洗手，但匈牙利的可是地下礦泉來著，當地人都說對身體很有益處，往往帶著一大瓶水桶來裝回家喝。原來匈牙利地下有百分七十都是礦泉水，聲稱都是未受污染的。不過本宮看到這種不是在山林裡或是雪山流下來的水源，心中多少還是有些疑慮，而且總覺得地下礦泉不是拿來泡澡的嗎？怎麼就直接喝了呢？因此除非濾過或真的要渴歪了，才會冒險喝上一口。

晚上九點時，好姊妹帶我去一個真正秘境，就是當地最大的水療院。如上所述，匈牙利的地下礦泉之豐富，讓全國擁有兩百多座水療中心，泡澡似乎不是古羅馬人的專利，這個國家的人才是真正懂得運用地下資源的佼佼者，如同臺灣豐富的溫泉般，健康舒壓又殺時間。這樣的水療院很猛，從早上六點就開門了，果然連老人的作息都照顧到，最厲害的是，晚上九點到午夜是特價時段，只要花新臺幣三百多元，就可以進去泡到爽，划算到不行。看官們可別以為裡頭就是一個大眾泡泡池泡完就離開了，匈牙利的這些水療中心多半是富麗堂皇的建築，所有空間都是大挑高，就如同本宮的朋友所形容的「每棟建築都像鬼屋」，空間感十足，室內都以暖色的黃光照明，不似亞洲很多地方使用太過明亮不具美感的白光。水療池分好幾間，有個池在水池中央還可以下棋呢！重頭戲就是不同的池有好幾種SPA泡泡，另外還有烤箱和三溫暖，裡頭還有完善的淋浴間與吹風機，令人放鬆的泡泡舒緩完還可以一氣呵成洗頭洗澡，步行到姊妹家五分鐘左右，一沾到床就可以倒頭睡了，實在是人間天堂啊！只能說二零一四年也太享受及養身，在伊斯基亞泡完海底熱泉後，還可以在匈牙利續攤泡SPA，真是人生要不要那麼享受！

隔天由於好姊妹要上班，就自己在市中心晃晃。趁著週間，便跑到銀行換匈牙利福林，沒錯，匈牙利用的不是歐元，是比臺幣還小的福林。至於為什麼要在銀行換匯呢？因為根據本宮的經驗，在銀行換的匯率絕對比街上的換匯窗口划算而且沒有隱藏的手續費，雖然當時身上只帶了國際駕照而沒有帶護照，但好在銀行人員很好並不計較，還是讓本宮換了些當地貨幣。為什麼不帶護照在身上呢？因為護照就像是在國外的護身符，能不帶就不帶，掉了可是很麻煩的，凡事都要計算風險，身上更要隨時備好護照影本放在不同行李箱與包包裡，大頭照兩吋一吋的更要洗個好幾張以備不時之需，這就是職業旅人該做好的專業準備。

在市中心逛完後，便回到好姊妹家去「探班」。好姊妹的工作就是利用家裡的客廳開一個私人補習班，小朋友的父母們送去那裡學英文，好姐妹備有四個各種不同顏色的坐墊，學生們就這麼隨意地席地而坐玩遊戲學英文。結束後，只見每個學生都開心地被父母接回家，好姊妹又安排了行程帶我去瑜伽中心上課。只見偌大的教室鋪滿了瑜珈墊，雖然聽不懂匈牙利文但跟著做就對了，當地人很會製造氣氛，整間教室都是柔和的黃光，相當讓人放鬆。

結束後，重頭戲就來了！好姊妹引頸期待的酒節終於在大教堂前開始！一抵達後只見廣場已經滿滿是人，每間小木屋都打開了窗，有著各式的熱食、酒和甜點。就說匈牙利肉多，最後本宮點了一大條香腸與馬鈴薯，最厲害的甜點就是匈牙利國民美食煙囪捲（kürtóskalács），有著各式口味，上頭灑著糖，另外可以選擇最著名的肉桂或是老少咸宜的巧克力口味。本宮一吃之後就上癮了，簡直就是最好的下酒食物，熱騰騰的我撕一條你扒一口，好吃極了！

不會喝酒的本宮到了匈牙利又找到了另外一個天堂口。由於酒對本宮來說就是因為不甜且味道重，實在無法好好享受，但好姊妹特別介紹了匈牙利特產—貴腐酒。對於酒知識非常貧乏的老娘，一試喝不得了！立馬成了本宮心中的愛！好姊妹選到的酒攤居然就是匈牙利產貴腐酒的故鄉—Tokaj。先說說什麼是貴腐酒吧！這種酒就是讓葡萄被貴腐菌滲透，菌絲就像是吸血鬼一樣把葡萄的甜度給榨乾，葡萄皮上的小孔讓裡頭的水分有更多機會蒸發，最後就生產出了這種甜度極高的貴腐滲透酒。當然啦，上面這種原理老娘自己寫完了都沒看懂，總而言之，記得這種酒可是價格高昂的酒種喔！為什麼貴呢？看官就想像你在打遊戲時，難度越高失敗度就越高，另外越難練的寶物就可以賣越多錢，道理相同，貴腐酒講求天時地利人和，天時必須分批採收且釀造過程長，地利必須潮濕但又要乾燥，人和必須分辨貴腐菌與灰黴菌。

本宮何其有幸，喝到了貴腐酒的老祖宗Tokaj產的酒。這個地方產的酒到底有什麼厲害的呢？路易十四曾盛讚為王者之酒，俄國沙皇還一路運到聖彼得堡，作品浮士德中更稱為生命之泉，果然是配合本宮的王后身份啊！貴腐酒呈現的是琥珀色，酒單上可以選擇甜度，單位是puttonyo，也就是筐。一代表裡頭有一筐的貴腐葡萄，越多就越甜，老娘只喝到三就已經很甜了。價格上一小杯三筐才臺幣六十元，六筐也只要一百四十元。若是買一瓶，三筐合臺幣三百元，六筐才七百元，便宜到爆。意外發現本宮心頭愛，只能說驚喜無所不在！

之後的一天依然走著悠哉的路線，到處逛逛走走吃吃喝喝，舍給的街道相當平整乾淨，暖色調的主色以及總是可以看到的彩色花圃，無論是多雲或晴天，都讓人有種輕鬆愜意的溫暖之感。傍晚再陪好姊妹的學生英文對話，讓她們有機會可以和真正的「外國人」練習口說。對於這個從來沒造訪過的國度，老娘只能說匈牙利真是一個幸福的國度，有吃有喝還走養生路線，不使用歐元一切都這麼物超所值，實在令人驚豔！當然啦這一切的點評都還沒把國民所得算進去，但看了平均國民所得與臺灣也差不多，可是吃喝玩樂上的CP值在這第三大城市中卻是如此平易近人，簡直就是天堂。

時間過得很快，在這四天當中，本宮其實也沒閒著，還記得嗎？在抵達巴黎之前，還得尋找下一個目的地。忽然想起在義大利認識的同班同學瑞士人告知歡迎我隨時去她蘇黎世的家造訪，於是便聯絡起來了。雖然小時候去過瑞士，但有印象的只有鐵力士山，長大後一直避免再踏上那個昂貴的國度一方面是因為去過了，二方面是因為知道一旦踏上這條不歸路，白花花的銀子可是以重力加速度在撒出去的。但因為由蒂絲姊妹一個人在市中心有著自己的小公寓，說我可以睡在她的客廳沙發上，一查交通路線，居然有夜宿火車可以從布達佩斯到蘇黎世，實在是令人喜出望外。由於時間接駁的關係，因此必須在布達佩斯待一晚再搭隔天的夜宿火車到蘇黎世。這樣也好，去過一個國家，沒花時間在首都造訪一下也說不過去。因此就訂了離火車站最近的青年旅館，好讓行李方便搬運。

Budapest-Keleti - Zürich Hb
Departure: EN BUDAPEST-KELETI 20/09 19:10
Price: 28,480 Ft (89 €)

由蒂絲說我到達的日子很恰好，因為週末她不用上班，所以可以招呼我，雖然到達蘇黎世的時間是早上七點二十分，但因為她家離火車站坐輕軌只要十分鐘，因此她說會來火車站接我，只能說本宮怎麼如此幸運！擁有這些認識不久但卻願意誠摯以待的好朋友！這次買的夜宿火車是比起第一次從米蘭到巴黎較好的車廂，一樣是二等艙但稱為 sleeping car。由於買的時間距離出發只有幾天，因此價格當然也較貴，可是總車程十二個小時就當作付了一夜的住宿費加半天的交通費，合算起來也不高。

最後一天被匈牙利好姊妹開車送到火車站後，終於可以看看白天的匈牙利火車窗外景色，再度前往首都布達佩斯。抵達布達佩斯後從火車站步行至青年旅館，一找到大門，後腦中又浮現友人形容的「每棟房子都挑高地像鬼屋」，不禁莞爾，推開高挑的大門，有一座偌大的中庭，進到旅社之後，不同於英國一般生硬的宿舍感，裡頭全是用木頭搭建的室內裝潢，由於真的太過「挑高」，一間寢室中居然還可以上至小閣樓，樓上樓下床位任你挑。樓下正中央還有一個大木桌椅及檯燈和幾張椅子可供房客使用，洗手間也在同一間寢室，木頭地板上鋪了一大張深紅色地毯，不同牆壁間還有一兩條木竿上頭掛著空衣架，提供房客掛上自己的衣物，牆角掛著可愛的稻草人偶，整體的佈置讓人很是驚喜，睡一晚才合臺幣三百五十元，實在是物超所值。

觀賞完自己的旅社後，便輕裝前往市中心參觀。當在時間有限的情況下，要如何挑選景點呢？很簡單，只要向旅館拿一張地圖，看看主要河流在哪裡，能登高的點在哪裡，往上一爬，就可以將整座城市一覽無遺。如果時間許可，再俯瞰查一下令你最好奇的幾個大地標，選一個地方去即可。由於匈牙利實在是一個突如其來的驚喜，因此身上沒有帶半本該國旅遊書的老娘也就隨意在地圖上圈選，計畫好路線便前往。另外有一種令年輕旅人最常使用的網站上，裡頭載著各種票選出來第一名的景點與餐廳，因此時間有限的情況下，上個網就可以決定目的地，人類對於科技的應用，實在是一種高智慧的展現。

貫穿布達佩斯的河流叫做多瑙河。啊！多麼舉世聞名的一條河啊！就是彈鋼琴的學子都要會彈的一首曲子「藍色多瑙河」，終於有機會一窺其貌。布達佩斯的名字來自位於多瑙河西岸的布達與東岸的佩斯合併而成，該說是雙聯市嗎？乍聽之下還以為是在開玩笑呢！不禁想起小時候節目綜藝萬花筒中的各說各話，猜成語沉魚落雁的由來，其中檳榔姐妹花說就是一個美女叫沉魚，一位叫落雁，所以以後形容美女就叫沉魚落雁。小朋友可別亂記，這當然不是真的典故，所以看到布達佩斯的命名由來也就以為是個玩笑了！

在一旁的丘陵登高，鳥瞰多瑙河與布達佩斯，到了一處又見匈牙利人擅長裝飾的花圃，充滿了粉紅與白色的花，在多雲的九月天，增添了暖色調，有種擺脫陰鬱之感。走著走著忽然遇到了一群華人團，聽口音是大陸來的。忽然聽到一位照相的大姊對著一旁的小弟說道：「給我把嘴咧開牙齒露出來笑咧！」就不禁莞爾，大陸人的幽默貴在用字超級直接生動。一路上遇到這群華人團也算是造福本宮，因為請華人照相又快又好，夕陽忽然衝出雲群，黃紅的暖色打在對岸的建築上，才把布達佩斯給好好看清楚起來，此時請一位華人姊姊幫忙照相，她直說：「你照起來特好看，我給你多拍幾張！」就這樣獲得好幾張美照，出門在外，同文同種，加上這群可能來自東北的大陸團的爺們個性，對照老娘的阿莎力就是歡快！終於用極慢的速度把丘陵走完，看到了一個有軌纜車便花了一點錢一路坐到平地去，既省時又省力。一看這個纜車的建材，又是木頭！裡頭的裝潢也是木製，真的有種到哪都身在小木屋的感覺。就好像小時候夏令營只要一聽到住小木屋，就要興奮地又叫又跳，因為終於可以不用住在水泥蓋的生硬房子中。水泥總是讓本宮想起一部電影「敢愛就來」（Jeux d'enfants），看過或沒看過的把電影整部看完就會懂老娘在說什麼。

正所謂就地取材，在匈牙利看到木製裝潢就好像在義大利到處都看得到大理石一樣，這個國家的國土總面積是臺灣的二點五倍，森林總面積卻還比臺灣略遜一籌（少八萬公頃），但人工林總面積卻是臺灣的三倍。人工林是什麼意思呢？就是木材生產的來源，由於臺灣近幾十年來環保當道，因此雖然森林面積廣大，但木材來源卻都靠進口，是否房子的建造也因此不以木材為主不得而知。

說實在的，若要比較河景與橋景，布達佩斯是沒有布拉格漂亮的，較巴黎更是相去甚遠，但每座城市都有自己的特色，只是本宮地方去多了，總免不了比較一下。但無論如何，沒去過的地方都還是相當新鮮，能夠漫遊仍是相當令人享受的。

青年旅館的櫃檯推薦了一間餐廳，看著地圖一路走到了那裡，終於可以在一天走逛之後好好祭祭五臟廟。餐廳的色調以橘灰色為主，很有一種低調摩登之感。本宮點了一個很像牛腩的玩意配上通心粉，另外一個很像是酥皮濃湯但酥皮上鋪上滿滿的起司。整體而言，都不出色，肉柴，通心粉也煮不過老義，對於湯點也沒有印象了，可見多麼一般。所以說沒事還是別亂聽推薦的好，因為大部分的推薦還是會以與店家認識與否來介紹，且是較能以英語與觀光客溝通的店家，因此最好還是邊走邊逛累了，看到哪間店人多就進去，成功率會因此來得高些。這一餐吃下來不便宜，也許是首都的關係，又或許是裝潢的因素，總而言之完全比不上在舍給的任何一餐。

坐了地鐵回到旅社後，就開始研究隔日要走訪的行程。此時忽然瞄到地圖上推薦的幾個大溫泉，光是推薦的就有三個，其中一座看照片上的富麗堂皇程度，就覺得不可錯過。要知道走過一條路很容易，但要回顧及尋找一連串的邏輯卻是困難重重。本宮依稀記得若要去這個布達佩斯最大的浴場，必須要一大早去，但看了火車時刻表，偏偏就是晚間七點多，到底是在急什麼要把自己搞得如此疲憊？所以說我們在做許多事的時候就是要留給未來的自己一些線索，否則把頭想破了都不知道為什麼。最後回顧了與好姊妹的對話，就可以看出一連串的心路歷程。原來是因為那間青年旅館早上十一點就要退房，為了要保留泡完澡後還可以有充裕時間換裝以及整理行李，因此打算大浴場六點門一開就待三個小時，最後再衝回旅社洗澡換裝以及退房。但窮旅人就是這樣，在舍給每天只花三歐元就可以泡三小時，加上步行即可以抵達的水療中心，在布達佩斯卻需要花十八歐元的門票，還為趕退房不能待一整天，坐十五分鐘的地鐵，又要凌晨五點起床幾乎等於沒睡。內心戲實在太多，於是拉哩拉雜的寫給好姊妹詢問建議，但最後因為覺得這是匈牙利的一大特色，能泡溫泉就別錯過，把握人生所有能泡澡的時光，於是儘管好姊妹認為可以在河畔好好享用午餐，但有鑒於前一天的餐點實在令人大失所望，決定把一樣的價格花在其他國家可能都沒有的大浴場上。因為照片實在太過誘人，即便去過英國巴斯參觀過羅馬人的大澡堂，但那也只能參觀也不能泡啊！最後決定好好享受人生，該花錢的就是要花，凡走過必留下痕跡。

人生中只要你有那麼想要，沒有什麼達不到的。一想到下次來布達佩斯不知道為何時，所花的交通費一定也不便宜，就算睡再少憑著一股意志力也就在五點起床了。一大早抵達 Széchenyi gyógyfürdő 大浴場，入口已有一些人。天空因為雲層的關係灰濛濛，但帶了一絲朝陽的粉紅色，一進入浴場，偌大的戶外空間果然與照片一樣，黃色系的建築在大池子的兩旁，相當富麗堂皇。早上六點，全浴場的觀光客大概就只有老娘，其他都是匈牙利人。先把戶外室內都瀏覽了一番，室內也是有種埃及艷后級般的華麗澡堂，好幾根希臘式柱圍繞著澡堂，看著就覺得奢華。

室內逛完一圈把東西寄放好後，便帶著相機到戶外池。由於室外實在太過享受，根本不想擠到「狹窄」空間的室內（其實室內一點也不狹窄，但戶外空間感實在浩大）。清晨的布達佩斯大澡堂，幾乎沒有半個人影，只有一位老爺爺。熱水的溫度在戶外蒸氣直入空中，自己進到澡池都有種貴妃泡澡的雍容華貴之感，若把一旁的花瓣丟入池中，真的就是王后浴了！此情此景不可錯過，硬是凹了一旁老爺替本宮拍照留念，想著等會兒再逮幾個人幫忙拍照。

一大早在池子裡躺著，不會過熱的三十八度水溫，在清晨的冷空氣之下有著多一度太多，少一度太少的完美溫度。之後忽然來了一個女人，似乎也是自己來玩的，於是便請她再幫忙拍幾張照，豈料被老娘操過頭伸縮鏡頭有點不聽使喚的相機，在女人按下快門時忽然靜止不動了。我急著拿過來看，蝦密！居然沒電了！本宮深知，這個牌子的相機，說沒電，就沒電，完全沒的妥協，過去的相機沒電還可以再撐個一兩張，現在的科技就是連讓你「盧」一下的餘地都沒有，相當可恨。如此這般，老娘的貴妃入浴紀錄片算是毀了。兩張珍貴的清晨照，就是唯二的珍寶，到後頭，觀光客紛紛出現，大家在本宮的澡堂裡搔首弄姿留下多張照片，本宮只能蹬鼻子上臉地看大家在本宮的場子裡喧騰歡鬧，本宮只能氣自己，怨不得其他人。

這座大浴場的戶外池有三座，另外一個池子水溫三十三度，在九點多太陽冒出頭來時比較適合，因為漸漸感受得到空氣中的溫度上升。另外還有一座冒險池，水溫二十七度，有著一個漩渦式水流區，大家進到裡面就會被漩渦帶著繞圈，相當有趣。此外還有一些水療設備，這座一九一三年建的大浴場，算是經過精心規劃與設計。

十點多終於在依依不捨的情緒下離開戶外浴池回到室內更衣，打開自己的小手提包，忽然摸到了一個突起物，於是打開暗袋，蝦密！居然是老娘的相機備用電池！把電池拿出來做更換再開機，又是一道晴天霹靂，居然是一顆充飽的電池！為此老娘下了人生最無奈的註解：人生最慘的事，不是你帶了相機結果沒電，而是你帶了備用電池卻沒有發現！人生就是這樣，不如意十之九點九。也許是因為比預計時間已經多待了一些時間，所以沒有想到再回到浴場照相，就怕把退房的時間給耽擱了。

貴妃出浴後，回到了旅館拿取行李辦退房並把行李寄放在櫃檯。走出來後，好好地觀察了一下那棟大樓。也許不是所有的建築結構都是如此，但匈牙利的天井與西班牙及義大利有所不同。所謂的天井，就是在大樓中間留一塊從一樓到天空的一個方形空地，有時候是自己一棟大樓擁有一個天井，有時候是和隔壁棟建築留有空地，有些天井可以設置排水系統，具有排水功能。至於最久以前從羅馬人開始流傳下來的真正目的就不得而知了。雖然歐洲沒有冷到需要家家都裝設冷氣，但在有冷氣的地方從街道上看不到冷氣機，多半就是藏在天井了，這樣也使得市容美麗許多。更大的天井甚至可以擺放各家各戶的水塔以及發電機，總而言之那些醜的見不得人的機器都藏在大大小小的天井中，因此走在歐洲的美麗街道上就不會看到那些沒有統一的機器敗露其外。有些天井夠通風也是家家戶戶晾衣服的所在，所以就算有小型對外陽臺的當地人，也不會把衣服晾在對外街道破壞景觀，最多就是擺著國旗或帶有政治立場的旗幟，又或者在佳節期間掛上燈飾，再多就是放一些美麗的盆栽，不太會有把私人物品曝露其外的舉動。如果有的話，不負責任地說可以盡量猜測該戶應居住著外國人，有些西班牙地區甚至有法律規定若在對外街道的陽臺上晾衣服或棉被破壞市容，是要吃罰單的。當然不是所有的歐洲建築都適用，像西班牙某些街道與社區，或者義大利拿坡里，還是有著自己的曬衣景觀。在匈牙利的那棟建築中，天井有著不同於西班牙的走廊，也就是你可以在正方形的走道上到達各家各戶的門口。如果常在臺灣萬華活動的人應該會發現一個奇景，就是一座天橋可以連通到一棟建築物的民宅門前，等於是你住在那裡上了天橋就可以不用下樓了，而該社區中也有著類似天井的設置。

這棟建築物亦如同其他歐洲樓房一般，整棟建築物的欄杆與門都是同一花樣與材質，窗櫺也是統一顏色，如果有損壞了，也不會有人自行更換其他顏色「不合群」，所以整體感才會在眼簾中如此出色且講究，這種與亞洲高興換什麼門就換什麼門，抑或與那些大型集合住宅選用廉價且不美觀的材質與顏色天差地別。所以一座城市的規劃與法規真的要嚴格編制與執行，因為這對居住品質以及心情有著舉足輕重的影響。

退房後又到市中心逛逛，買了明信片並且寄出。在歐洲不同的國家走訪，去過的人就知道買明信片通常都很容易，要寄出就不是想像中的簡單了。首先，要上哪買郵票就是一個問題。平日還可以大喇喇地走到郵局排個長長人龍購買，但假日呢？在義大利很方便，只要看到菸草店，就可以買到大眾工具交通票以及郵票，所以假日不成問題。其二，買明信片一張可能不用一歐元，但郵寄費，尤其是跨洲的可能會是將近明信片價格的三倍。一次在威尼斯要寫一堆感謝函給眾多友人（詳情請見第一次班機取消篇），最後因為郵票太貴且都已經要回到英國倫敦了，老娘人到了可能明信片都還沒寄到，因此乾脆把寫好的明信片自行投到同學們的宿舍信箱中。眼尖的友人泰德還說怎麼沒有貼郵票就寄到了，本宮神不知鬼不覺的計謀沒有得逞，被戳破時笑得花枝亂綻，實在是太搞笑了，自己被自己逗到。

至於郵寄費的價格到底怎麼計算的呢？雖說同一個國家照理來講郵寄費應該要相同，但老娘沒有去做比較，只是覺得每次在義大利一個鳥不生蛋的地方或是一座小島，聽到的郵寄費都高得嚇人，索性一次把所有明信片帶到巴黎統一寄出，所以朋友們就常常收到明信片上的照片在甲國，老娘簽名註記在乙國，但郵票貼的卻是丙國的混搭風。

午餐吃了路邊攤的匈牙利烤餅。簡而言之就是一張很像是我們炸過的蔥油餅但沒有蔥，蓬蓬的餅上塗了酸奶，接著灑滿切達起司，視口味熱呼呼的一客不超過三歐元，只能說路邊的東西都好好吃，在大城市裡一個人的遊走特別容易省錢且解饑。酒足飯飽之後到處逛逛，匈牙利的加值稅比例雖然比其他歐洲國家高，但連鎖品牌整體而言的價格換算下來卻是差不多的。就在到處晃晃應該要打道回府之際時，忽然心生一念，最令人懷念且容易到手的匈牙利特產是什麼，就是當時在舍給吃的煙囪捲！好了，人生就是這樣，一旦有這樣的念頭，本宮就非得到不可。於是在街上忽然想到經過的煙囪捲攤，急忙認路跑過去，不得了！怎麼剛剛還空無一人現在卻大排長龍了。於是在那裡又是心跳一百八十的七上八下之旅。怎麼老娘每次算好充裕時間，但都會在最後關頭匆匆忙忙呢？也許這就是本宮的命！

所謂有志者，事竟成。邊排的時候就邊想著等等要衝回旅店的路線。一將熱騰騰兩百九十福林（合新台幣三十元）的煙囪捲拿到手，就開始頭也不回地穿過假日摩肩擦踵的人叢，連吃都來不及就得急急忙忙回到旅社拿取行李。好在住的地方離火車站只有四百五十公尺，還提早抵達看到了自己的過夜火車。

仔細看了一下電子看板，上頭載著車號與七點十分的出發時間，但內行人看門道，外行人看熱鬧，雖然不懂匈牙利語，但根據本宮多年旅遊經驗，一眼就看出示意圖上的不對勁。沒錯！這班火車會分裂！這輛火車到了一個點後，就會嘟嘟嘟地自己裂解，一大截往瑞士蘇黎世，另外一大截開往奧地利維也納。重點是示意圖上不是寫維也納的英文喔！所以有看沒有懂，總之不要在火車上亂竄，到時被分裂到哪裡都不知道。

一走進車廂，哇賽！簡直有種從當年米蘭巴黎線大升等之感。只見本宮的車廂裡僅有三張床，比起過去的六張床擁有相當大的空間，行李可以恣意地擺放而不用壯漢幫忙抬到最高頂到天花板。在車廂內還有洗手檯可以漱口洗臉。內部還備有毛巾、盥洗用具與礦泉水和塑膠杯。與一般夜宿火車一樣，變形金剛還不到晚上前就是一排三個的座椅，等到大家要睡了就來大變身，椅子就會變成三張床。內部頂端還有幾個衣架可以放置外套，最頂端還有一個高架以及梯子可以擺放佔空間的行李。和老娘同一間的是兩位歐洲女人，這次沒有壯漢且行李重達三十公斤，就別麻煩抬到最頂端了吧！

老娘一如既往地選擇了中間的床，這個位子看似最不討喜，但對於常常忘東忘西，又要一直進進出出的老娘最適合不過了。因為不用爬到最上面，但也不用彎腰在最下面，中間床剛好就是最不腰疼且拿東西最方便的高度。十二個小時的車程一點也不長，早上起床後居然看見列車員送早餐，有著熱騰騰的咖啡可以喝。早晨六點多再次將床金剛大變身之後，三個「一夜房客」就安安靜靜地享用早餐，看著窗外美麗的風景，伴著火車與軌道地碰撞聲，有種再安詳不過的寧靜感。

所以說雖然花的價格是第一次夜宿火車的將近三倍，但一切都舒適許多。人長大了，就讓自己的一切也默默升等，但可別一次升得太高，正所謂由儉入奢易，由奢入儉難，到達山頂就只能下山了，人生不要一次就到達巔峰才好，留得青山在，不怕沒柴燒。廢話一大堆，一個人的旅行就是這樣，內心戲很多，彷佛一生都可以在大陸橫店演個沒完似的。

火車緩緩入站，結束了匈牙利的驚喜之旅，好日子結束，一下子就進入了另外一個驚人的昂過國度－瑞士。

保險這玩意就是當你出事了特別顯得彌足珍貴（義大利、英國）

看完了「什麼！我的廉價航空被取消了」篇後，大氣終於可以喘一下的看倌們，這還沒完，像打了一場越戰後，可別忘了自己的自身權益保險理賠。

所謂的旅行綜合險，就是包含旅遊平安險和不便險。所謂的平安險，就是當身體出事了，看病啦意外啦要理賠的管做平安險；那些和人身無關的，班機取消啦、行李遺失啦，就在不便險的管轄範圍。保險的意義就在於眾人一起分擔風險，出事時集合眾人的保費拿去幫助需要被幫助的人，簡稱：遇到衰事的人。所以別說買保險沒用到白花錢什麼的，沒用到就當作行善，幫助其他人也是美事一樁。

買保險有一個準則，就像買機票一樣，看的是出發地。因此你在哪裡出發，就得在哪個國家買保險，就像機票的計價日期，是以出發地為準一般。當年因為居住在倫敦，又因為拿到了多次進出申根國的簽證且本宮又有嗜旅遊重症，因此決定買一種一年多次旅遊綜合險。當時因為身份的關係，只有郵局的旅遊險可以接受學生身份購買，一年約花費四十多英鎊。但買了之後只要不從事滑雪活動，且一次出去不要超過三十天的話，就可以自由進出申根國而不用每次出去都買保險啦！

看完了那段悲慘的廉航取消故事後，一回到倫敦就把所有民宿、改了八百萬次的機票（一張破爛紙張）、各種消費收據、班機取消證明都貼好，並且用表格條列好所有項目後，寄到理賠的地址去。

原來郵局的旅遊綜合險是外包給一家保險公司，沒想到過沒幾天居然就迅速收到一封信。信裡頭寫著旅遊不便險不負擔各種吃喝玩樂的消費，但班機被取消，頭一個八小時賠二十鎊，之後每十二個小時賠二十鎊。由於老娘被滯留兩天，所以就以前述的方法計算金額，另外加上民宿以及火車票費，總共拿到了一張一百九十五英鎊的即期支票，隔天立馬就可以存到銀行了。這間保險公司效率之高以及理賠阿莎力的態度，讓本宮甚為驚喜。雖然說獲得一百九十五鎊的賠償，但其實換算下來兩天四十八小時的折騰，一點也不划算，所以說保險就是拿來做點金錢補償而已，精神上的消耗一點兒也無法被彌補。

本宮再一次壯烈的取消班機經驗在翡冷翠，只記得那凜冽的冬天，大雪紛飛，紛飛的是倫敦，不是翡冷翠。當時買的仍然是一年多次的保險，由於上述的保險理賠甚為愉快，因此想要再次買同一家保險，要知道保費不是重點，重點是理賠的容易與否，否則買了保險下來還被各般理由阻撓，一定會氣。小心駛得萬年船，寫信去問，沒想到郵局外包的保險公司給換了，因此買不到當年的阿莎力公司，發現那間公司的保險也沒有管道可以直接購買，因此只好上網重新比較。

在倫敦這個保險金融重鎮，隨著網路科技的發達，各種比價網林立。網路就有好幾種比較各家保險公司內容的網站，一家家去看，比較保費以及理賠金額，最後終於選定一家購買一年期旅遊綜合險。一年更便宜三十多鎊就搞定。像本宮這種逢凶化吉、遇難呈祥、化險為夷的命，就一定會先遇到困難才會有吉兆，所以保險對老娘來說簡直就是人類最偉大的發明之一。果不其然，義大利一遇到我就想盡辦法要留住本宮，翡冷翠又是一個兩天的折難之旅，日拋摘了又戴，戴了又脫，就是在一座美麗城市文明的克難，實在是好浪漫！

終於回到倫敦，踩著快要融化的冰雪，雖然那時還沒出動畫「冰雪奇緣」，但「let it go」的精神已然存在。照舊依樣畫葫蘆沿用前次的方式申請理賠，不料卻收到保險公司回信須填妥理賠表格，真是麻煩至極。本宮預料著那時冬天應該有大量的理賠案件，保險公司案子應接不暇，能多耗點時間都好。填完囉哩叭唆的表格後，保險公司終於在一個星期後把案件審核下來。不出所料，少付點的保費理賠內容就是比較嚴苛。這次的理賠是以每十二個小時計算十五英磅，因此被滯留兩天也就按此比例計算。看過翡冷翠班機被取消篇的看倌們都知道，好在老娘是在那天航空公司班機機械故障無法調度的情況下被取消班機，因此第一晚被安排到四星級飯店 novotel 入住，還像樣地有三道菜的晚餐以及喝不完的紅酒可享用，第二個晚上就因為倫敦大雪紛飛無法降落，航空公司語帶強硬地說因為這是天災所致，若隔天再飛不走，航空公司是不會負擔飯店與晚餐費用的。幸好最後一天轉了一大圈硬是飛走了，否則那些飯店費用要向付這麼便宜保費的保險公司申請理賠，恐怕也是困難重重。最終雖然理賠下來，但因為老娘當時已在工作，因為班機被取消少賺了兩天薪水，可說是真正地得不償失。但有總比沒有好，少少的補償也是一個安慰。

就說義大利是老娘這輩子無法擺脫的情人，之後的一次取消班機只能說是傳奇，看過薩萊諾班機取消篇的看倌們都知道，最後淪落到一座小島，再起飛時已是九天後。這次的承保公司位於臺灣，想當然爾是因為從臺灣出發的關係。三個月的保費姑且不論，理賠起來才真是曠世傳奇。

由於老娘自己就是老娘的業務員，因此把單據搜集好後，找好理賠地址就把資料寄過去。由於班機取消證明與機票不是西班牙文就是義大利文，所以最後還接到了一通「私人號碼」來電，原來是理賠人員。理賠人員問道：「所以你被滯留了九天？」我回：「是啊！廉價航空的班機不密集，能夠有的選項非常有限，因為只允許選擇與當時機票價值一樣的班機。」本宮甚至說道若需要更多相關證明可以提供。電話那頭聽起來像有著宅男潛質的理賠人員說不用麻煩了，一段簡短的對話就結束了。不到一個星期，本宮就收到了每二十四小時理賠臺幣一千五百元的支票，最後若看官有興趣就自己算算有多少錢吧！這還沒有加上老娘當時在小島和羅馬多住了八個晚上的住宿費，因為當時沒想太多居然把收據給丟了。不過本宮甚是歡喜，因為內務府，噢不！是本宮的東家能夠如此阿莎力地理賠，還怕沒有忠誠客戶嗎？理賠最怕百般刁難、狗屁倒灶，所以說旅遊綜合險固然重要，能有一家賺錢的保險公司在你真正衰到時，還能不計較地給予事後的安慰才是至關重要。

總而言之，出門在外，不怕一萬，只怕萬一。買好保險以及搜集好單據，都是身為一個職業旅人的另外一種附加基本技能。

歷史悠久之城鎮的最大地標就是教堂（比利時）

宗教是一個有趣的發明。暫且擺脫那些文謅謅的學術用語，這種發明基本上就是為人類脆弱的心靈與不如意的生活之下所設的一種救贖。我不是無神論者，在我心中有一個沒有形體的老天爺，祂沒有名字，不會說話，但會給徵兆，你要好好去讀它，讀懂了你的人生就有轉機了，因為老天爺眷顧每一個人，如果你的人生註定要從磨鍊中學習，祂不會從天上掉下白花花的銀子給你，因為一切都要有努力才有收穫。但即便再理性的人，都需要這些無形宗教的鼓勵，因為我們對於未知的東西感到恐懼，對於不可預測的未來深覺惶恐，所以需要心靈的慰藉。

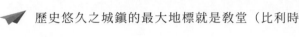

歐洲的教堂就像是臺灣的廟宇一樣，每一座城市或小鎮都會有一座主要的教堂，而在戰爭時這些地方比較能成為倖存之地，因為就連殺人無數的領導與官兵，也都需要為他們的所作所為找個地方與神明懺悔。接下來要說的故事其實與教堂和廟宇本質或藝術沒有太大的關係，主要講的是地標。一座歷史悠久、最大、最主要的教堂通常位於市中心或鎮中心，無論圓頂、尖頂，通常都是雄偉易見的，因此當迷路時只要往天際一望，大概就可以朝著那個地方前進重返熟悉的市中心。

在倫敦居住時常一日遊，看官猜猜看最遠當天來回到哪裡呢？本宮去到過另一座國度—比利時的布魯日。有一部電影有著黑色幽默相當有趣，原文名叫做 In Bruges，全片幾乎都是在布魯日拍攝，這也是我在還沒去之前有的初步印象。那麼要如何當天來回比利時呢？要知道英國本身就是一座島，與歐洲大陸隔著多佛海峽遙遙相望，坐海底火車歐洲之星往來巴黎只需要兩個小時，然而，往來布魯日最好的方式就是開車到英國多佛港讓車子上渡輪抵達法國的加萊港約一個半小時，接著繼續開車前往北邊的比利時位於海岸不遠處的布魯日。早上八點從倫敦市中心出發，約下午一點踏到布魯日的土地。娘娘當時是參加當地旅遊團一日來回的。船公司有許多間，旅行團選的是Sea France。船上有坐的地方還可以購物。

在比利時北邊講荷蘭語，南方說法國話，因此很多地名都同時有兩種語言的名稱。布魯日為橋樑之意，有超過五十座跨越運河，當地可以看到許多中世紀的景象，有露天博物館之稱。由於去時正值冬天十二月十八日，接近聖誕節，因此鎮中心有耶誕市集可以走走逛逛。當時向英國友人提到要去布魯日，他警告我說冬天去北歐很冷要做好保暖，本宮心想比利時哪裡是北歐呢，北歐就五國，比利時不就是在法國北邊嗎？冷不到哪裡去吧！結果一下車，立刻領略到了北國的寒勁。

只見市中心白雪茫茫，河上結著一片一片的冰，美不勝收。領隊先帶我們到市中心走一圈，但積雪太厚，只記得確實過了不少的小橋，穿來覆去，最後看到一座尖尖的教堂聖母院。此教堂高一百二十二公尺，是磚造的塔樓，西元十三世紀所建，看到塔尖以及尖旁一塊塊的突起物就可以確定是哥德式建築啦！但由於經過多次改建，因此還混雜了其他風格。

晃了一圈之後，最後領隊把我們帶到了市場廣場，這座廣場有一座令人矚目的高聳鐘樓，可是聯合國所列世界遺產喔！鐘樓建於西元一千三百年，若要登頂共三百六十六階階梯，算是布魯日的大地標。這時看官們可能看了標題問到最大地標不是教堂嗎？好比翡冷翠的百花大教堂，雖然旁邊蓋了一座很高的鐘樓，但大夥兒還是認定巨大圓頂的教堂為主要地標。嗯，原則上是這樣沒錯，所以等等的故事發展就會在這個問題下衍生出來。

由於當時接近聖誕節慶，一座座的攤販在廣場上展開來，領隊在介紹完一圈後就讓大夥兒自由活動，約好幾點鐘在市場廣場的鐘樓前集合。在歐洲大陸的耶誕市集除了可以發現當地特產外，最容易看到的就是巧克力，不只在以巧克力與啤酒聞名的比利時有，到了義大利的波羅尼亞聖誕市集也一樣看得到許多朱古力攤。

本宮的旅遊途中「食」的哲學，就是到甚麼地方就吃源自於當地或當地著名或擅長的食物，所以到英國不會吃可頌麵包，到西班牙不會吃鬆餅，到法國不會吃冰淇淋，到義大利不會吃可麗餅，到比利時不會吃海鮮飯。那麼一人孤身在比利時於有限的時間內要吃些甚麼呢？答案就是比利時鬆餅（Waffles 威化餅）。在冷颼颼的天氣中路邊一臺餐車一個鬆餅約一至二歐元就可以吃到，不用任何調味或楓糖，Q彈有嚼勁，不似畫虎不成反類犬的軟趴趴鬆餅，完全性的展現「祖國」的威力。

不要看比利時小小一個國家，總面積比臺灣還要小，可是聞名世界的美食還真不少。向來以高品質著稱的巧克力店鋪可是充斥在布魯日，如果嫌包裝太過精美價格高昂就去耶誕市集秤重品嘗即可，若真不愛就到超市裡頭購買比利時的盒裝巧克力過過乾癮也行。另外啤酒更不在話下啦！到世界任一城市的一間酒吧喝酒，該酒吧若以比利時啤酒做招牌，就可以讓愛新鮮的看官們品嘗到各種口味的啤酒。比利時的啤酒平均產量世界第一，超過八百種品牌，口味多到數不清，娘娘最愛的就是草莓啤酒，可是得小心別大口暢飲到無所節制，酒精濃度可是比一般啤酒高呢！度數約落在百分之五到九不等。

就這樣逛呀逛的，一路上還可以看到穿著傳統服飾的人，以及有可愛配件的馬車遊行。耶誕節確實是西方人的熱鬧節慶啊！進到許多店裡逛時，還會看到大家在進店前的地毯上磨蹭鞋底才入內，就知道有教養的北國人是避免把融雪帶進店中，當然我也有樣學樣，總而言之入境隨俗是很重要的，讓別人也對咱們的教養感到滿意，消除因為種族不同而產生的成見與藩籬。

光陰似箭，一兩個小時的自由活動時間很快就過去了，白雪也在溫度漸漸攀升下開始融化，於是本宮便準備起身回到集合地點。在沒有地圖與智慧型手機的情況下，向天際一望，簡單，就往那地標去。於是娘娘穿越數座小橋，跨越運河，來到了高聳的教堂前。但……等等……怎麼沒有熱鬧的市場廣場呢？此時才發現不對，怎麼來到了聖母院！眼見只剩十分鐘就要到集合時間，娘娘開始拔起腿來邊看天空找尋另一座高塔，邊在聖母院附近的小橋流水中迷路。走過的路都是導遊已經帶過一遍的，但越往鎮中心走，越走不快也跑不起來，因為娘娘穿的是底沒有止滑的長統靴，鎮中心道路上的雪已融化成冰，當真滑到每走一步就差點跌倒，險象環生。好不容易再往天空一尋，約莫看到了鐘樓的蹤影，原來聖母院的頂是尖，鐘樓的頂是方，看準目標再瞄了瞄錶，已經超過集合時間了！那時當真是心急如焚，可又沒練就滑冰，在兼顧安全第一的情況下，又不能拔腿狂奔。人群中穿梭來穿梭去，卻又繞到了鐘樓的後頭，趕緊換一面最終跑到了集合地，只見大夥兒向我的方向一指說「她來了！」。天哪！此時再冷靜的導遊都指了指錶，原來我已遲到十分鐘，一群人可是要趕船呢！

一陣氣喘吁吁與頻頻道歉之後，只能說自己實在太過幸運，不敢想像要是大家沒有等老娘該要怎麼回到倫敦是好。只能怪自己太過自信，說甚麼向天際一望，結果望到了兩組地標。這就告訴我們，嗯，教堂確實為主要地標但不是絕對，而在充滿小橋的城市中也要格外小心，否則就好像老娘另外一次在威尼斯迷路一樣，簡直就是鬼打牆，沒有網路就只能靠腎上腺硬撐。

最後抵達到了港口上船，晚上風來浪去，居然在這樣大的渡輪中，我和同車的友人都暈船了，最後終於安抵倫敦。一個漫長又有趣的北國之旅就這樣結束了。

番外篇──國內旅遊依然要保旅行平安險（臺灣）

多年自助旅遊，除了自己有保險證照的原因了解旅行平安險的重要性外，一般人可能不會想到國內旅遊也是需要有這樣的保險。大家一般會想到在國內已有健康保險，且是自己生長的地方，風土人文語言不是問題，反而因此疏忽了，其實國內旅遊天數不多保險金額不高的話，新臺幣幾十塊到兩百元不等就可以搞定了。

由於姐除了保險證照外，還有領隊、導遊執照，而在一次帶團到臺東時，心想著還是保個險吧！東海岸的風光總是旖旎，住在臺東火車站附近的民宿，臺東地廣人稀就是豪氣，新火車站距離市中心約有六公里，一棟棟透天民宿比鄰而居。每天只睡六小時，十幾小時醒著待命，一日好不容易偷得一個客人們要睡午覺的空檔，趕緊飛車回去民宿也進行補眠，空空如也的民宿，主人也不在，居然多了一隻貓。貓咪身上的虎紋著實好看，頸子上還有一個紅項圈，就在我逗弄牠一陣照了幾張相後，就去補眠了。起來後執勤，司機大哥忽然說貓咪跑到他房間的陽臺，他不敢抓貓，時間緊迫，出門再說。出門後看到貓咪在陽臺上可憐地喵喵叫，出於無奈也只能先去工作。

搞定客人後，回到民宿，行俠仗義的我衝到陽臺要把貓咪抱出來，由於一層樓的房外面積太小，為免擔心貓咪再度跑到房間去，於是抱著牠想說要帶到一樓，不料才下兩層階梯，就被貓兒深爪往我大腿裡刺了兩個洞脫逃，我一時疼痛鬆手，雖然身穿長牛仔褲，但該牛仔褲質地綿軟質料極薄，趕緊衝回自己的房間脫褲子一瞧，哎唷不得了！兩個細如針孔的洞正湛著血，拿著乾淨衛生紙壓著過後，想想不對，於是將貓咪的照片傳給民宿主人，問是否是他回來把貓留在民宿了。不到五分鐘，民宿主人將一張可愛狗的照片給我，說他只有狗兒子。此時換老娘緊張了，在領隊訓練的疾病意外課程中的狂犬病忽然飄向腦海。記得小學的時候不知道是課本還是宣導墊板上有一張極為駭人的漫畫，描述的就是一位男子得到了狂犬病，開始發瘋表現得像狗一樣，特別地興奮又相當地恐懼。想到這個無藥可醫致死率百分之百的疾病讓老娘開始急了，民宿主人說會幫我問問是不是附近哪個鄰居的貓跑錯房子了。我趕緊下樓又再看了看貓，不得了糟了個糕！原來牠頸子上的紅色項圈早已脫線，只是因為顏色鮮艷所以一開始沒有特別注意，加上斑紋美麗，且沒有親眼看到牠溜進來，便以為是家貓。同時之間民宿主人又傳了一通訊息來，說這隻貓不屬於任何一個鄰居的，就讓我更加確定了牠是隻棄貓。我和民宿主人說我得趕緊去醫院，還好他是當地人且很有常識，和我說只有署立醫院才有狂犬病疫苗，其他的私立大醫院都是沒有針劑的。想想在新火車站附近到處都是荒涼一片，每次出門總是看到成群的街貓街狗，這下我了解了，真的是被棄貓誤闖。趕緊上網查詢了緊急處理措施，於是跑到浴室用肥皂清水沖洗傷口，保命要緊！但心裡也不自覺地想著如果真的就這樣去了，那也是上天注定，只能認了。此時趕緊把司機大叔吵醒，請他載我去署立醫院打針，畢竟我也是因為他不敢抓貓，行俠仗義之下才出此意外，大家就互相犧牲睡眠時間幫個忙吧！

司機大叔人很好地把我載到了醫院，雖是初診掛號要花些時間填資料，但還好這個中型的醫院沒什麼人，所以只等了一個號碼就進到診間順利就診。我和醫生說我被野貓抓了刺了兩個洞要打疫苗，醫生說這兩年是沒有聽到有狂犬病的案例，但還是可以為我施打。拿了大大一張紙給我，蝦密！居然一個月內要打五針！第零天、第四天、第七天……這也就意味著我在出勤時，每到要打針的那一天就要抽空跑到醫院打針，真是一天工作十五小時還嫌不夠似的……搜集好診斷證明與收據正本後，向醫院多要了另外四份，醫院非常老練地說要我自己去門口對街的影印店影印後再拿回來蓋章。從掛號、就診、打針、結帳、印收據、蓋章，三十分鐘搞定，以這樣的效率看來，不是臺東人太過健康，要不就是病人都擠去私立大醫院了。正要出門口時，看到我手上的那張針劑時程表，仔細一看，第零天、第三天、第七天……按邏輯看，第零天若是打針的那天，那麼第三天也就是我們平常習慣上所稱的第四天了，但護士在上面寫的日期卻是把打針的那天當作第一天，因此後面所有的日期都往前了一天。凡事講求邏輯的老娘再度折回診間詢問醫師，菜鳥醫師看了一下就叫書寫的護士出來，護士一副氣勢洶洶地跟我說我們日期都是這樣算的，不信妳可以去問急診室幫妳打針的護士，她也是這樣算的。我冷靜地回她：「我就是想確認一下，你們確定沒錯就好。」隨後離開了醫院。

司機大叔過沒多久來接我，在車上向我道歉說遲了些，說剛剛發生了些事。我問怎麼了，他說剛剛出門在民宿附近的道路上沒有紅綠燈，忽然有一臺機車衝出來就相撞倒地了，幸好司機大叔開車一直很小心速度也不快，請警察來做筆錄後就急忙把騎機車的青少年送去附近私立大醫院。沒想到不到半小時的光景就發生了這麼多事，老娘當下決定立刻前往臺東最大的廟宇—天后宮拜拜祈福。怎麼會這麼剛好發生了這麼多事？還在執勤的我們實在不適合再發生任何意外啊！幸好發生這些事的期間，客人都沒有剛好要用車，所以我們就在豔陽高照下前往了天后宮虔誠地祈福，希望神明們保佑之後一切順利。拜完沒多久後，接到一通電話，居然是醫院打來的，說希望我當下回去醫院一趟。我問什麼事？還不等對方回答，老娘就問是不是日期算錯了？電話上對方不好意思地說對，我向她說我沒必要特地回醫院一趟，我們在電話上一起對照後面四次針劑的日期，老娘自己用手改就好了，就這樣所有的日期向後推了一天。實在是有驚無險，這種藥效牽扯施打日期，可不是你們醫院可以承擔的啊！早一天施打可能就會影響整體藥效！所以說做任何事情都要自己親自看過、審查過、用邏輯思考過，可以相信專業，但專業也會出錯的。自己要為自己的生命負責。

至於為什麼針劑單上這麼奇怪，要把施打第一針當作第零天呢？由於此針劑是國外藥廠所生產，雖然不知真實原因，但其實去過歐洲的人或許都觀察過，通常一樓他們會稱為 GROUND FLOOR，電梯裡會寫G或寫0。一樓才是我們的二樓。至於在西班牙就更加複雜了，古老建築還有 ENTRESUELO，PRINCIPAL，真正的一樓已經是我們所稱的四樓了。所以針劑可能也是用此邏輯，施打的那天算作第零天，就像小孩剛出生西洋算法的實歲我們也不會稱作一歲而是幾個月。如果把對生活上觀察的邏輯仔細對比推敲，就不難理解了。

到了第四天正值週末，幸好施打針劑的都是急診室，熟門熟路下不到半小時搞定，由於自己帶的團可能隨時都會結束，所以也不確定第三劑能否在臺東施打。一想到臺北醫院總是人滿為患，默默祈禱希望能在臺東待久一點把第三針打完。爾後的幾天，總是在進出民宿後搜尋是否有把我抓傷棄貓的身影，由於網路資訊說是否患有狂犬病，便觀察那隻動物是否二十天後還活著，若還活著就代表沒事，但我想著我執勤的時間也無法撐到二十天後，且那隻貓也再也不見蹤影了。

第三劑最後順利地在臺東施打，終於要打道回府北上了。在還沒有施打第四針之前，老娘先打電話到衛生署詢問此疫苗的資訊問哪幾間醫院有施打，衛生署說臺北僅有四間大醫院有疫苗，並熱心地告訴我各家醫院負責電話和分機。冰雪聰明的本宮不被告知則已，一被告知整個反應快如閃電，一看分機號碼有五碼的臺大醫院就知道不在那家醫院等個一小時以上是不可能看到醫生的，況且還曾有在該急診室折騰兩小時才被處理過的慘痛經驗，實在無需自討苦吃。總而言之選一間分機號碼數字最少的醫院就沒錯，剩下兩間醫院挑，上網掛診看看哪間醫院曾有自己的病歷，只要不是初診，很快就可以網路掛號，最後就挑選出來勝出的醫院了，當稱快狠準。臺北不愧是臺北，多申請一份診斷證明和收據硬是比臺東貴一倍價格，醫藥費也是貴一倍，但為了能夠讓旅行平安險理賠，所以多要點正本收據不打緊的。

一個月就這麼過去了，也安然地打完了五針，希望棄貓還活著，大家也不要隨意逗弄任何種類的野生動物，因為不知狂犬病何時會發生，一個不小心可是要命的。但往好處想，體內現有十年狂犬病抗體，實在是好棒棒！正所謂塞翁失馬焉知非福，不經一事不長一智，還是謝謝自己領隊訓練時有專心聽課，才能在緊急時刻不鬆懈地做正確處理。所以多累積知識與常識絕對沒有錯的，與此同時，更要用嚴謹的邏輯去判斷大小事喔！

趕跨國火車靠的不是意志力，靠的是腎上腺素（義大利、法國）

在歐洲這塊大陸，由於國家多，各國土地面積不大，火車線綿密，所以很容易產生跨國火車的路線。雖然方便，但畢竟跨國這件事關係了不同國家的火車經營，因此只要跨國，通常都還是得在國與國的邊界轉火車或是稍作暫停，若是要跨三國火車想要當天抵達，不是無法辦到就是太過辛苦。如果轉接站的景點有看頭，確實是值得停留一晚。

由於老娘鍾情於南歐，需要將西班牙和義大利串連起來，最好的方式就是經過法國，而從靴子島到伊比利半島最好也最快的方式就是經過法國南部，也就是著名的蔚藍海岸。第一次這樣走就是從義大利熱那亞出發到尼斯，最後再從尼斯到西班牙巴賽隆納。

西元二零一三年，從義大利維若納搭火車出發到法國尼斯，必須先經義大利大站米蘭，再到義大利邊境的反提咪雅火車站，最後再轉搭跨國火車到法國尼斯。下午一點零二分從維若納火車站出發的火車並不算早，時間可算是綽綽有餘，這段火車車廂頗為寬敞，一排總共只有三個座位，中間有一個比一般火車還要寬的走道，如此就可以把行李放在自己身邊好好照看了。

火車開了開，怎麼就在一段路上停擺了。當火車還沒到站卻停駛時，絕對會令人焦躁，因為前不著天，後不著地，總不能開車門下車吧！火車一停就停了前前後後將近半小時，只見車長說前方有狀況，本來一個小時的車程終於在經過一個半小時抵達了米蘭車站。在米蘭火車站原有停留四十分鐘的轉車時間，卻因為火車延遲，最後匆匆忙忙趕緊上了轉接到義大利邊界的火車。從米蘭到反提咪雅火車站沒有想像中地快，車程總共超過四小時。車廂是一間間的包廂，包廂內總共有六個位子，老娘挑了一個裡面都沒人的車廂就坐了下來，拿起空氣枕一路睡到底。

恍恍惚惚之間被鬧鐘吵醒，稍微整飾一下，醒醒眼，就提著行李往門口走去。走到門口後，只見時間已經到了，火車卻還在緩緩入站，入站後車門卻又不趕緊打開……之所以會這麼令人緊張的原因就在於在反提咪雅僅有十分鐘的轉月台時間，接駁的火車若沒坐到，當天就沒有任何火車跨國到法蘭西了。反提咪雅這種小地方，可能也沒有便宜的青年旅店，心裡只想著最壞打算就是得造訪那座可能鳥不生蛋的邊境小鎮了。

老娘早已待命在門口準備衝刺。當然不只我，一旁其他的旅客也卡在門口準備衝衝衝，顯然這些旅客都是要坐跨國火車到法國。雖然不知道轉車的月臺號碼，但看到有人作伴，跟著人群走準沒錯。火車門好不容易嗶嗶響後一打開，大家就開始往轉乘月臺衝刺。可怕的是，大部分歐洲的又小又老火車站是決計沒有電梯的。本宮可是有著三十公斤的大行李，一路往下拖都還不是一個問題，但問題來了，下到中間地下道後，只見一條長長的樓梯往上到自己要轉車的月臺。有看過好漢坡嗎？就是團隊三三兩兩上面大手接小手，而在那個轉火車的緊張瞬間，三三兩兩一起搬行李上去，有些男人一鼓作氣提著托運行李衝上去。老娘在四小時未進食且才剛拖了三十公斤行李下樓梯的情況下早已力氣耗盡，深呼一口氣，開始一階階樓梯往上爬。

一個三十公斤的大行李就像是一個小房子一樣，此時人體最重要的好夥伴上場，就是那激發力氣的腎上腺素，早已墊後的老娘一路還真的就這麼成功登頂，眼見火車就在自己眼前，往火車上去的兩個階梯，老娘卻怎麼也無法把行李抬上去。只見整個車廂充滿了旅客，車門是一個雙開的閘門，閘門前有著頗大的空間，站著一個個剛剛才氣喘如牛當下卻老神在在的一家人。老娘搬了兩三次都上不了火車的短階梯，心裡咒罵著那些乘客為何呆若木雞地看著我卻不伸隻手出來幫忙，終於在失敗三次後，一位爸爸走向我搭了把手，順利把行李抬上車廂內。還好車門還沒關……

事後想了想，那位爸爸和其他乘客可能也是看傻了眼，想說這麼短的兩階階梯怎麼就搬不上去了。天知道老娘當時至少五小時未進食，本來計劃在米蘭車站吃點東西的計畫被第一班列車延遲半小時打壞，那時早已氣力耗盡，尤其是看到自己的班車尚未關門，腎上腺素在那秒鐘完全使不上來，就是一種前面看不到盡頭所以衝衝衝，結果一看到安全了，卻再也提不起勁的一種概念。

過度肌肉僵硬與脈搏加速不是在學生時代體育課時才有的專利，那種百米衝刺的心跳實在太過逼人。火車門最後在老娘終於安全達陣過了一分鐘後慢慢關閉了，看起來轉乘旅客全數過關，老娘雖然身為最後一名，但也是及格，不用在反提咪雅過一夜了。坐了將近一小時的火車，最終抵達法國尼斯。

這橫越三國火車的行程，加轉車時間耗時七個鐘頭，總計將近五十九歐元，在維若納沒有自己城市機場的情況下，絕對物超所值。火車緩緩進入尼斯後，一趟驚濤駭浪的旅程終於在抵達後放鬆喘息。

Train：Intercity 742 date 29/09/2012
Departure：Genova Piazza Principe (time：12:55);
Arrival：Ventimiglia (time：15:07)
86038 samedi 29 septembre
Vintimille 15h47
Nice Riquier 16h30
6.7 Euros

其實這是第二次搭這條路線的跨國火車，一二年從熱那亞出發沿著里古里雅海岸一路到反提咪雅是一條輕鬆又直接的路線，兩個多小時就可以抵達並轉乘至法國的火車。若早點訂購火車票，價格不到十歐元就可以獲得，可以說是一條相當便利的跨國火車路線。但若行李太多太重的人，絕對要備好足夠的腎上腺素，否則火車一旦延遲，要不就備好經濟實力，要不就有心理準備來個大衝刺。

被移民群聚的地方總是掀起當國人的恐懼（法國）

馬賽這個地方，還未見其地就聞其聲名狼藉、惡名昭彰。一般來說，老娘去啥地方都不會想太多。從倫敦一人去闖義大利和希臘，自己也獨自闖過巴塞隆納，一些來自臺灣友人的叮嚀提醒我其實並不放在心上，出門在外本就該小心，又不是去第三世界或是戰亂國家，我去的可是歐洲，這些我們都稱為已開發國家到底有啥可怕？賊哪裡沒有？我在臺灣就掉過好幾次包包，但在歐洲半次也沒有。但馬賽這地方可說有些絕了，連法國人都千叮嚀萬囑咐地提醒我那裡對法國人而言不是法國，是第三世界。法國第三大城市，卻是北非這些外來人的聚集地，連她們都吃過悶虧。這下好了，所謂三人成虎，原來不怕的都有點擔心了，我思量著如何好好全身而退。

照例訂了火車站附近的的青年旅社，原因很簡單，行李不用拉遠，又可以利用火車站商圈，佔盡地利之便。人們常說，歐洲火車站附近人種最是複雜，治安最是不佳，可對我來說，最方便的地方就是最危險的地方，最危險的地方就是最安全的地方。原因為何？很簡單！一人出門在外，最怕的是什麼？就是沒有人。沒有人就算在治安再好的地方，要是遇上壞人，兩人把你拖著都不見半個路人經過。火車站附近什麼不多，商店和人最多，有人的地方就是安全的地方，上百隻眼睛幫著你看，要我說，要出事至少還有人可以拔刀相助。言歸正傳，當我迢迢千里從巴塞隆納坐火車到馬賽後，一下車拖著我的沉重行李居然遇到電扶梯給我停止使用，就這樣一格格搬著我的行李下樓梯，向來不似英國人愛幫助人的法國人，居然一位法國小妹仗義主動幫我一起抬，讓老娘都要感動地噴出淚來。

出站後，看著手中青年旅館的說明，很簡單，距離火車站步行五分鐘就到。照著上頭的指示，其實也看不太懂，我看看左邊，又看看右邊，最後照著自己的直覺向左走。拖著行李到達一個大廣場，看到一位當地人便拿著地圖詢問。這位不懂英文的路人將我的地圖左轉了一圈，然後又右轉了一圈，我用我的破法文和他琢磨了一番，猜測就在廣場眼前那條向下坡的路。確定方向後，我再仔細看看這個廣場，我的老天爺，這可是十八層般的地獄啊！

瞧瞧我提著二十八公斤的行李下這少說百層階梯下了多久，好不容易以每五秒走一階的龜速下完整座樓梯，途中來去的一些當地人可是連瞄都不瞄我一眼，不似在倫敦西裝筆挺的英國紳士，也沒有如在巴黎地鐵一位穿超細高跟鞋的白領幫我一起提，更沒有像火車上來自波爾多的高大老兄替我抬行李。好不容易走下去又問了路人識不識路，拖了好大一個下坡，發現自己居然走錯，最後又用牛拉車的方式將二十八公斤的行李拉上坡。這下好了，經驗告訴我別再盲目詢問路人，問當地人咖實在。因此，我不畏在店前面抽菸的阿拉大鬍子，他傲慢地向前一指，歐買尬，果然是地頭蛇靠譜，要知道在歐洲就連一條狗屎巷都有自己的名字，可不像臺灣有巷有弄找到大路就好找，因此一定要那一區的人才會知道所有小路名。這下我傻眼了，原來是在火車站的另一頭有斜坡可將行李一路滑下來還真的只要五分鐘，我這樣汗流浹背還特地在火車站旁訂了旅社到底是為了啥……在住這家青年旅社之前，就已看過網站上旅客的評論，說這家缺點是沒有電梯，因此特別寫信千叮嚀萬囑咐希望拿到一樓或二樓的房間。

抵達之後，櫃檯的法國大妞說不好意思因為安排的關係沒有幫我留低樓層的房間，因此要爬到二樓（相當於臺灣的三樓）……果然是屋漏偏逢連夜雨啊！我正經地告訴這位大妞說一定請她或其他人幫我一起抬行李上去，要知道下樓容易上樓難，我可以下十八層地獄樓梯，但往上可是一階都使不上力。大妞請在客廳的客人幫她看管門鈴，有人來就開門，於是我們就在那狹小的階梯間跌跌撞撞我的行李，最終搬至了房間。早已在巴塞隆納受過搬運工訓練的我外加一場感冒掉了五公斤，這下褲頭可是鬆到了極致。

進到房間後，終於有種找這麼久一晚要價二十七歐的代價是值得了。四人一房，房間比起一般青年旅社寬大無比，攤開老娘的大行李都不擋路，還有自己的洗手間，洗去我消耗的油脂與汗水，煞是快活！就在此時房裡來了一位金髮男孩兒，皮膚極其白皙，一問之下原來是來自諾基亞王國的芬蘭，名叫埃斯柯。小埃年紀比我還大一些，卻有著一張娃娃臉。一頭金髮，聲音卻低沉。他說此趟歐洲之旅沒有計畫，隨性所至，到了一個城市才開始找青年旅館，暑假旺季在家家爆滿的情況下，找旅社找到凌晨一兩點才得以落腳。在西班牙遇到一群西班牙人的邀請，甚至一起到其中一人的別墅大玩特玩一星期，相較之下我這種怕拖著沉重行李找不到房，就算訂了房還迷路半天的玩法顯然刺激許多。我問他預計在馬賽待幾晚？他說不知道。如果我明天睜開眼有看到他，就代表他會再待一晚，若已不見，就是前往下一個城市了。這……我是到了縹緲峰見到天山童姥了嗎？既然他也是一個人，我立馬問他要不要一起去吃晚餐到外面走走，要知道雖然搬行李搬到頭暈，可法國人對馬賽的評價還是讓我腦筋清醒，小心為上，天黑後有個人伴著總是好。埃先生欣然應允，我們於是去超市隨意採買了水和隔日要吃的食物，便坐在廣場吃吃喝喝聊起天來。

埃先生說，他覺得他在這座城市很不自在，感覺大家都在看他。我暗自竊笑，心想一個大金髮，一個華人，兩個一看就不是在地人，當然引起當地「伊斯蘭教徒」們的注意啊！未免也太自作多情哈哈！在廣場邊吃邊聊，埃先生說他是工作請個長假，在歐洲買火車通行證就到處玩，自己已在赫爾辛基近郊買了一間房子，多出一個房間就租出去，實在是令我好生佩服。他說芬蘭大部分年輕人二十歲就搬出去住了，很多人都自己存錢買房子，因為每個月繳貸款的費用比在外面租房便宜，當然要拜北歐超強福利政策所賜。這讓我想起義大利人很多到了三十歲都還和爸媽一起住，衣服還要媽媽洗，出門在外總是和義大利人聚集在一起，時不時還要和媽媽視訊的文化差很多。吃著聊著，廣場上忽然一群年輕人吵了起來互相追逐，一位黑人大嬸擋在中間嚇阻勸架，此時埃先生又不安了起來，我勸他別擔心，我們與她們無利害關係又有點距離實在是不用杞人憂天。回到旅社後，我與埃先生先做一個道別，以防隔日一早飄走沒機會說再見。

隔日一早，起床後看到埃先生，他說他決定再住一晚，於是我們決定一起探索白天的馬賽。馬賽是法國也是地中海最大的商業港口，我們沿著道路走到港口旁看到一艘艘的船舶。即將進入九月的馬賽，晚上些許涼爽，白天卻還是艷陽高照。

馬賽不愧是法國與地中海最大的商業港口，從高俯瞰，整個港口滿滿都是船，連個空隙都很難找到。若是不聽前面那些莫名的警告，整座城市真的是相當美且開闊，尤其是夏日豔陽高照之時，卻沒有太過誇張的炎熱，隨意散步都可以看到大片的海面襯著這座古老的城市，相當愜意與迷人。整座城市最早可以回溯到古希臘人於西元前六百年為了做貿易港口因此興建。

在馬賽有一座軍事城堡於十七世紀路易十四時期建造，可以俯瞰整個舊港。一路上經過老娘朝思暮想的沙灘，一看之下卻非常迷你，整座城市以港口為主，沒有什麼特別如度假勝地的海灘。沙灘雖小，卻還是有排球網供大家活動娛樂。在海旁一路上看到許多大型飯店，飯店都在靠海的地方放上躺椅供客人曬日光浴，但這樣的設計客人卻無法下海，因為馬賽大部分的海岸海水波濤洶湧，就好像臺灣有很多看得到防波堤的地方浪潮很大，話說現在看到的消波塊形狀正是法國人發明的唷！

在馬賽遠望，有一座小小的碉堡在離岸的島上，原來是鼎鼎大名基督山恩仇記中的場景—伊芙堡。想像犯人們被關在海中的一座監獄裡，還真的很難越獄呢！雖然海能解除憂愁，但每天伴著浪聲想到就算能逃出去卻也游不到對岸上，恐怕也是日日絕望吧！

要前往馬賽聖母大教堂的路上並不難找，因為一個大大地標在高處，在哪幾乎都看得見。於是朝著大教堂的方向走，終於沿著山上小徑抵達時，發覺居然有一道鐵柵欄緊緊關著，沒想到不小心從後山上去了，上頭還寫著請勿攀爬的字樣。此時我和小埃，以及另外一對法國情侶傻在那裡，因為好不容易爬上去，又快要黃昏關門之時，居然被擋在門外。這時法國情侶不知道在嚷嚷什麼，居然就爬了鐵門穿越過去了。我和小埃一開始還有點不好意思，怕當了破壞規矩的觀光客，但既然自己國民都這麼做了，還猶豫什麼？咱們當然緊接著跟進。

爬進去的結果是對的，因為過沒多久教堂就要關門了。雖然只位於海拔一百六十二公尺之高，但爬上去也稍微花了些工夫。這座建於十九世紀的教堂倒也不能說大，為新拜占庭式，在歐洲來講算是一座相當新的建築。裡頭的守護聖母就相當於臺灣的媽祖喔！觀望海相，保佑大家渡船平安。教堂的鐘樓高六十公尺，頂端是聖母子的金色雕像，也因此幾乎從馬賽的每個角度都可以觀望到。雖然是一棟較新的建築，但也花了五年建造，其中還從義大利運了二十三船的大理石和斑岩，可見大理石盛產地還是以義大利為主，因義大利開採歷史悠久，技術先進，大理石出口量約佔世界總貿易量的一半，也因此到處可見義大利的建築以及樓梯都是以大理石為主要建材，相當堅固與華麗。

從教堂上幾乎可以三百六十度觀看馬賽全景，當太陽下沉時，剛好就落在海上。過沒多久教堂就要關門了，鐵門說拉就拉。結束後和小埃下「山」去附近小酌一番，其實白天的馬賽真的相當美麗與壯闊，值得一遊。晚上回去後，小埃照例和我先說聲再見，因為隔天他若想離開就會立刻啟程，老娘那時肯定還在賴床呼呼大睡呢！

幾年前忽然做了一個夢，夢到一座皇宮，似曾相識。起床後找相片卻遍尋不著，整個腦袋都要燒掉了都還是想不起到底是在哪座城市造訪的！照片都翻歪了還是苦找不到，就這樣苦思了四個小時。最後終於想到了，原來謎底就在馬賽。

話說隔天一早見小埃床都空了，就知道馬賽對他來說夠了。第一次要單槍匹馬出遊，不免還是覺得小心為上，因此就啥也不帶，所謂「啥」，就是不帶值錢的數位相機，也幾乎不帶半毛錢（就幾個銅板），最後只帶了「科技始終來自於人性」的諾基亞智障型手機就出門了。到達了前一天看到的迷你海灘，在上面曬了一陣，之後就前往在旅遊書上看到的皇宮。沒錯！就是這個讓本宮燒壞了腦袋！最後還是在智障型手機中找到極其小的照片，才驚覺原來那天沒有白過。

這座皇宮名叫龍夐宮，之所以會對它有印象就是因為當年正在整修，記得穿過中庭到達了另一座花園，此宮可說是具有相當規模，因此就算沒有停下腳步與其留影，在多年後依然在腦海中閃過。龍夐宮是在十九世紀時為紀念馬賽運河所建，前前後後花了三十年才建造完成，相比之下馬賽聖母殿花了五年的時間其實不算很久。

就這樣，消失的一天終於找到。最後一日沒有傻傻再上十八層階梯上天堂，而是從火車站的另外一頭順著滑道推上去，終於順利搭乘火車前往下一個目的地—巴黎。

英國的生活（英國）

在英國倫敦的學生生活，基本上就是繞著宿舍的廚房打轉。幸運的是當年被分發到新蓋的宿舍。在英國基本上不流行和其他人分房當室友，所以不太會有如同在臺灣念大學，卻還要和另外三個人分一個房間無自我空間的窘境。英國的宿舍基本上以四到六個人為一個大門並共用一間廚房，且大部分都是套房，擁有雖小但設備一應俱全的浴室，所以生活起來算是相當舒適。新的宿舍通常坪數較大，房間也許沒有很大，但廚房絕對是趴踢聖地。

地利之便的宿舍，讓窮學生只要買些酒，煮點東西，放點音樂，就可以開成一場趴踢。由於英國的房子通常都把所有的地方都加上一道門，也就是說廚房基本上也會有一扇門，一般家庭的客廳也會有門，讓每個廳房可以成為獨立的空間，因此還算是能夠阻隔點噪音。英國的宿舍主要先讓國際學生入住，再來是一年級學生，剩下的就沒那麼好運可以抽到宿舍了。由於宿舍既便宜，暖氣用到飽，一週還有一次的清潔工幫忙打掃廚房以及房間，對於總是以地毯為主的房間來說相當必要。這些物超所值的構成條件讓僧多粥少的宿舍成為搶手貨。

然而，最有趣卻也最不便利的點就在於消防演習。英國人注重火災與消防的程度遠遠超乎我們東方人的想像。大概每個月都會來一場令人措手不及的消防演習，抑或是整座連棟ㄇ字型的三棟宿舍一旦有人觸動警鈴，震耳欲聾的響鈴就會讓你根本不可能待在宿舍內，於是大伙兒就得趕緊下樓集中到宿舍中間的廣場。整個消防演習大約會維持二十到四十分鐘不等，不管你今天是在上大號，還是洗澡，只要消防演習慢點下樓了，就是五十鎊的罰款伺候。如果在房間偷用電熱水壺燒水，或是任何抽煙觸動警鈴，一樣逃不過罰款。最好笑的一次看到同學夏天居然戴著毛帽下樓，原來是洗頭洗到一半，沒辦法繼續洗完就匆匆變通搞了頂因為不合時宜而搞笑的帽子。

演習時，大家在廣場等待的時間，就可以真正看見所有宿舍的人出籠，平常神龍見首不見尾的，或根本沒有見過的，抑或是每天在窗戶看著對面鄰居一舉一動的，都會在冬季大冷天中見到他們的身影。整棟宿舍都是禁菸的狀態，因此一旦偷抽煙，或是偷偷動過警報器，都會被立刻趕出宿舍永不續租，對於國際學生來說後果可是相當嚴重，因為在外找房子麻煩至極，離校園也沒有宿舍近，考試或報告密集的期間，更無法在開到凌晨兩點的圖書館熬夜過後，在五分鐘內回到溫暖的臥房。

在英國，宿舍沒有所謂的門禁，更沒有檢查證件規定只有宿舍成員才能進入。相較之下，東方的女生宿舍可能就有相關限制，這也顯示了東西方文化的差異。若要做到真正平等，那麼就不應該有性別的差異。其實像英國這種把焦點放在防火安全上，也許才是學校對學生最大的責任以及教育意識的培養。

窮學生的生活，最便宜的過活方式就是煮飯。英國的宿舍若是夠新的話，廚房相對地較臺灣大，最省錢的方式就是和即將畢業的學長姐們用二手價購買鍋碗瓢盆，如此就不要再花費太多錢添購新的廚房用品。在大部分的歐洲國家無論大大小小的廚房通常都有四個爐子，因此和室友合用時也不會有搶爐的情況，更方便於要煮要燒分開兩爐的話，可以一次完成。但要注意的是，宿舍大部分都是使用電爐而非瓦斯，因此相當慢熱，光是要等爐熱就要五分鐘以上，因此若是沒有先去廚房預熱，燒起菜來其實具體花費的時間並沒有想像中地快。

有飲食習慣相同的房友最大的好處就是買起食物來很方便，因為超市賣的多半都是大份量，一個人囤積食物往往會有過期潰爛的情況，若什麼東西都放冷凍又有退冰的冗長過程，總之出國在外學生時代除非家財萬貫，否則一切都是能省則省，反正學生不是念書、煮飯、採買食物就是等洗衣烘衣，時間都耗在四者之上。

在學校住宿唯一的一個小缺點，就是當你要洗衣服時，必須拿到校園中的自助洗衣區，裡頭有洗衣機和烘乾機。一個洗程看你選擇的程式，時間大約會在半小時到兩小時不等，由於宿舍距離很近，因此通常很少會有學生在那裡苦苦等候，多半是回宿舍算好時間，再下樓來把衣服拿到烘衣機烘，然後再回宿舍休息一次。因此每次要洗衣服時，幾乎半天會耗在等待上。為什麼不能留一整天再來拿呢？本宮的拜把就遇到一個內衣怪盜，什麼衣服都不偷，拿了內衣就跑，剛好被好姊妹堵到，又叫又追的，沒想到窮學生的衣服也會被各種怪僻的人偷取，所以說時間算好了還是要早早下去拿，可別讓怪盜有機可乘。

買菜的話，英國大約有五間左右的大型連鎖超市品牌，基本上都不會離住的地方太遠，不需大老遠地開車跑到五公里以外的地方，約莫一到兩公里就會有一間中大型超市。在我們的超市外有一個南亞市場，我的巴基斯坦同學告訴我那是孟加拉市集，不是巴基斯坦也非印度。只能說，先生，孟加拉和巴基斯坦對本宮來說沒有差別就像很多人搞不清楚亞洲許多國家有啥分別一樣，在娘娘的學校記憶中，孟加拉就是雨量超豐沛很會淹水，但巴基斯坦和孟加拉都是伊斯蘭教國，只有印度是印度教，伊斯蘭教不吃豬，印度教不吃牛，我覺得沒去過南亞但還記得這個區別已經勝過很多人了，但要我分辨市場是哪個國家的就拜託饒了老娘唄！

那個市場規模頗大，就是沿著人行道一路擺著賣各種日用品以及蔬菜的攤子，大部分都是住在那裡的南亞人購買，還有一些店販賣南亞的傳統服裝與首飾，水果蔬菜也許還可以在市集購買，但肉類就還是得進超市了，畢竟大街上並沒有像臺灣的菜市場有溫體肉舖。

光是花在洗衣和買菜幾乎就要佔據整整一天，至於倫敦超市有什麼必買的東西呢？大家總會詢問一個國家的美食是什麼，英國這個被本宮封為舌殘的民族，基本上沒有任何值得拿出來說嘴的食物，炸魚薯條拜託別算在內，因為真的就是炸物，而且英國人還不懂得先醃先調味，在厚厚的一層麵皮下自己加醋加醬，大概吃五口就膩了。要說水果，英國的氣候也無法種植出什麼像樣的果類，在那裡能吃到好吃的水果往往是其他國家進口的，但有一個很棒的就是有許多無籽不用剝皮的黑葡萄或綠葡萄，品質好的話就相當省事且值得享用。但本宮還是要還英國人一個公道的，那就是小朋友最愛的草莓，更厲害的是本宮和好姐妹最愛的一個果醬牌子，該牌創始於一八八五年，一定要買草莓的口味，裡頭的草莓平均分佈在果醬中，不像國內的果醬裡頭放一整粒未切的草莓，其他部分就吃不到果粒。每天早上最開心的一件事，就是買英國一個超厲害的吐司牌子，放到烤箱大烤六片，抹著奶油和果醬吃，再搭配英式奶茶，在一年幾乎沒什麼天熱的氣候下，元氣滿滿，吃飽了才心滿意足地去上課。

英國倫敦還有一個優於其他國家的強項，就是中國城。倫敦的中國城在本宮二零零五年去的時候就為其規模所驚豔，因為這在很多其他歐洲城市是看不到的。倫敦中國城最厲害的就是在於它的位置，位於超級無敵市中心，精華地段中的精華，幾條街林立著大大小小的餐廳，光是中國超市就有四間。這都要拜過去移民所賜。早在十九世紀初期，就有一些華人在倫敦落戶，二次大戰之後，隨著香港廣東移民日增，老中使了最厲害的「頂」店鋪功力，慢慢就在現今倫敦中國城一帶佔據。一踏入中國城就可以看到最明顯的「倫敦華埠」題字，買各種中式食品與醬料去那裡準沒錯，餐廳的話以廣東菜佔大宗，這和西班牙主要以浙江人移民的結構不太一樣。所以別再覺得去到國外就一定可以吃到燒臘，但到倫敦是決計沒有問題的。

因此，無論是要買新鮮餃子皮、新鮮年糕，都可以在中國城找到。我之所以不稱它為唐人街，是因為倫敦的規模實在頗巨，不是一條街就可以結束的，附近的同志區與西區音樂劇，還有最主要的皮卡地里圓環和萊斯特廣場都在邊上，想想在這麼精華的地段有四五條街全由華人餐廳和商店佔據著，就覺得佩服過去的移民以及謝謝他們的奠定下來的基礎，完全為沒有美食的英國增添了一個美好的標記。

前頭說道英國人舌殘，原因就在於任何一個外國人到英國開店，他的廚藝不用在該國一等一，甚至在本宮眼裡是不盡合格的，但英國人依然會買單。可是華人料理就不一樣，由於倫敦中式料理選擇很多，相較之下頗為競爭，因此確實能夠吃到很不錯的中式料理，當然啦！若要和大陸本土的售價與廚藝相比，也許還是差上一大截，但比其歐洲其他國家的中式料理卻是有過之而無不及，最起碼能夠吃到叉燒、燒雞、燒鴨就要感激地涕淚縱橫。

以英國倫敦的物價，窮學生是沒有辦法天天上餐館的，因此煮飯就成為了很重要的一環。若想要解解嘴饞，包包餃子是一個很有趣且殺時間的料理。但英國肉類有一項缺點，就是不放血。不放血的肉類極其腥，甚至牛奶都會有種腥味，因此若想要吃不腥的肉，下重本用酒料理，或是乾脆去中國城超市內購買肉類，也許還有點救。包餃子最麻煩的一點不在包，而是剁菜，那種要把英國的硬高麗菜剁至細到不行卻又不能像嬰兒副食品的程度，剁完手大概也半殘廢。重點是蔬菜還要加鹽讓它出水，否則煮的時候餃子皮扒不住內餡。包的技巧也沒有和本宮的娘好好學學，雖然包了一大堆皺褶但一整盤水餃下來，一點也不飽滿，而且很多都煮破了，此時才知道有個會料理的媽，就有個只會吃不會做的女兒，實在是就算有新鮮餃子皮可買又如何，也許還不如買冷凍餃子來煮，一餐下來就當付學費，吃著皮肉分離的餃子皮和豬肉菜……

學校的旁邊有一條運河，這條說寬不寬的運河相當有趣，上頭總是有些天鵝悠哉地游著。一次半夜到在運河邊同學的宿舍，就當我們散步時，忽然看到一隻天鵝低空沿著運河飛行了超過五百公尺，過去老娘還以為天鵝不會飛。兩年後一次在海德公園坐在湖畔休息，沒想到天空上幾隻天鵝叫嚷，湖上的二十幾隻天鵝也一呼百應，接著驚人的景象發生了，一群天鵝繞著湖畔以順時鐘的方向盤旋後漸漸飛高，結果全部的天鵝就振翅飛走了，本來充滿著悠哉悠哉天鵝的湖畔頓時空了，只留下傻眼的老娘與旁邊長椅的幾個人。由於親眼所見兩次，才發現原來天鵝是會遷徙的，而且有些品種還可以飛行長達兩千到六千公里，實在驚人。

運河上最有趣的就是有以船為家的船民，矮小的平底船裡頭一應俱全，在過水時還要等水閘高低差，因此天氣好時坐在運河旁算是相當有趣，冬天時有幾天甚至會因為下雪而結冰，相當美麗。這條全長十三多公里的運河最後通到泰晤士河可是於十九世紀就建造了。

在倫敦生活絕對要計算的另外一大開支就是交通費。只要出門不是走路或騎腳踏車，保守估計一天以十鎊計算。原因在於倫敦的交通費可沒有轉乘優惠，因此公車收公車的、地鐵收地鐵的，只要沾到一區就算是市中心的邊，地鐵費用無論遠近單程大概約以兩鎊計算，若是尖峰時間，更可能一趟將近快要三鎊。若一天往返不同地方，看倌您說說是不是來個十鎊跑不掉。且倫敦幅員廣大，就算只在一區活動，但很多地方都是走不到的，因此當時老娘一到倫敦後，就開始為了節支限制自己與好姐妹的活動進出。老娘計算過後規定約莫九天才能去一次市中心遊玩或活動，一點三公里外走路將近要半小時的大型超市，硬是能走就不坐公車，一切都是為了省交通費。

當然啦，有時候總是要放放風出遠門，因此倫敦可以一日來回的景點就成為最佳遊憩地點。話說英國身為第一個有火車以及地鐵的國家，交通網絡密集到被稱為「有都市無鄉村」，其實沒有那麼誇張，鄉村還是很鄉村的，但火車基本上是可以抵達各大都市與村落，可以說是相當方便。倫敦一區，也就是超級市中心的火車站就有十座，這十座幾乎是不相通的，而是以火車站的位置輻射線擴散出去負責行走的方向與路線。比如說英國頗負盛名的巨石陣由於位在倫敦西南方及泰晤士河的南岸，於是就由滑鐵盧火車站的西南鐵路公司負責執掌該路線。火車站最有趣的地方反應了英國人的不安全感，但卻也給了旅客最大的安全感，因為只要進到火車站，一定會看到一樣的連鎖店，餐廳、超市、書店、美妝店……

念書期間忙裡偷閒是絕對必要的。雖然多年前有媒體報導過坐火車環英一圈花費的金額可能比環遊全世界的機票還要貴，但因為英國有一種十六到二十五歲全職學生的優惠鐵路卡，只要繳個便宜年費，每次坐火車都約可享有比全票少三分之一的價格，因此趁著年輕以及還有學生身份，得大力玩英國。雖然英國火車票昂貴，但準點率以及整潔和便利都狂碾他國。

和隨興的好姊妹來趟說走就走的一日行，選擇了位在索斯伯瑞的巨石陣，這個也不知道古人還是外星人堆疊的巨大石頭，真正的用途也是眾說紛紜，英國人就是這樣，很會把神秘感拿來行銷搞觀光，就像尼斯湖水怪一樣，可以各種研究報導，但拜託老娘真的沒有特別想知道，因為比起這些，老娘較驚訝古希臘人為什麼可以把柱子雕得如此精美巨大，然後還一根根巨柱搬到各國的山丘上，在高處堆疊上去建造成一座座神廟。

一般人逛一圈巨石陣約花二十分鐘，咱們硬是照相搞了多一倍的時間，到小鎮上順便看擁有最高塔尖的索斯伯瑞大教堂，塔尖直衝天際就達一百二十三公尺，這座建於十三世紀的大教堂就是典型的哥德式，總而言之若見尖到不行塔尖，就是此種風格啦！正所謂沒吃過豬也看過豬走路，在歐洲漂流多年，沒信教但看過的教堂絕對不下百座。

最後離開搭上晚班火車時，在火車站附近看到了一間中餐廳，夏天的英國晚上就可以涼颼颼，來盤炒飯正好。雖然知道香味過重，但也顧不得形象了，畢竟火車內沒規定不能吃東西。英國人在車廂裡連電話都不太講，整個車廂總是安靜的像K書中心，於是和好姐妹就靜靜地開始吃起來，走了一天來盤炒飯，簡直是人間美味。這讓本宮想起在阿格裡劍頭，於希臘神廟逛了半天，友人的涼鞋腰折兩半，拖著難以行走的步伐，居然看到一間華人開的巨型鞋子批發店，簡直就是荒郊野外的民族救星。所以說有華人的地方，就有種家的感覺。我們的血液裡經商以及極強的生存能力，到哪都一樣。

本宮最喜歡倫敦地鐵的一個地方就是，由於地鐵有太多條線，各線有個線的顏色，因此往往車廂內的欄杆會漆上與該線相同的顏色，因此在辨認度與視覺上都是一種相當活潑與容易辨識的標示。過去老娘唯一不滿的就是嗨麼史密斯線明明就是粉紅色，但欄杆卻總是漆成環狀線的黃色。要知道粉紅色是一個多麼和平的顏色，過去讀到美國多所監獄將監獄漆成粉紅色，其中一間似乎還逼犯人穿上粉色牢服，餐具也都是粉色的，最後獄中暴力案件大幅減少，出獄後的再犯率也跟著降低了，因為再暴力的人看到粉紅色都軟了。所以啦！老娘對於不讓粉色線合群地漆上粉色這點頗為遺憾。

說到搬家，這輩子都還沒打包搬箱的老娘第一次到海外定居，光是當年郵局可以海運的情況下，就自己大大小小包了二十三箱。由於海運實在便宜，郵局又在隔壁，因此每天想到什麼就包箱拿去寄直到踏出國門的前一天。至於箱子從何而來呢？根據本宮觀察，每天家裡附近的餐廳都有大量的紙箱要回收，於是跑去向餐廳要，紙箱也是很重的，每天拿幾個回家，又多了好幾個廢物利用的來源與機會。至於看官們一定想問，二十三箱到底是打包了什麼東西？基本上所有衣物、女性用品、眼鏡藥水與食鹽水、衛生紙、濕紙巾、你能想到的各種日用品，都被老娘打包了，一副要去什麼不文明國家似的，其實都是因為太過擔心英國物價太過高昂，因此能買就買，能包就包。事實證明到那邊真的有很多東西不用帶，因為大賣場的價格沒有比較高，衣服也常打折且有很多新潮的款式，實在沒必要把家鄉的東西通通搬過去。這種瘋狂的舉動其實不只老娘一人幹，自己的好姊妹就帶了將近一年的日拋隱形眼鏡，室友也帶了不知道幾打的隨身衛生紙，英國人要是看到咱們這樣不信任當地的東西，一定很無言。

在飛往英國的路上在香港約了幾個姊妹一起去遊玩，有一個好姊妹剛好當時在香港上班，於是我就揪了另外兩位一起去找她玩，跟著地頭蛇玩香港一定特別盡興。抵達機場時，行李超重到超過三十二公斤，短程的機票只能帶二十公斤，但幸好有兩個姊妹隨行，因此在大家一起秤重的情況下，就僥倖過關。正當要過安全檢查時，忽然發現護照怎麼不見了，我的老天爺，這時才想起來因為在掛行李時把其他物品放到別人的行李箱中，因而也順手把護照丟到託運行李中了。這麼烏龍的事居然要在出遠門時發生，還好咱們提早非常早到機場，當時沒什麼人時間又夠，因此跟著地勤跑去取已經掛好的行李，簽名後，又再重新託運。當時本宮的娘也在身邊，直呼太扯，而且由於行李太重的關係，還請母親把幾雙帶不了的靴子和一些剔除的物品帶回去。就這樣有驚無險的和好姐妹們開開心心地到了香港。

到了香港後，打開買到最新的堅若磐石牌筆記型電腦，找充電器找了半天，居然沒有其蹤影，才發現粗心大意的我把該充電器遺忘在臺灣了。幸好當時還在華語世界的香港，堅若磐石又是國際品牌，因此開始尋找與老娘筆電型號一樣的充電器。不料每天邊玩邊擔心的老娘，居然找不到一模一樣的伏特與瓦特數，原來是因為本宮用的型號是時下最新，尚未發表與販售到海外，又因為待在香港的天數太少，從臺灣根本來不及郵寄，因此就這麼抱著絕望的心放棄了尋找充電器的最後一絲希望，只能待到英國等家人的郵寄。

自從畢業旅行後，就沒有和好姐妹們好好出遊過夜，因此特別珍惜一起相處的日子。香港工作的姐妹家有兩間房間，其中一間雙人床一間單人床，但晚上不捨得分開的我們，四個人硬是要躺在一張雙人床上，像停屍間一般不能翻身，然後每晚聊天聊到睡著，實在是太難能可貴的機會，我的這群姐妹號稱是最隨和的組合，問一個意見全數安靜，提一個點子全數通過，簡直是最佳旅伴！

在要離開的前一個晚上，暫時拋諸腦後的行李問題再次浮上檯面不得不面對，於是好姊妹開始整理行李大作戰，只記得當時電視上還在直播溫布敦網球比賽，但我卻愁雲慘霧，因為那次從香港去英國雖然搭乘的維珍航空可以讓學生攜帶三十公斤行李，但去香港的時候就已經超過三十二公斤，好姐妹們因為要回臺灣因此行李額度不能分享，真正的麻煩才要開始。只見大家開始七手八腳的幫本宮整理行李，但其實也是一個無解，東西還是得通通帶走。隔天終於到了機場，另外兩位姊妹先行離開去搭飛機，留下我和在香港工作的姐妹在機場拚搏。沒有意外，地勤看到我那嚇人的行李公斤數就要我拿東西出來，我把行李通通塞到登機箱中，沒想到地勤居然還秤我的登機箱，於是老娘使出殺手鐧，把本來隨身的小包包換成一個巨型的手提包，把東西通通裝到那個手提包中，我說剩下的東西會委託朋友帶走，地勤還不放心地跟我說別把東西再偷裝回登機箱。友人臨走之前，我託她把東西幫我寄回臺灣，不料友人說她怎麼幫我寄那些東西，因為之後她好像也快要搬走了，有太多東西要處理，於是跟我說就偷偷把所有東西帶走。我硬著頭皮硬是把所有首飾這種超有重量的東西裝到登機箱中，少說應該有十七公斤，還不外加我的大包包。友人揮手向我道別後就離去，而真正冒冷汗之旅才正要開始。

要通過安檢門之前，不知為什麼當時香港機場人潮洶湧，在安檢門口居然站了一位地勤，看到我那巨大手提包，直說太大了不能又帶登機箱又帶這麼大的手提袋還外加一個大電腦包。我說剛剛掛行李的地勤特別允准的，於是帶著她回頭找幫我掛行李的地勤，總之在兵荒馬亂中最後怎麼結束因此而通過老娘也記不得了，只記得遇到地勤一找麻煩時，頭一回姐妹早已逃之夭夭不見人影，只能說飛毛腿程度由此可見一斑。

順利入關後，夢魘尚未結束，只記得當時掛行李的地勤語帶恐嚇說道登機門口還會再秤一次隨身行李，心頭一緊張，坐立不安的同時觀察四周圍，看到一位華人面孔但可能是ABC（美國出生長大的華人）身旁一件登機箱都沒有，心生一計，上前用英文搭訕問是否可以請她登機時幫忙拿一個行李，我上去後再接手，那位姊姊立馬回絕了我。想想也是，傳說中的偷渡毒品不就很類似嗎？更何況還是一位陌生人，懊悔之餘，也沒別的法子，只能惶惶不安地等待。

終於大排長龍的開始登機，仔細看登機門口並沒有行李秤，暫時鬆了一口氣，過登機門時也沒有被地勤刁難，於是往連接登機門與飛機門的通道走去。豈料走沒幾秒鐘，居然看到一旁有一個小桌子，還站了一位像是穿著警察保安制服的人要檢查行李，心裏想糟了個糕，他向我揮了揮手，請我把行李打開檢查。看來只是安全檢查，檢查完後他笑了笑指著行李箱對我說：「好牌子！」我愣道：「什麼好牌子？」安檢疑惑道：「這不是G牌嗎？」我才趕緊接道：「噢！這是我家人給我帶的，我並不認得是什麼名牌。」我的老天爺，由於實在太過心虛行李重量，當時已然六神無主，此時又來一個名牌仿冒大辨認，老娘壓根不認識那個品牌符號，而且根據使用那個登機箱的心得，絕對不是什麼正牌，至於那個登機箱從何而來，老娘不知道，也不想知道，只想趕緊登機便了。

最後終於上了飛機。維珍航空是本宮向來好奇的一家酷炫公司，裡頭都是以紅色系為主，各種飛機包也都相當具有巧思，但唯一的缺點就是當時搭乘的都是以身材大一號的西方人為主，可惜座位並沒有比較大，因此當大家要排隊下飛機時，覺得壓力相當大，因為感覺全體人員的身高與重量都快要讓飛機不堪負荷了，不似能在亞洲人般鑽來鑽去的方便，換來的是重重人牆。

終於安抵學校櫃檯後，坐在裡面靜靜等候校務處理前一個學生入住事宜，此時進來一位可愛的女生，她主動與我攀談，結果發現居然同是臺灣人，而且還念同一科系，未來根本就是同班。於是她主動提議我們互相陪伴放行李，因為一個人到一座沒有電梯的宿舍搬一大堆超重行李頗為吃力。只能說後來的日子真的要感謝這位後來成為最佳好姐妹的朋友主動搭訕我，因為本宮生性羞赧，從來不主動搭訕人的，從小到大的好姐妹都是對方主動先釋出善意，當然本宮也就霎時間卸下心防。

後面的日子就是兩人一起分食物、分用具，最大的重點就是，還記得那個無緣的筆記型電腦充電器嗎？在它尚未寄到之前，每天有做不完的報告的老娘，居然和這位好姊妹使用同樣品牌的筆記型電腦，而且充電器可相容。於是後面的日子就是姊妹先將其充滿電，拿下樓給我，我充滿後，再拿下樓給她，就這樣一整天寫個報告都要上上下下六次以上，只能說當作讓眼睛休息，也順便運動一下，但對好姐妹的感激之情不言可喻。最後充電器寄到時，海運也差不多一箱箱寄到了，原來漂洋過海一個月就可以漂到，簡直比有時候會出狀況的陸空或快捷還要靠譜。可惜現在郵局已經取消海運服務了，對於國際學生來說絕對是一大損失，但對於貢獻當地經濟來講卻是一大助益。

在英國求學的日子，如果唸的是研究所，幾乎全是國際學生，很難遇到一個英國人。如果真的遇到英國人了，可能也是其他民族移民過去的後裔，要碰到真正的盎格魯薩克遜人有點困難。原因是因為英國人上大學的機率就已經比臺灣小上許多，有受過技職教育的人就能在社會上有一技之長生存，賺的錢甚至有可能比起同齡上大學的同學還要多，也許六、七年內都難以被超越。英國大多數人比較可能做的選擇是到歐洲大陸學語文或實習工作，而不是攻讀碩士或博士。也就因為如此，連教授都充滿了德國、奧地利、俄國等其他來自各國的學術人士。所以在英國念一個研究所，雖然對於了解英國人一點幫助都沒有，但卻能夠開展世界觀，認識來自世界各地的人。

英國的學費對於來自各洲的人有著極大的差距。以一年的學費為例，英國籍學生一年只要繳兩三千鎊，歐洲籍學生五六千鎊，其他各洲的人卻要繳到一萬鎊以上。好在英國的大學幾乎都以公立為主，整個英國私立大學也才十間左右，否則若以學費支撐一所大學的財政存亡，不免會失去公立大學選擇學生的公信力。

在英國研究所做學問時，老娘一本教科書都沒買，因為英文教科書一本就要上千元臺幣，想著拿到學位以後也不會看了，讓向來喜歡買教科書的本宮乾脆一不做二不休，一本都不買。所以在學校就常常會見到老娘和好姊妹去圖書館扛書的景象，兩人各帶一只登機箱，一人把可以借的上限借完，房間就在隔壁的我們就互相交換念，兩個人加上最強後臺圖書館，簡直就可稱為三位一體了。

上課的景象，就是典型英國鋪地毯的教室，桌子可以任意搬動，想要ㄇ字型或是挪成分組討論都可以。最經典的畫面就是整間教室的桌上，堆疊著滿滿的紙張與書本，上課時就像上語言課程一樣，隨時需要和一旁的同學開始討論，沒有老夫子一直在臺上講整節課的景況在（當然偶爾還是會有教授獨角戲講滿整堂）。

在英國念書的好處就是，幾乎所有大學或地方都是有悠久歷史的。比如說隨便一棟建築內的八角形超挑高大廳過去就是當作圖書館使用，建於十九世紀維多利亞時代，是那種你在電影裡看到要爬梯子拿最上層書的巨挑高空間。在現代來說，就有種活在哈利波特感的氛圍中，只差沒有穿英式學院風制服了。所有重要的活動也都可以在這樣的廳堂中舉行，甚至畢業了還有現場拍攝畢業照，付錢後就可以拿到相框以及底片和洗好的照片，只不過老外不會幫你修圖就是了，但國際學生千辛萬苦腦袋都快燒光了終於拿到學位，如果父母有漂洋過海來參加畢業典禮，通常都會阿莎力的花大錢拍攝，所謂大錢，大概也就是幾千元新臺幣罷了。

在英國倫敦除了西區每天上演的音樂劇外，還有一座皇家亞伯特表演廳，整個圓弧狀的義大利式建築，完全就是為了各種音樂表演所設計。總共可以容納五千多人的場地，主要表演的都是以優雅路線為主，裡頭的椅子都是紅色絨毛厚椅墊，大概就像是我們國家音樂廳與戲劇院的等級，只不過因為圓形的關係，無論坐在哪個位置幾乎都可以清晰看到舞臺，而這座建於十九世紀的建築也是在維多利亞時代所立，看官們應該多少都聽過維多利亞女王與其夫婿亞伯特，這個表演廳就是以其夫婿命名的，而這位創造輝煌年代的女王，在位將近六十四年，與清朝乾隆當皇帝以及太上皇為相同年數。

在倫敦萊斯特廣場旁有一間賭場，通常都要看過證件才能進去。由於亞洲人的臉看起來較西方人年輕，因此只要不是自認長得很著急，最好都帶一張不是護照但含有照片的證件在身上，之所以不鼓勵帶護照是因為那是我們在國外的護身符，因此還是不要冒險帶出門的好。由於本宮從小就是長得老著放，一次去酒館同學沒帶證件，警衛一直不放行，但卻沒向本宮要證件看，不僅如此，還頻頻向老娘解釋老娘的同學看起來就是未成年國高中生，誒誒誒向我解釋做啥啊！真的是把本宮也得罪了！言歸正傳，一進到賭場往往會看到許多華人，老娘的其中一個同學就長期在英國念語言學校之後攻讀碩士，唸書唸累了壓力太大時，紓壓的方式居然是去賭場小擲一番，看來在國外的留學生苦悶，沒有辦法太常揪團從事其他活動，不是喝酒就是小賭了！

總而言之，在英國的生活有苦有甘，但整體而言只要自己還是學生就算愉快，畢竟學生時代的單純，在哪個國家都一樣，若能好好體會不同的差異，將國外的優點學習起來貢獻報效國家，就不枉走了這一遭。

註：參考圖片38、54

在外國就醫魔鬼細節絕對得靠當地語言溝通（西班牙）

（以下內容純屬筆者個人經驗分享僅供參考，遇事還請絕對尋求醫療專業）

所謂出門在外，不怕一萬，只怕萬一。小心駛得萬年船，但意外無所不在，這就是為什麼出國生過病受過傷的人都知道保險的重要。我們在治療疾病的時候，往往會運用過往經驗來做第一判斷與治療。好比說感冒我們就吃維他命多喝水多排尿早點睡，頭痛就吃止痛藥，胃痛就吃胃乳，又或者發燒了就胡亂吃退燒藥以求降溫。踩在別人的國度沒有該國的身份絕對是缺乏安全感的一大問題，不是不相信該國醫療水平，要不就是想到一進醫院就要所費不貲，此時就會想著能夠用全世界最棒的健保制度就醫是一件多麼幸福的事。

老娘就活生生的有著處理三起意外傷口的實例。出門前父親總是囑咐把藥帶齊，因此每每一大醫藥包總是充斥著之前海鮮中毒的殘留餘藥，舉凡胃藥、止吐、止瀉、抗漲氣、解熱鎮痛、頭痛藥、經痛藥、西瓜霜、雲南白藥……各種想像得到的藥種都帶在身上了。隨著壯遊這麼多年，該遇到的也都遇到了藥也用得差不多了。

最近一次遇到的就是和友人去海邊玩，義大利薩丁尼亞島的海底礁石空拍展現海色多層次的浪漫風情，走到一旁可就不是這麼回事。由於朋友到海邊沒有穿防水拖鞋，就在咱等一時興奮之時走到礁石上照相，這位仁兄把鞋襪都脫了決定走進海裡來一張無敵海景照，本宮叮囑了萬事小心慢慢來，豈料下一秒就看到這位公子走出來遠看都可以看到血滴滴答答流不停，原來海底的礁石極其尖銳，以肉腳對抗簡直就像是騎摩托車肉包鐵一般，完全沒有抵禦的力量。豔陽高照，我一個向前衝上去拿著身上的開水猛洗傷口，但血流如注，看來就像是上刀山般的深刻刀切，每一刀劃都像縱谷般那樣深不可測。附近沒有任何人，我讓他在那等著，一個勁地衝向有人的沙灘上，還剛剛好有個救護站在附近。在語言無法完全流利的國家，最重要的科技之一是什麼？就是照片。第一時間把傷口各種角度照下來，緊急的時候完全不用溝通了，把照片秀出來就對。醫護站給了我一超大瓶的碘酒、棉棒、紗布、繃帶以及藥用膠帶。老娘拿了立即返回救人。以前聽過太多傷口處理不慎的例子而導致蜂窩性組織炎，因此對於大大小小傷口都是戒慎恐懼。頭上的太陽很給面子，在這種夏日期間，海濱度假就需要這樣的天氣。但傷口在流血，外面大冒汗，心裡卻冷汗直流，我在幫這位仁兄消毒時他直說他要死了，由此可見剛剛海底被刺穿的場景有多麼令人怵目驚心。

之後的換藥治療就得靠藥房了，畢竟醫護站的藥品也不能帶走。但要知道在歐洲星期天藥房可是不開的，平日的營業時間還要看各間藥房高興，尤其是下午都會有一個三小時的休息時間，有錢還買不到藥呢！好不容易到達住處步行十五分鐘外的藥房買了碘酒、雙氧水、紗布和藥用膠帶，做護士的姊姊說不能使用棉花，因為傷口會吸收棉反而會導致傷口感染。當晚就是最折騰人的了。用雙氧水消毒過後，但三公分的縱切傷口實在太深，裡頭的海沙沖不出來，於是本宮堅持要用消毒過的針把海砂挑出來才能讓傷口癒合，就在一陣僵持與慘叫過後，終於在肉眼觀察下把所有海沙清除。

之後的一個禮拜，每晚都在本宮悉心地使用碘酒先消毒後上了外傷神藥：雲南白藥。此白藥為粉末狀，為快速癒合傷口用。給了公子的媽看過後，公子媽也直說那就是癒合傷口用的讓其放心。所以爾後幾天就放心讓我上藥。過了三個星期再度見到這位仁兄，腳底板與趾間的垂直傷口居然完全癒合不見任何餘孽，實在是令人欣慰，也更加增進了老娘的經驗指數與心。

第二次的意外卻發生在老娘自己的身上。要知道本宮向來都是特別小心，不做太冒險的事情，因為出門在外，萬事小心能夠避掉的意外能免則免。然而，就在一次陡峭的斜坡上，友人為了討本宮歡心，叫我跳上他的背要揹著本宮，但那骨瘦如柴的身軀在坡度有四十五度的斜坡上怎能承受得了娘娘穠纖合度的身軀？於是一跨上去連一步路都還沒走就直往前撲地，閃避不及的情況下臉直接往柏油地一蹭，刺痛感頓時直衝腦門。本宮摀著半張臉，知道自己流血了，當時氣血衝天，要知道本宮可是靠臉吃飯的，連王后都保護不好，也不秤秤自己幾斤幾兩，就不自量力地想要做沒把握的事，簡直把老娘氣壞了。但也怪本宮不好，當時一陣鬼迷心竅，怎麼就給出自己的信任了呢？

意外發生後好在沒有離同行友人家太遠，於是放下心中的惱火，趕緊三步併作兩步到浴室一探究竟。果不其然，顴骨上血跡斑斑，拿清水沖洗過後，大部分是擦傷，但有約莫三道傷口較深，已露出白色的皮下組織。拿著碘酒悉心消毒，始作俑者在一旁叨叨念念，好不令人心煩。一會兒說這傷沒什麼，看到一堆血又說家人有類似的傷口，叮囑我絕對不要讓傷口曬太陽就可以不留下疤痕。我越聽越惱火，人在受傷時最需要的就是一份難能可貴的寧靜，更何況老娘是靠臉吃飯的（又要再強調一次哈哈哈），於是說了一聲安靜！絮絮叨叨……絮絮叨叨，就像唐三藏唸緊箍咒一樣，受不了了！「閉嘴！」我道。就像做錯事的小孩說：「我只是想幫忙。」我說：「你想幫忙就幫我吹！」噢！各位看官別歪著了，傷口擦碘酒很痛的，自然止痛法就是邊吹邊擦，誒，我是指邊吹著傷口邊擦藥，老娘的娘以前就是這麼幫老娘上藥止痛的。肇事者面子為大，在友人面前做了這麼不靠譜的事情，為了遮掩自己的羞愧，又開始囉囉唆唆，最後索性哭了起來。跑出去又跑進來。此時老娘只差三字經沒飆出來，我XXX的摔傷都沒有哭了，你哭個X啊！真的不能讓我安靜一下嗎？讓我想到以前急性腸胃炎在地上打滾時，本宮的娘一到家裡發現家裡怎麼有個多爾袞，邊拿熱水給我邊要唸：「平時叫你三餐按時吃，偏要不規律，現在知道疼痛了吧！」X的，兩者哪有關係啊！偏挑老娘痛到說不出話來時予以奚落，看著手無縛雞之力的自己，連辯護都沒有力氣，遑論反擊。此時只能大叫：「安靜！」奇怪，大家沒有注意過醫院病房都很安靜嗎？病痛之人最需要的是寧靜，其他的一切說再多對於病痛者都是落井下石，切記切記！

言歸正傳，靠臉吃飯的本宮（又要再強調一次ＸＤ）回到家後再用碘酒消毒後上了不敗神藥：雲南白藥。爾後幾天出門，老娘不遮傷口，但卻也把不能曬太陽的話給聽進去，簡直顛覆了老娘對太陽的期待。要知道過去從來沒有腰痛過的我，在西班牙一次起床後腰桿子打不直，向來尊崇自然療法的老娘直奔海邊狂曬超過三小時，起來後腰痠奇蹟似的好了。但看來外傷不同內傷，就像我們買的瓶瓶罐罐總說不要太陽直射以免變質般，傷口也是不能曬太陽才能完好如初的。過了幾天吸血鬼般的生活，一天醒來，哎呀不得了，整個傷口被雲南白藥癒合結痂到凹了一大塊，簡直比吐魯番窪地還窪，直在皮膚海平線以下，本宮引以為傲的完美弧形，顴骨都不顴骨了。這還得了！趕緊上網查詢自救。

人生的知識就是不停地被顛覆，因此人生才會如此驚奇有趣。過去的舊思維要我們保持傷口乾燥，但新知識是傷口必須保持濕潤才有利於真皮的新生。看了一堆文章發現便宜又有用的另一項新世紀發明就是：登登~凡士林！凡士林不會被皮膚吸收，覆蓋一層在已結痂的傷口上能夠保持傷口的濕潤而不留痂。小的時候我們總會在痂快要掉時手賤去玩弄它，又或者奇癢難耐因此忍不住去剝它，但最後總是會因此而留下一小塊疤。此次傷口在臉上非同小可，因此說什麼我也不會碰它的。

果不其然，在放上一層凡士林後當天乾涸的痂因此而滋潤起來，隔天一看，真是虛驚一場，路平專案果然奏效。為了避免敷料創口貼拔起來時會強力將痂一起撕掉，索性什麼都不遮掩就這樣被路人看了三個星期。一天在圖書館正在思考時手那麼一揮，哇哩咧！蝦密東西？居然是我整塊痂掉了下來！雖然在最後的那幾天痂痂的邊緣有股蠢蠢欲動翹起來想要脫離的慾望，但這可要看傷口核心的臉色的，它還黏著你就別想要脫落！沒想到就在凡士林哥哥提供如此濕潤的環境下掉地如此突然，一照鏡子，嚇！一塊粉紅色的新皮平整地長出來，細滑程度還把原來有的一點曬斑都帶走了！簡直歡喜若狂，抗疤成功！但真正的皮膚長成可是要半年以上的。在往後的半年裡，每每在喝酒過後，那塊傷口會通紅的出來向大夥兒說聲嗨！彷彿怕本宮忘了這次教訓一般，每每總要現身一番，直到半年後才完全消逝。

第三次的經驗，只能說意外總是來得這麼突然，十年的小心翼翼沒有大型外創傷的我，小時候連學腳踏車都不願意，就是因為老靈魂告訴我可不願摔幾次就學會了，硬是要等到自己平衡感訓練成功了一踏上去就會騎了，完全沒有學習的過程。第三次意外只能說度過一個劫，才有這篇主題的催生。

娘娘的朋友剛好到了西班牙巴賽隆納相會。一直以共享腳踏車代步的我跑到海邊相見歡，一直很照顧娘娘的友人說想要騎自行車悠遊一下，好不容易找到一臺空的單車，要知道熱門時間可不是每一站都有車可以租借的，也不是你想停就一定有車位的，這個道理與在臺北市一樣，在大都會主要以共享腳踏車代步的人一定有此令人傻眼的經驗。終於借到一臺讓友人們輪流馳騁後，一位執著的小李子為了滿足娘娘們的慾望，下載遍當地所有應用程式後，終於成功找到一臺共享有電的電動滑板車。

從來沒有騎過電動滑板車的我們輪流試了幾下，老娘還上坡下坡咧，雖然胳膊僵硬，但算是順順利利，沒什麼難度，畢竟有油門有煞車，自己可以調整速度，難怪巴賽隆納一堆人都擁有一臺電動滑板車代步，因為小巧停車更為方便不必擔心沒有停車位，唯獨可能要小心被偷而已。

就在友人要把自行車給還了，果不其然最近的一個停車站又發生一位難求的窘境，於是前往下一個更遠的停靠站，我則騎著滑板車緊追在後，想說等一下一起回到另外幾個友人的身邊比較快。還完車後，我想起以前一位朋友曾經想要我站在前面他載我被我拒絕了，當時心想怎麼小一臺車怎麼站兩個人及保持平衡，在大馬路上還有其他車子太危險了。但之後看到許多人都雙載，一路平順前往好似沒問題般，因此在海濱大道的我們有著單車車道且大家都悠哉步行騎車的情況下，我提議咱們來雙載吧！

都是第一次騎電動滑板車的我們，友人首先自告奮勇載我，不成。我於是提議由比較高的我來載，還是無法取得雙人平衡。決定再次試試看的我們第三次成功了！但自己平衡與兩人平衡是兩回事，被扶著肩膀的我更加僵硬，一個加速煞車不及，手被加速器帶著跑無法棄車，整個人直直往前摔。好你個第一次，結果老娘又栽在柏油鋪的腳踏車道上。穿著破牛仔褲的我雙膝肉磨地，肩膀也為本宮自我防護機制側身保護，但還是有部分摩擦的手傷。摔得突然，路人紛紛問有沒有事，遇到一對和英國人熱心助人可以匹敵的德國夫婦，堅持下車給本宮一瓶礦泉水以及濕紙巾洗壓傷口才肯離去。友人腎上腺素激增，跑去喚其他朋友們前來。一只膝蓋的傷口很深，呈現各種深淺不一的線狀傷口，血流成河，好不鮮豔！大夥兒分工合作，小李子騎著滑板車在週日的夜晚找到一間有開的藥房，我又冷靜專業地照了幾張相，最後小李子在不會西班牙語的情況下照我的指示將照片給藥房的人看，成功購買了所有用藥。由於擔心將一旁髒的皮撕起來會造成傷口更大面積與增加痛楚，於是在美麗夜色能見度卻不高的情況下稍微用清水沖洗後，享有了第一次三輪車體驗離開案發現場。

重新打開包紮後，只見鮮血一片流不停，用碘酒上了藥之後開始放空。要知道人生最美好的時刻之一就是放空，此時大腦不再運作，眼神失焦，一切都是那麼地矇矓又美妙。爾後回到友人飯店，在分心用餐和聊天後，用著極為防水又怪異的姿勢完成了一場龜速的沐浴，再度重新換藥就這麼沉沉地睡去了。隔日早上看著窗外萬里無雲的天空，海灘上充斥著享受末夏陽光的人們，而我卻只能在房裡吹空調，吃不到看了也爽，就這麼伴著眼前美景再度放空打盹。打開傷口，一陣濕潤，組織液把碘酒都給溶了，整片傷口都是透明的滋潤。動動一根手指，網路資訊隨之浮現，原來組織液是人體的保護機制，是在幫助傷口癒合的一樣好東西。呈上所述，傷口濕潤而不乾燥有助於癒合。爾後再度上藥包紮傷口後，就又生龍活虎的和朋友出外吃飯。更有甚者，向友人道別後還騎單車回家呢！

一到家後再度打開傷口，組織液依舊澎湃，在家的好處就是時時可以監測傷口，所以可說幾乎每個小時都在上碘酒，以期完整殺死細菌捕捉漏網之魚。第二個晚上睡前想著，是時候上神藥—雲南白藥了吧！根據前兩次與過往無數次的經驗，想要傷口迅速癒合的不二法門，就是把粉給撲了！於是傷口上覆蓋著滿滿的藥粉就這麼沉沉睡去了。

隔日起床，只見傷口上的藥粉不敵組織液的熱情依舊全濕，由於因故需出門，因此重新鋪了藥粉，並在附近結痂處依著之前的經驗上了一層凡士林，壓了紗布包紮後就出門了。在外混了許久，雖然在戶外也是盡量讓傷口不直接曝曬在陽光下，終於辦完所有事情後回到家再度打開傷口，哎呀怎麼搞的，傷口上居然留了黃色的膿！怎麼會！不進反退！要知道人類就是在不斷地追求進步，更何況在老娘這麼頻繁的監測下，怎麼會沒癒合反而出了新問題呢？於是再度召喚辜狗大神，一查得知可能是組織液受感染了所以變黃，一定得把它祛除了才能讓傷口癒合。於是查了一些資料說雙氧水雖可殺菌但也會把蛋白殺死，必須用完直接使用生理食鹽水迅速沖掉不要殘留雙氧水在傷口上。無奈之下只好再度包紮出門買了「雙水」。回到家後，只見國外的生理食鹽水居然是給注射器吸入的橡膠口，完全沒有其他方式打開。好在本宮靈機一動，拿了身上的粉刺棒一戳，一個細小如針的洞身出現在瓶口上就可以順利擠出來了。但在網路上看到的資訊又說生理食鹽水要盡快使用完，否則也會受到感染，因此沒敢戳第二個洞。

進到浴室，完全沒猶豫地將雙氧水直接豪氣地灑在傷口上，只見上面的白色泡沫就像是滿月的浪花一樣，大到有幾秒鐘完全看不見傷口，心頭一驚，估量著上面是有多少的細菌與蛋白給雙氧水一舉殲滅，一等白色泡沫消失，趕緊以生理食鹽水沖淨上了碘酒後又稍事休息。

一個多小時後打開傷口，蝦密！怎麼黃色組織液又重出江湖，就像打不死的蟑螂一樣，再度完全覆蓋傷口並且發出惡臭，就想像重感冒濃稠的黃鼻涕黏在你的傷口上，就是那麼噁心。本宮慌了，拿著微弱水量的生理食鹽水企圖軟化，並拿紗布擦拭，無奈怎麼也擦不掉了。由於自己並非專業外科醫師亦無乾淨器械，當然不可能徒手把黃色組織液去除，想起了友人提到過的抗生素，又在網路上查到了親水性凝膠或敷料可以軟化，因此又急急忙忙地出門趕在藥房關門前找尋解決方案。

要知道世間所有的事情，黃金時間就是你能花費最少的力氣達到最大的效益，拖越久，越不利。老娘一心一意想著就是不能拖過夜，於是跑到藥局詢問。抵達藥局後，親水性敷料這種在臺灣到處都有的包紮用品，居然在這裡的藥局買不到。藥局人員看了我的傷口聳聳肩，說他也不知道什麼藥可以祛除黃色組織液，於是要我去找個護士對話。往外一指，只見不到四百公尺外，居然有一個隱藏版公立診所，之前走過路過從來會錯過的一場及時雨。進到診所後取號碼牌，沒想到小小的診所櫃檯居然有三個人，告知我的情形後，櫃檯人員要我什麼證件我沒什麼，最後好心地領我去急診區。急診區的阿姨問我要護照，我回答我是出來買藥被推薦來這裡找一個護士對談所以沒帶，最後因為記得自己所有證件的資訊當場成功的預約了一個急診。我說到時付錢後我需要三份診斷證明，阿姨人很好的說你要幾份都沒問題並理解這是要做保險理賠用。由於要過半小時後才開診，趁這段時間老娘又跑去附近的其他藥局，一樣沒有賣親水性敷料，且藥局的人居然要我拿熱水軟化傷口組織以便去除，無論有理無理，真的是把老娘嚇歪，只能說遇到棘手或沒遇過的問題還是只能請教專業，可別急病亂投醫。

過了半小時後回到診所，只見當時空無一人的急診區居然坐了滿滿的人。診間僅有二室，我跑去問了我的號碼，櫃檯說急診是由醫生與護士判斷病情緊急狀況喊名字，因此也不知道優先順序，只能等。沒耐性的老娘想著可沒想要在這裡枯等啊！告知櫃檯出去覓一下食再回來，要知道等待也是要有體力的。出去享用了簡單的食物後，再度回到急診室，我的天，人沒少反而更多了！我再度回到櫃檯詢問是否早上人比較少，櫃檯回說每天情況不一，且只能當天預約。由於住處其近無比，要知道虛弱的時候老娘寧可躺在家裡也不要枯坐軟監，於是決定取消當日預約改明日一大早奮戰。

離開診所後，想到住處附近還有一個藥局，於是跑去詢問。藥局人員看了我的傷口後直說感染嚴重，拿了一瓶抗菌劑以及抗生素藥膏給我，說先噴抗菌劑，拿紗布稍微壓一下，等個五分鐘，再上抗生素藥膏，一般兩天就會好轉。天哪！居然真的是感染，這讓本宮真是丈二金剛摸不著腦袋，到底是哪個環節出錯了呢？一直小心保護傷口的我，是不該灑雲南白藥？還是塗在傷口周圍的凡士林不小心沾到傷口而感染了呢？因為實在想不透當時潔淨的組織液就要癒合傷口了，怎麼劇情急轉直下就被感染了？後來想想身旁親友們感染過風窩性組織炎的，都是在流血或破痘痘的傷口上塗抹油性的萬精油或小護士，因此推測應該是凡士林所致。

回到家上了兩種新買的藥後，想說明日早上看是否有好轉再決定是否要去就醫，因為實在一踏進醫院就是一大筆費用啊！一個老外沒身份就是麻煩，就像外國人在臺灣就醫一樣得付全額。焦慮症發作，要上藥就要上好上滿，於是在睡前清醒的時候大約也是每小時監測並重新上藥，以期能夠早日驅除感染源。睡前想了一個法子，既然黃色組織液已變硬，何不拿溫和又乾淨的生理食鹽水敷一整夜呢？這樣隔日醫生要清除也不用花時間軟化了。但紗布會乾，於是第一層先用紗布，然後又在紗布上撲了好幾層化妝棉層層沾滿生理食鹽水，想說這樣總不會一下子蒸發了吧？事後朋友告訴我化妝棉其實是不太乾淨的，看官讀讀就好可別依樣畫葫蘆。

隔日賴了個床，想著得趕在下午一點半之前看完日間急診，打開傷口一看，黃澄澄的組織液依舊沒有因為濕敷而被我拿紗布擦除掉的意思，依然死扒在傷口上，好吧！事已至此，只能就醫。到了診所後已經一點，也許是因為距離一點半休診僅有半小時時間，只有零零星星幾人，慶幸自己晚起而沒有一大早來坐軟監。在家做好功課後，一進診間見到護士，就把我的傷口處理史小紙條給她看。護士邊笑邊幫我拆開濕敷的包紮，說我確實感染了。我問她到底哪個環節出錯了？她說我換藥太過頻繁，傷口癒合需要時間，碘酒殺菌後就不要一再使用了，否則會把身體的蛋白一併殺死，傷口也就一直無法復原。天哪！原來照料傷口和照護一段關係一樣，欲速則不達，讓它靜靜休養身體自動復原才是王道。隨後護士拿了一個新的藥膏以及抗生素藥膏抹在我的傷口上，這下我可新奇了，要知道老娘最有創新與實驗精神，什麼沒用就換到什麼有用為止。

付了六十二歐元，換來膠原酶藥膏一枚，用來去除壞死組織，護士在傷口上擦了酶與抗生素藥膏，要我在家換藥時也是像她一樣將兩種藥膏像雞尾酒一樣調和，並且不要過度換藥，到隔天早上都不要去動它。這下老娘學乖了不敢再過度上藥！在處理過後，不忘要正本診斷證明、正本收據以便保險理賠，可能因為付全額的關係，多幾份證明也沒多收費。付了六十二歐元，沒有想像中的貴，獲得藥膏一枚與證明文件十二張，簡直就跟打怪打贏了獲得寶物一般。護士說過幾天再幫我預約複診觀察傷口情況。不愧是西班牙，早就聽說西班牙是護士輸出國，且西班牙的醫療在歐洲是數一數二的，費用卻沒有高得嚇人，讓本宮信心大增。醫護完畢後護士直接幫我預約三天後複診檢查，直接約了一個時間下次就不用等了。

回家後，有鑒於之前血一般的教訓，不敢再亂動傷口，洗澡的時候用了不要的塑膠包裝紙貼好，完全可以做到防水洗澡的功效。換了兩天藥，奇了怪了，每天早上還是滿滿的黃色壞死組織液佈滿傷口，怎麼仍然沒有好轉呢？看來三天後的約診還是得如期赴約。

過了一個週末，約了十二點的診硬是因為賴床又拖拖拉拉搞到一點才到。一點到時候診人數已寥寥無幾，向護士報到後換了一位與上一次不同的護士治療。這位看起來比較謹慎又像從理性與感性中出現的文靜女護士說已經沒有感染狀況了，可以不用使用抗生素藥膏了，我說上次拿到的膠原酶藥膏似乎沒有太大的效果。於是乎護士消失了一陣說要跑去找另外一種藥，來的時候我一看傻眼，不就是在臺灣普遍可以看到的親水性凝膠嗎？但在這裡的藥房硬是買不到。護士上了凝膠後，我問她那條藥膏是否可以給我？她說上一次的膠原酶藥效還是比較強的，我暗示性地告訴她我要付全額醫藥費，且上次的藥膏沒有改善效果，是否可以讓我把凝膠帶回家試個幾天看是否能一舉清除黃色壞死組織呢？壞死組織不去除，傷口無法癒合啊啊啊啊啊！凹不過我的請求，護士還多準備了一些乾淨紗布和膠布給我，於是又獲得寶物一枚。

第二次的複診醫藥費沒有第一次如此昂貴，僅二十九歐元就搞定了。護士一如既往地替我預約了兩天後再掛診。此時已有種茫茫然的麻木之感，有種：有醫院收留我的感覺就好像有家的感覺一樣啊！怎麼會一個小跌傷的傷口過去從來都是自己處理，落得後面要花更多時間去治療呢？看來一次經驗不能複製於所有的狀況上啊！但其實該怪自己傷口還未完全結痂就擔心復原不平整而急著在傷口周圍塗抹凡士林。

雖然護士總說傷口包了兩天都不要去動它，但還是忍不住一早醒來就拿著生理食鹽水到浴室將傷口拆開沖洗看消除狀況。哎唷~這下可驚喜了，黃色的壞死組織液已漸漸被清除，又重新可以看到了深刻的傷口湛著血，能看到鮮血重現頓時百感交集，有種重見天日之感。繞了一大圈，還是親水性敷料有用嘛！膠原酶也因此正式被宣布打入冷宮。

再過了兩天抵達醫院，又換了一位護士。這一位南丁格爾可是屬於叛逆風了，穿著黑色的網襪搭配皮短靴，略帶沙啞的菸嗓和一副黑框眼鏡的俐落樣，旁邊還配了一位助手護士，說實在，我已經搞不清她是護士還是醫生了！俐落姐看了我的傷口之後，再度消失不見跑去找新藥。看來這家醫院的藥品庫就像小叮噹的口袋一樣，實在是太對本宮的胃口。要知道本宮的爹總是對本宮說：要多元化。此話怎講呢？簡而言之，就是風險分散。意思是無論牙膏、洗髮精、礦泉水、任何與身體有關的用品，都要不時的更換品牌，意在分散風險。多年以後也應證了地溝油、塑化劑等相關食安問題，若能自己輪流轉換品牌使用，也多少可以減輕一些傷害。雖然說外食族是無法控制商家選擇品牌啦！不過不要總是光顧同一間店也是一種避險方式。

言歸正傳，俐落姐回來後帶了一瓶同一家藥廠的新藥，原來是含有PHMB的傷口凝膠，至於什麼是PHMB看官們就別太過計較，反正看過了也忘了。總而言之就是一種消除阻礙癒合的壞死組織之凝膠，其實就跟上一次獲得的寶物是很像的。我用著新奇的眼神眨了眨眼，以天真無邪的表情問俐落姐說這條凝膠是否可以給我？俐落姐可沒那麼傻，她說這跟我上次拿回去的親水性凝膠是一樣的作用啊！要知道俐落姐起碼消失了十五分鐘，可見這條凝膠有多麼珍貴。寶物取得失敗後俐落姐卻加碼彩蛋，問我小時候有沒有打過破傷風的疫苗？要不要打？我的老天天，這不是第一次來看診就應該要打的嗎？況且老娘哪記得有沒有打過啊！給俐落姐看了看我的手臂，她一眼就認出一個是卡介苗一個是什麼來著？老娘自己也不記得了，她說西班牙文的專有名稱我也聽不懂。總之，她說破傷風的疫苗不會留疤。老娘生平最不怕打針，幸得現今網路發達，上網一查什麼嘛！效力十年就算娘娘小學打過，現在也過期無效啦！打打打！

一旁的助理護士拿出破傷風疫苗，我趕緊將盒子與說明書留著，幸好老娘過去也是在職場上打滾過，這些知名大藥廠都有交手過，也因此知道哪些藥廠有在產些甚麼種藥。針頭很小，深呼吸，沒事！小瘦小意思！登登！獲得破傷風抗體十年！打完後，俐落姐說再幫我預約兩天後回她本人的診，看來俐落姐在自己專業上是很有自信的人，也讓老娘再度信心大增。沒想到這次醫藥費更少了，居然只要十四歐元。整個行政辦公室的叔叔阿姨們為應本宮需求搞得大家都在和系統拚搏，上一次少一張收據，這一次得趕緊回來要。在保險業打滾的老娘和理賠人員幾次交手的經驗下，知道理賠部門的邏輯是什麼，因此一樣都不能少，第一次四張文件，每一次看診都得這麼多張才行。

回家的路上是如此地如沐春風，要知道獲得抗體十年可是有種因禍得福之感，就像老爺爺老奶奶去醫院，總要拿些藥回家才有踏實感。雖然這是不正確的觀念，但人嘛！在真正痊癒之前，大家都有著不安全感的。醫生不能隨時見到，藥品可要隨時在手邊自救。至於抗體嘛！就像是加碼雙重送的概念，走在路上都要邊唱邊跳了！

兩天後，第四度就診，跑到急診區帶著備好的針線，想說要趁候診時殺時間。過一下櫃檯人員來詢問查看我的預約單，說我看診室不在急診，要到樓上，才發現自己誤會大了。跑到樓上，原來是一座桃花源，這家醫院並不小啊！樓上好幾層樓都有看診室，雖然面積不大，但一層樓少說也有六診。一上去後，遠遠傳來一個聲音：「妳來啦！在這裏！」噢～原來是俐落姐遠遠就認出本宮來了，本宮還沒認出她呢！一身標準黑網襪與短皮靴的打扮，俐落姐自己有個診間，不過別問我她是醫生還是護士了，實在也沒心情了解。

俐落姐看了我的傷口說傷口已經慢慢變小，最外圍的肉已經開始慢慢癒合。看過傷口後，俐落姐居然又拿出了一種新藥，我的老天爺，老娘這一個小傷口到底是要多少種藥品奉著才能痊癒啊！快門閃不停，又再度呼喚估狗大神，一查之下原來是百分之零點九凝膠形式的氯化鈉溶液。主要向傷口提供水分並軟化乾燥的纖維蛋白來幫助維持濕潤的傷口癒合環境。一樣的作用，不一樣的藥廠。看來這間醫院的護士們為了我這小傷，各個都使出了看家本領，而該家採購也接納不同藥廠的藥品，簡直就是神了！

這次沒敢再向俐落姐要那條藥膏，但默默把所有照片存檔，想著之後身上要備有的藥膏又多了好多條，說不定臺灣藥房也買不到呢！總之，獲得的知識滿點，仍有一種心滿意足的感覺。到了結帳區，行政人員認出我來，說上次十四歐元其實算錯了，應該是二十九歐元，不過就算了，這次依然是二十九歐元。ㄚㄚㄚ~難怪想說怎麼醫院費用越來越便宜。等待的同時，拿起還沒縫完的破購物袋，會計阿姨笑著對旁邊的大叔說我什麼都準備好了還來這裡做女紅呢！大叔站起來看看自己的腳下，指著自己的鞋說破了一個洞，我能否替他縫，真把本宮給逗的，想想拿針線到醫院殺時間的大概也只有老娘我吧！最後收針還問會計阿姨有剪刀嗎？她從萬能的胸口口袋拿出一把剪刀，讓我把收完針的線剪斷，簡直合作無間。蒐集完所有文件後經過櫃檯，是上次最會用系統的另一位行政人員，她問我一切都還好嗎？有拿到所有我要的文件嗎？我笑著說都拿到了都好。看個醫生把所有的行政人員都給認識了，也算是奇女子一枚。

三天後，也就是受傷後的第十六天，再度去醫院報到，這時想著應該是最後一次報到了，一方面有一個保險隔天到期，二方面想著傷口也清得差不多了，該獲得的寶物也都拿到了。最後一次到醫院依然是到樓上的候診間，只見外面坐了滿滿了老人，每個候診間有一個突出到走廊的門，讓我想著候診室不會只有走廊的一半吧！可是沒有聽到任何人的聲音啊！想著想著，就被叫名字，穿過了那個木門，原來木門只是隔了一個小空間，再裡面才是另外一個診間門，不曉得是不是為了要保護病人的隱私，避免外面候診病患聽到診間內的對話。

進去後，這次是一位看起來精明幹練的中年媽媽，留著像黛安娜王妃的黃色蓬髮，拆了我的傷口後，一如既往，消失了一會兒，居然又從小叮噹的百寶袋生出另一條新藥。這位不知是醫生還是護士的幹練阿姨幫我上完藥後說肉已經慢慢長出來，並要幫我預約兩天後的診。我趕緊說道保險已經要到期，因此是否可以在家自己換藥？幹練阿姨正色道：「不管有沒有保險，只要發燒、紅腫，妳依然要來醫院治療，這樣懂嗎？」我一臉無辜的地點了點頭，說我知道。幹練阿姨隨後要我把腳放下來才幫我上固定貼布，因為卡在膝蓋彎的地方才不會過緊，算是細心得緊呢！向她要了診斷證明後，沒想到幹練阿姨是個刀子嘴豆腐心的媽媽，包了一大袋藥品，包括新的藥膏、兩包紗布、親水性敷料以及包紮貼布，實在是收穫滿滿，讓老娘不用再跑醫院啦！

終於結束了醫院之旅，大家可要知道上述的對話除了老娘內心的 OS 以外都是西班牙文啊！如果當地語言不通，起碼要把功課做好才能請翻譯，否則當下翻譯沒了，事後想要問什麼資訊也來不及了，可見魔鬼細節還是得靠當地語言溝通呢！

火車能出的突發狀況永遠超乎你的想像之外（義大利）

看過了那麼多趕火車的故事，看官可能以為火車嘛！不就是一種它想準時出發一刻都不會等，它不能準時出發，你就得等到天荒地老的一種交通工具嗎？還能出什麼其他狀況？但湯瑪士絕對不是這麼容易讓人預料的。

就在老娘身經百戰的趕火車經驗後，也有著上述的想法，總之備好腎上腺素，該跑時跑，該衝時全力加速，如此而已，看來也不是多難的事。比起常因天候不佳而無法起飛或降落因而全數取消的班機，火車的話至多就是多等兩小時或返回住處，只是要忍受火車站設備比較不似機場健全罷了。

這次要去的地方在義大利南部一個叫做特洛佩阿的地方，附近最近的國際機場就是羅馬，若非國際機場再稍微近一點的就是拿坡里機場。雖然啟程的地方是西班牙巴賽隆納，但只要不是航線較多的國際機場，其實機票並不會比較便宜，而且班機也較少。話說從羅馬坐火車到特洛佩阿也要將近六個小時，而從飛機接火車又是一門不小的學問，得考慮機場是否就有火車站可以出發，還是得從機場到市中心火車站再坐火車到特洛佩阿。整趟時間拉下來其實相當驚人，此時就要考量班機抵達時間與火車出發時間的各種組合，更要命的是，來回都要。

飛機火車大作戰就此展開。首先。從巴賽隆納到羅馬的班機從早上六點零五出發一直到晚上九點，而抵達拿坡里一天卻只有一班飛機。如果在本宮二八年華之時，也許就會選擇早上六點的班機，但要知道若搭乘這種航班，整夜就不用睡了，好處是可以搭乘當天同班的火車。唯一不現實的是，巴賽隆納機場客運早上五點才開始，搭乘歐洲線航班至少兩小時要出門，肯定會錯過班機。若要搭乘夜間巴士那就折騰多了，所以最早一個航班直接刪除跳過。所謂瞻前也要顧後，再來看看火車時刻表。要抵達特洛佩阿，其實附近也有一個機場，但從巴賽隆納沒有飛機抵達，只能羨慕那些德國佬有班機可以從德國直接抵達。坐火車會到一個拉美次亞河火車站，從那座火車站會有本宮要唸的語言學校來接駁，還好不需要再轉一班火車抵特洛佩阿，因為那裡的火車站實在很小而非大站，無法往來主要火車大站。

從羅馬火車站出發到拉美次亞河火車站需時五小時三十三分鐘，因此只有兩班火車，一班是早上七點二十六分出發，一班是下午一點五十六分出發。如上所述，非二八年華的老娘因此決定在羅馬過夜一晚，搭乘晚間十點五十五分抵達羅馬機場的班機或是下午六點半抵達的班機，在最熟悉的羅馬火車站附近睡一晚後，隔天再不折騰地搭乘下午的火車，如此還可以在羅馬活動一下享用一餐。衡量自己體力狀況後，再來就是要看回程了。

回程的班機需要先看，最晚的飛機從羅馬機場回到巴賽隆納為晚上十點五分，抵達巴賽隆納為午夜。但試想一下，既然都已經坐了將近六小時的火車了，何不再在親愛的羅馬過一夜玩一天複習古羅馬的偉大呢？有時候我們就是走得太過匆匆，路過卻沒能體會停下腳步的美好。所以也不用特別掙扎了，好好擁抱古羅馬帝國的壯闊。既然來回都在羅馬跨夜，事情就變得簡單許多，本宮的接駁技巧就是一定要在火車站附近下榻，因為火車站如果在一座城市的市中心，附近往往是各星級旅館的集中營，既不用拖著行李跑來跑去，又可以在隔日退房後將行李放在旅店再去玩耍一番，回來趕火車時就不用擔心被行李拖累而卡在交通壅塞中。

就定最佳戰略後，準備開始買火車票與機票了。機票簡單，就是一張來回確定時間就好。火車票就有點玄機了，不同的火車速度，去程四十五歐元，回程十三歐元。去程坐的是經濟頭等艙，回程則是經濟二等艙。哇哩咧，經濟艙還分一等二等喔？由於去程已經沒有最便宜的票種了，只好忍痛給它用乘以三的價錢買下去，想說至少去程可以舒舒服服坐個經濟「頭等」艙吧！

抵達羅馬機場已是晚間十一點，趕緊衝到機場巴士站前欲趕上末班車到市中心，直接衝到月臺前看了所有時刻表想說上車買票，才發現人人手上早持有一張票，這才發現不遠處有好幾間公司的售票口，只剩一間還開著，於是又匆匆忙忙地拖著行李行走約兩百公尺趕緊買了一張票，只見四間公司林立，大部分都有停在市中心的火車站旁，只是買票方式改變了，和過去可以上車買票或有工作人員在一旁兜售不一樣了。

輕輕鬆鬆抵達羅馬火車站後，駕輕就熟地前往自己挑選的青年旅館，絕對要注意的是挑選的旅館一定要有二十四小時的櫃檯，如果因為價格而非得選擇沒有此項服務的旅店，一定要在出發前向旅社談好預計抵達的時間要有人員在櫃檯可以幫忙辦入住，否則長途旅行後還要折騰地在那裡等，絕對比睡機場還難受。

義大利的建築尤其是羅馬，大多是大理石建造的古老高挑偌大建築，多半都有電梯，但這些老式電梯，也就是要先手動開門，按了圓圓復古按鈕後，再手動把門關上，電梯才會緩緩上升。若這座建築夠大，電梯甚至可以在內設置座位，也容得下一個大行李和一個人身，若電梯小到不行行李又過重，最佳方式就是將行李運上去而自己走樓梯抵達。但最要命的不在此，而是這種老式電梯若不幸不運作，或是某樓層的人不慎未把電梯門關好，那麼整座電梯都不能運作了，這對像本宮這種擁有一座隨身小房子般行李的獨立旅人來說，實在是一種最好別發生的狀況。

順利辦理入住之後，青年旅館一間房床位雖多，但羅馬就是豪氣，房間空間相當大，大家都熄燈睡了，老娘挑了一個在浴室正旁邊的位置以便風塵僕僕後的梳洗。一個大行李箱擺在自己跟前，羅馬果然不曾讓本宮失望，一切都是那麼地大氣，真是要謝謝古羅馬帝國的建築風格讓老娘將這種地方當作中繼站都還相當順適。

睡了一夜寬床鋪後，隔天起來退房準備去火車站附近的廣場逛逛，享用午餐後，再搭下午一點多的火車。羅馬的好處就是到哪都是古蹟，整座羅馬城就是羅馬帝國的輝煌史。步行到十五分鐘抵達共和國廣場，總而言之，羅馬就是走到哪拍到哪，處處是壯觀古文明，只是八月的夏日炎炎還是讓人差點忘了這樣的豔陽天可以把人融化。隨意走拍後，找了一間旅館旁的餐廳坐下來享用午餐。所謂在什麼地方吃什麼料理，在義大利就是要好好享用道地卻平價的義大利麵、千層麵或披薩。吃完後拖著行李就往步行不到三分鐘的車站準備搭車。羅馬車站的月臺說長不長，與過往不同的是，現在開始在快速火車前圍起障欄驗票。過去所有義大利的火車站都是自由上下火車，一旁有著黃色的機器，只要記得要把票插進去打印上日期就好。但顯然義大利國鐵把快速火車做出不同命名重新包裝旗下火車後（如我們的普悠瑪、太魯閣、自強號之別），那種要劃位的快速火車在羅馬車站已不適用自由打票的方式。

上了火車後，到達了所謂的經濟「頭等」艙，一排僅有三個座位，行李放好一切就緒後，就要開始漫漫將近六個小時的火車之旅。開不到十五分鐘，空調似乎還不運轉，穿著長牛仔褲的老娘我已汗流浹背，儘管扇子搧不停，仍舊無法抵擋熱浪。索性到行李把短熱褲拿出來去廁所換。但無法開窗的快速火車顯然冷氣並沒有真正運作，只見不只本宮，其他人也開始因為悶熱的氣息而躁動起來。最後老娘只好使出大絕招，又去行李取出一條毛巾，去廁所打濕後，放在因透過窗戶傳導的熱度快要燃燒起來的右手臂上降溫。但這樣的炎熱一點風都沒有，簡直無法呼吸，詢問站務人員，只說他們正在想方設法啟動冷氣，但也無法修理，而我們車廂恰恰就是唯一冷氣壞掉的車廂，實在是太過幸運，心裡想著花了四十五歐元本想以為可以坐得開心點，結果反而不如基本車廂來得空氣流通。

老娘在堅持三十分鐘後，實在忍受不住，最後衝往其他車廂，找到了一片聖地—餐車車廂，裡頭只有三三兩兩的人坐著，安安靜靜且空調運轉得宜，眼見機不可失，趕緊衝回自己的窒息車廂拿走所有物品，還順便把行李也搬到了餐車車廂空地，就開始後面五個小時的行程。約莫過了三小時，我那些可憐的同路人才陸陸續續填滿餐車的位置，後來的人也就沒位子坐了，只能佩服原同車廂的人怎麼能撐那麼久都還沒有窒息。

而一個月後的回程火車上，在經濟二等艙內，旅程卻意外地順利，只能說若不能確保服務品質，還是別花錢找罪受，火車能給你的驚訝絕對超過你的想像。

順帶一提另外一個悲慘經驗，在義大利薩丁尼亞島的翡翠海岸遊玩，一個週末要前往島的南部首府—卡以阿里，結果卻在上火車前去一海邊搞到似乎是中暑了，在汽車上已經略感不適，豈料到了幾乎可以說是空無一人的火車上，連續換了好幾個車廂都感到噁心，總覺得聞得到慢速火車接近地面那滿滿的柴油味。終於在撐了一個小時後，拿出自己隨身內傷小藥包，胡亂地吞了幾顆也許可以緩解的藥，三個半小時的車程簡直慘不忍睹，好像最後還是沒有在火車內吐出來，但整趟旅程坐也不是，躺也不是，下車也不是，火車在晚間馳騁，也看不見窗外美景轉移注意力，好不容易撐完三個半小時，又拖著虛弱的身子到火車站附近的旅館辦入住，一到用里程兌換的免費房間，偌大的空間讓人提不起勁，整個攤在床上病懨懨，邊紅著雙眼邊查詢餐廳相關資訊。休息約莫半小時，眼看許多餐廳要在十一點關門了，才又拖著已經稍微恢復的身軀前往不遠處的餐廳。只見戶外座位將近客滿，幸好一個人很容易蹭座位，沒三兩下搞到了一個戶外桌，點了看似以肉品見長的義式烤乳豬，最後又被店裡常客和服務生請甜點與酒，彷彿剛剛的煉獄感不曾發生般，整個就是吃飽喝滿地離開餐廳。萬萬沒料到火車旅程也能如此痛苦。

再有一次，從西班牙巴賽隆納到法國巴黎里昂車站的快速列車需時六個多小時，不料火車在一段道路上停駛許久，顯然是前方發生了狀況，最後硬是一屁股坐了七個多小時的火車才有辦法好好站起來休息，最後也差不多等於坐飛機出發地門口到目的地門口的總時程，實在是太過驚人的「快速」火車駕駛時間長度。

一篇接著一篇，族繁不及備載。只能說世界上沒有一種交通工能確保萬無一失，只能靠經驗憑運氣，然後以正面樂觀的態度面對永遠意想不到的驚奇之旅。

順著宇宙的輪廓走一切都是最好的安排（義大利）

看過前面班機取消的故事，看官們可能想，夠了吧！人生哪來那麼多的班機取消，而且都被老娘遇到。是的，命運就是如此神奇，你在一方面順，在那方面就不會遇到什麼事；你在另一方面出狀況，就會一直在那方面走一輩子的磨鍊。老娘就是沒有洗澡運，更多時候沒什麼交通運！但往好處看，因自己的千錘百鍊，每個下一次的取消班機，都要比前一次再「幸運與不麻煩」一點點，真是令人好生開心！遇到本宮的老外同學們，總是說本宮這種驚人的的樂觀實在惱人地很！人生嘛！比上不足比下有餘，不如就和更不愉快的經驗比較一下，頓時就覺得老天爺每一次都待你更好一點呢！

暨薩萊諾後，兩年沒有被班機取消的本宮，又落入了同樣的圈套中，沒錯，又是義大利！這個總是要把本宮留住的國度，沒有兩年把本宮多留幾天是不會善罷甘休的。

這一次是在義大利最大的西西里島，本宮在這座島上的一個港口小城市待了五週，由於這個地方實在太小，居住的地方距離上課的地方只要下兩層樓梯，前往鵝卵石海灘步行僅十分鐘，超市位置僅五分鐘，一整天幾乎沒有什麼其他較遠但步行得到的地方可以額外殺時間。

島上八、九月的氣候沒有想像中的總是豔陽高照，這種海邊城市，總是會有一週連綿不斷地下雨，狂風暴雨的程度只比颱風差一點，整週就只能待在家裡發慌，就算有同學相陪，一整天二十四小時還是會讓人悶得焦躁。

當年的九月有兩個月蝕，月圓時在海上方大的程度，是在一個狹窄的街道上觀看還以為裝了什麼大路燈，完全佔據街道上方的天空。走到海濱步道，一輪明月的倒影在海上也是潔亮到不行。那年的九月實在相當折磨人，在星象來說月亮象徵情緒與潛意識，滿月就是情緒高點，月蝕就是加強版的滿月，也是過去發生事件的因果關係到來。想像那年一個月有兩次就讓人吃不消！每天到海邊觀察潮起潮落，似乎也帶動自身的情緒。

要抵達那座港口城市並非易事。首先要先坐飛機到最近的機場，若要搭乘火車還得到另外一座城市轉車，轉完車後抵達並非在市中心的火車站，學校校長來接時，老娘眼看該火車站未設置電梯，但最近的時間又沒有火車，因此就大膽提著三十公斤的行李橫越鐵軌（不良示範，請勿學習），剛好被學校校長目擊，被責怪說怎麼沒有走地下道，這是不被允許的，但老娘說沒有火車啊！三十公斤行李要是上下樓梯起碼要二十分鐘呢！有些真的小到沒有車站正門的小站，確實是在鐵軌上有小馬路提供乘客通過，因為規模太小，所以只有月臺而沒有挖地下道供行人上下。

在義大利無論哪座城市，一定要珍惜可以吃到的就是國民美食披薩。這個一盒在西班牙的義大利餐廳可能要價九歐元起的披薩，在義大利的餐廳，舒舒服服有位子的，最便宜的瑪格麗特四歐元起跳，最貴的牛肝蕈披薩也才八歐半而已，所以千萬不要在義大利以外的地方浪費錢吃不道地的披薩，在這個國家吃到吐就對了。義大利的披薩在吃完時會口渴好幾個小時，因為麵皮也是鹹的，因此吃到最後重頭戲，也就是相當有嚼勁的披薩邊緣尾端，仍舊可以感受到鹹味，這個差異性出了義大利就不一樣了，大部分的國家製作麵皮時是不會特地讓其有鹹味的，不過這也確實比較好，否則晚餐結束後渴個三小時也是難熬。

在學校上課最棒的一件事就是，如果學校有認真安排每個週日晚上歡迎新同學加入的迎新送舊餐會，就不用擔心抵達時星期天找不到超市可以買食物的窘境。能認識新的同學，並且有個伴一起在餐廳用飯，絕對是旅人最幸福的事之一。

在西西里島的超市裡會發現一個有趣的食材，就是新鮮麵包粉。由於是新鮮製作的，因此會冰在冷藏室中，推估應該沒有防腐劑，所以保存期限就像麵包一樣不能放置太久。其實自己製作食物時沒有在家使用大量的油去炸食物，所以就默默觀賞即可，因為本宮有御膳房（本宮的娘），因此實在不擅烹飪，只能逛超市做點民情觀察。

在義大利最令人享受的另外一個時光就是享用早餐。每一間獨立經營的吧，可是絕對不能錯過在早上的時候來杯卡布奇諾配一個包有內餡的可頌。說到咖啡，出了義大利就稱不上咖啡了。因為義大利的水質、機器，能夠把咖啡做到濃稠卻不酸，充滿著濃濃的咖啡香味，早餐可以來杯加奶的咖啡，但用餐後可千萬別點有奶的咖啡，因為義大利人的咖啡就好像華人的茶一樣，是用來幫助消化的，加了奶就破壞了消化的意義了，反而讓腸胃更加地負擔。談到可頌，雖然沒有法國人的酵母能因此製作出中間內餡一層層不過軟卻Ｑ彈的口感，但義大利人喜歡在中間加上內餡，如卡士達黃奶油、各種口味的果醬或是義大利最狂巧克力榛果醬－努忒拉，更厲害的是有國民堅果－開心果果醬，要吃到開心果口味的非常碰運氣，本宮至今只在一間咖啡吧找到過這樣的口味，而且裡頭不是只包一點點內餡，而是整個可頌從頭吃到尾都可以讓開心果醬如影隨形，每天的早餐時間都要感動地哭了！若不想要吃可頌，也有甜甜圈版的，裡頭一樣包著巧克力醬或卡士達奶油，任君選擇，但只限檯面上有的，賣完就沒得選了。偶爾可以看到蘋果派的選項，但並非在每間咖啡吧都有販賣。

在義大利較為平價的咖啡，也就是一小杯濃稠不加水的一口咖啡一歐元，卡布奇諾一點三歐元，可頌一到一點三歐元，若超過這個價錢，就可以判斷該咖啡吧是比最平價的咖啡吧較貴的店。咖啡的種類不勝枚舉，有很多是不在點單上的，只要你叫得出名字，店家就做得出來給你，誰叫義大利人是咖啡王呢！人人都很專業，就像你隨便問一個大陸人，大概都可以說出酸菜魚的做法（親手做不做得出來是另外一回事）。比如說牛奶瑪奇朵與瑪奇朵就有所不同。一般咖啡使用馬克或瓷咖啡杯，牛奶瑪奇朵卻是使用玻璃杯，加入相當少的咖啡，通常就是一小杯濃縮咖啡，佔整杯飲料不到百分之五的份量，整杯牛奶瑪奇朵大部分的成分是牛奶，從外觀上可以看見牛奶與咖啡漸層的美麗外觀，這通常是瑞士人在義大利最愛的選擇，但義大利人卻甚少喝這種牛奶比例這麼重的咖啡。還有一種咖啡口瑞托，就是一小杯濃縮咖啡加一滴濃酒。

在西西里島有著有別於義大利其他地方的飲食習慣。由於位於義大利最南邊，再往下就是非洲了，因此夏季相當炎熱。在這裡有一種其他地方吃不到的早餐，就是我們所謂的冰沙。看著西西里島人早上點一杯堅果類冰沙，拿著一塊不包餡的麵包沾著吃，就像咱華人早晨拿著燒餅油條沾豆漿的情景一樣。另外還有各式的水果冰沙，通常只有堅果類的會在最上層選擇加或不加鮮奶油，如果看到有人點了水果冰沙上面加一層鮮奶油，不用懷疑，一定不是當地人。義大利人在吃的上面是相當講究味蕾、腸胃運作與邏輯的，因此該加什麼，不該加什麼，什麼時候該吃啥，不該吃啥，絕對都有一定道理。只要不符合這樣的習慣與邏輯，義大利人就會在心裡默默打個大叉，然後在心裡冷笑一聲：「外國人！」。

上面提到由於西西里島夏季相當炎熱，又因為義大利最著名的另外一個名產之一：冰淇淋遍佈全國，通常都是由各家族獨立經營，手工製作出相當濃郁且新鮮的冰淇淋，因此西西里島人在午餐時若沒有食慾，通常會去冰淇淋店點一塊布里歐希麵包，裡頭就夾著有加奶口味的冰淇淋，比如說開心果、巧克力……就這樣當作一餐了，既有飽足感又解熱，完全就是適應氣候及結合國民美食的一大發明。但又來了，若看到有人在麵包裡加了不含奶的水果冰淇淋，絕對是外國人沒錯。由於布里歐希麵包本身就有點甜味且口感較綿密，實在不合本宮口味，嚐過一次就放棄了，還是回到用餅乾裝的冰淇淋。

義大利的手工新鮮冰淇淋計價方式通常是以容器大小來論，比如說最小的餅乾或杯子最便宜有一點五歐元，中的兩歐元，大的兩歐五或三歐元，許多店家技術佳，可以在小的餅乾或杯子上放置兩種口味，因此就可以一次嚐兩種鮮了。若是在別的國家，這種手工冰淇淋可是所費不貲，在西班牙還限制口味種類，光是一種口味小小一球就要花到兩歐五，所以說在義大利能吃多少就吃多少，畢竟新鮮手工製作，怎麼算吃起來都划算，且沒有人造壓舌感。

西西里島另外有一個超級有名的美食—炸飯糰。飯糰裡最棒的口味選擇，就是義大利番茄肉醬，有些裡頭還會加點抹札瑞拉起司，整個內餡被飯包裹著，最外頭再來一層薄薄的麵包粉，一個就可以當作一餐了，通常要價二點五歐元，讓想要省錢玩西西里的背包客有著很棒的果腹選擇。

完整的義大利晚餐，含有開胃菜、第一道主食、第二道主食、配菜以及甜點。雖然自己吃的時候從簡，但若被邀請到一個正式晚餐，可就一道道佳餚按順序奉上，就像華人參加婚禮一桌沒有十道、十二道菜是無法稱作完整的。開胃菜通常有海鮮沙拉、抹札瑞拉起司與番茄和羅勒的經典義大利沙拉或海鮮拼盤等。義大利豪氣大方，份量通常都很大，所以若自己一個人去餐廳享用，其實點一道開胃菜配上麵包、飲料，就差不多飽了。想要享受輕食的人，從開胃菜選擇準沒錯，使用的油也都是新鮮無負擔的橄欖油。

西西里島各地的海灘有所不同，有些有細軟的白沙，有些則是鵝卵石。石頭海灘的好處就是離開時不用洗抖甩沙，漲潮時海浪打在石頭上的聲音也相當有戲劇感，但下海時就像是走在健康步道上，也算是另類按摩穴道的一種方式。

西西里島的氣候是地中海型，小時候讀過，地中海型氣候最典型的特徵就是冬季多雨，然後只要提到此型氣候，就會想到橄欖和葡萄。雖然夏季相較冬天乾燥，但老娘在九月期間五週內有整整一週下著停不了的雨，而且不知為何，西西里島的總是有雲層，不似其他西風帶的歐洲國家，豔陽高照時呈現萬里無雲的狀態。這種有雲層的天空，常常就在西西里島任性的氣候下，整天都是白雲遮頂，雖不致下雨，卻也曬不到太陽，說是陰天也談不上，完全與本宮當時選擇最南邊的島嶼，想像九月還能抓住夏季尾巴每天艷陽高照的想像背道而馳。好處是受到海洋調節的影響，九月的西西里島並沒有想像中的炎熱，整體而言算是舒服的溫度。

西西里島的北邊有一群島外島，共有七座，每逢夏天就會有成堆成群的遊客去島上玩，無論是從西西里島的港口，還是義大利本島南部出發，都有密集的船班可以抵達。七座島本宮就光顧了五座，其中兩座是跟團，一座和遊伴一起去，最後一座就在最後一個週末決定一人前行。

要知道老娘待西西里本島的城市有那麼丁點無聊，如果不在週末利用機會好好跳島的話，實在是枉費自己在那個地方待五週。決定此行之前問了德國好姊妹是否有興趣一同前往，最後好姊妹選擇休息不同行。住的地方距離港口步行約五分鐘，因此都會在前一天去調查船班，再來決定彈性的去回時間。最後一個週末老娘決定去到七座島中最大的一座，前一天如常地前往調查資訊，遇到一位女售票員，告知船班時間都是一樣的，於是決定在最接近正午前出發。

隔天一抵達港口，老天爺，怎麼整個佈告欄少了一半船班，一問之下才知道就在當天老娘要搭船之際，就是換季的第一天，也就是說可能不到一小時就一班船的密集度，頓時驟減。驚嚇之餘，還看到前一天大大稱讚我的女售票員，最後本宮居然不計前嫌地與她合照，全然不計較因為她給的資訊錯誤害老娘因此多等待減少遊玩的時間。這種情形就像是一次老娘在倫敦約了在髮廊染髮，沒想到抵達時居然被告知時間已經過了，才熊熊發現當天是夏季節約時刻，必須將錶調快一小時，因此當老娘抵達時，早已錯過了預約時間。像這種因為季節變換，而各種時刻表也跟著轉換的歐洲國家，要讓一個來自每天都有二十四小時便利商店可以去的臺灣人留心，實在是相當不易。還好山不轉路轉，船公司不是只有一間，沒想到最近的一個船班是一間從來沒坐過的船公司，但誰在乎呢，能趕緊抵達就好。

當天天公不作美，一整日的陰天。上船後，一位水手在那裡瞄了瞄去的，居然邀請我進入到船長旁，搞得一副好像是被選妃欽點一般。從船長控船室可以看到全視野，在裡面用義大利語和船員們聊聊天還拍照留念，但船長說不能照他們，因為不合規定，只能說義大利人很會忙裡偷閒自己找樂子，大概每次船班就請水手下去挑人上去參觀聊天。這讓本宮想起兩年後在南義搭了火車到雷吉歐卡拉布里雅，欲搭船再次造訪西西里島，又被水手歡迎到控船室，只能說王后就是王后，一群男人嘰嘰喳喳東問西問地與本宮聊天，還真是有種備受禮遇之感啊！最後船長聊得太過盡興，離開之後，還被他的部下追過來幫忙遞了個電話號碼。王后漂歐都不漂歐了，整個就是如魚得水，到歐洲貢獻經濟，卻獲得更多錢也買不到的寵捧，對於一個出外人來說，實在太過溫暖。

約一小時抵達目的地島嶼，天空依然沒有變藍。有海的地方如果沒有太陽與藍天，會令人感到相當陰鬱，海也是灰濛濛，一點都展現不出島與海相伴的美麗景緻。除了天氣的關係，可能也是因為夏季已經結束了，逛島的路上都沒有什麼人。島上有好多貓咪，感覺在好多歐洲城市都有很多貓，牠們在古城的石頭步道上，倒是相襯。下船時看到一些遊客拉著行李，心裡想著還好老娘不用花錢住在島上，否則那超過三十公斤的行李要上船再下船也是麻煩。

在考古博物館附近晃蕩，不時還能接近島邊眺望海崖，一路上人少得可憐，最後終於慢慢進入有店面的街道。為了祭五臟廟又不花太多錢上餐廳，看到了一間三明治店，共有二十六種口味，菜單令人眼花撩亂，其實主要就是熱壓麵包，裡頭的餡料不外乎橄欖、義式火腿、抹札瑞拉起司、鹹到不行的鯷魚、辣醬……的各種組合。吃完之後只能說沒有特別驚豔，畢竟本宮對義大利食物已是相當熟稔，只有當年在未經世事的情況下，翡冷翠驚鴻一瞥，一家不起眼的三明治店，在老娘不知如何選擇且當時不諳義文的情況下，居然在義大利師傅用心的組合下，嚐到令人驚艷不已的三明治，也因此見識到醃乾蕃茄的威力。

用完餐後，走沒三分鐘忽然到了市中心的主廣場，就在海邊。廣場一旁的小沙灘上有一群小朋友十來多人，不知道是在踢足球還是玩跳繩，一定是島民來著。沿著一旁的紀念品店走，經過一間店，忽然一位高瘦的男生說了一句西語的你好，正在疑惑怎麼義大利人說西文之際，一旁坐著幾個老人，其中一位立刻搭腔道：「女孩，妳有沒有男朋友？我旁邊這個年輕帥哥在找伴侶。」我看了男孩一眼，留著鬍子年紀看起來也沒有多輕，我不好意思地笑了笑就繼續往前走。走到高處後發現往後的街道是住宅區，因為沒什麼人，也不想多走，正在休息觀景之際，忽然出現了一位大叔搭訕，問是否想要乘他的機車上到山頂觀景。本宮婉拒後，忽然在一比較之際，想起了剛剛那位「年輕」蓄鬍男孩的好。

再次回到廣場經過水果攤，整車都是滿滿的水蜜桃、哈密瓜以及葡萄。果攤的小販看到我，居然要本宮等等，拿了一小串葡萄，在水龍頭洗洗後送給我。哇賽！只能說本宮這一路也才一個多小時，已經受到多少人恭維了！此時一轉頭蓄鬍男孩忽然出現，我們再次聊了天，本宮將吃不完的葡萄分給他，他問我是否有興趣坐船出海？眼見陰天也沒什麼事好做，在沒搞清楚他意思的情況下，跟著他走到一艘汽艇前，他俐落地解開船隻，我們就這麼出海了！

小伙子總共繞島三十七公里，看了各種海上奇岩，還遇到他的朋友開船拿著滿載而歸的魚貨，原來島雖小，島民的生活卻很豐富。回去之際，小伙子問我是否要開船？我驚訝地問沒有執照也可以開嗎？結論是四十匹馬力的小汽艇不需要駕照也可以開。小伙子加碼說別怕，有他在，他會指導我。此時只能慶幸本宮的義大利文還不差，於是就在躍躍欲試的心情下，開始加速。

一路上要注意大浪，還要眼觀四方看有無其他船接近，又要避暗礁以及突出在海上的奇岩，速度快導致海風吹得老娘眼乾耳痛還流起鼻水來，但好處是因為沒有其他乘客，想減速就減速，想停就停，加上男孩熟門熟路，而且相當信任本宮，本宮因此信心大增，且不負所望，最後開了一半的路，回到港口準備趕船回到西西里本島。

只能說這一趟船遊物超所值，一般人可能要和至少三個人一起分攤的花費，加上一堂一對一教學，本宮可是沒花半毛錢就享有殊榮，這還得拜陰天所賜，否則男孩在晴天下，一定會有客人要出海，那也輪不到我享受這趟驚喜之旅。

在西西里島期間四個週末約花臺幣五千五就玩了五座島，只能說相當物超所值，但玩也是要有決心的，一旦犯懶，錯過什麼風景自己都不會知道呢！

十月初，一個離開西西里島的季節，抓住了夏天最後的尾巴，終於要依依不捨道別氣候已經逐漸轉涼的海灘。已經買好前往法國巴黎的機票，下午七點四十五分從西西里島第二大城市機場出發。根據時間計算，老娘搭乘客運到附近最大城市轉乘火車到該城市，最後又要搭乘公車到機場，起碼要六小時前出發，光用想的就折騰。預計在巴黎待五個晚上，因此連巴黎到倫敦的歐洲之星火車票都買好了，要知道火車票價格是只漲不降的，尤其是歐洲之星要是在接近的日期購買可會到上百歐，老娘在三個多月前買只花了單程四十二英鎊。

之所以有這篇的產生，就是因為又出狀況了。事後回想起怎麼又滯留義大利了？還以為自己又被這個國家故技重施，以班機取消的方式留住本宮，但怎麼回去尋找取消紀錄就是找不著，最後終於想起來了，本王是揮刀自宮。怎麼說呢？雖然待了五星期已綽綽有餘，早已安排好離開的機票到法國巴黎，不料那一年的旅運並沒有前兩年好，巴黎有些朋友，卻在最後被告知家裡無法借住。由於自己實在去過巴黎太多次，且這個城市是出了名的貴，住宿品質惡名昭彰，看到的照片往往經過美圖，花了一堆錢卻很有可能踩到地雷。雖然老娘最後一週奮力一搏，仍然搏不到一個住宿，看來緣分已薄，與其依原計畫在法國巴黎大花兩百五十歐元冒著踩地雷的風險，還不如另尋出路。

還記得那位蓄鬍男孩嗎？就在最後一週互相聯絡與拜訪後，想法逐漸成形，因為已經花了兩週找了所有可行的辦法，都沒有一個好的方案，於是乾脆放下控制，讓自己的現成「經紀人」來安排一切。男孩承諾一切相信他，他會安排島上住宿，一個完整的套房兼廚房是他友人開的，因此可以從一晚三十歐元優惠至一晚二十五歐元。由於行李實在過大過重，因此還再三與男孩確認是否能到港口相接拖到套房。

整個溝通與協調過程，老娘充滿了無比焦慮，因為男孩總是說「相信我」，卻沒有辦法立刻給予透明資訊，因此一直到最後一天原訂從西西里離開飛至巴黎班機的那天早上才把事情喬好，決定更改班機，而取消本來預計下午一點出發至機場前往巴黎的車程。一切都令人壓力大到就算被油壓五小時按摩，也無法消弭心中的不安與焦慮。

終於在最後一天，也就是搭飛機的當天安排好所有住宿與班機。原來那張從西西里到法國巴黎的機票花費九十四歐元，最後更改機票費用五十六歐元，所以總計該張機票花了一百五十歐元，以當年的匯率，相當於新臺幣五千四百元，雖然以歐洲機票來說算是相當昂貴了，但人生就是順勢而為，在兩個星期尋找解決方案後，實在沒有心力再尋找另外一個出路。

由於老娘當時的義大利手機號碼已經沒有錢與合約，所在的小城市又沒有該電信門市，想要付現又沒有辦法使用電話客服，因此又是一場信任戰。和男孩說好預計會搭下午一點二十的船出發，預計兩點二十五分抵達，請他務必在港口接我。那幾天的訊息就是男孩不斷要我放心，老娘還特別叮囑他若在港口沒看到我，就是錯過船班了。一切都充滿了緊張與焦慮，實在是一個人在外久了，什麼情況沒有碰過，最要相信的是自己，但若與旁人牽扯了，就只能再三囑咐，畢竟靠人人倒，靠自己最好，但又因為在家靠父母，出外靠朋友，人生有時還是要其他人幫忙才能度過關。

一切如此折騰就是因為要省錢，所以說錢能解決的事都是小事，老娘身旁的朋友們就無法想像這一切發生的複雜度，因為老娘就是心靈豐富口袋貧脊，錢要花在刀口上，可別任意揮灑而在緊急時刻叫天不應，叫地不靈。最後終於遇到了男孩，在島上過著島民生活，一個走到哪裡都會遇到認識的人的小島，還真的不能幹壞事，否則在島上就別立足了。

最後計算把三個晚上從法國巴黎轉到義大利小島的總花費為一百七十八歐元，等於一天花了六十歐元，其實根據後來與巴黎相比一天花不到五十五歐元來看，並沒有比較省錢。但當時就是為了不想在已經去過的城市重複花費，也因此而見識到了島民生活，倒也是新鮮，能夠有這樣的體驗，就告訴自己以後沒必要再回到那座小島了，人生苦短，能把時間花在沒去過的地方，也是一種旅遊哲學。當然一路上也有遇到德國老人，或是奧地利少婦，無論如何每年都要去到一樣的地方，因為特別喜歡西西里島以及那七座外島。每個人的人生哲學與旅遊習慣不一樣，只要自己喜歡，沒什麼定律或不可以。

看官們可能會疑惑，怎麼會有那麼詳盡的回顧與花費明細？這都要拜本宮的娘訓練所賜。想當年第一次獨身踏出國門到愛丁堡，就被會計本科的娘訓練用微軟製作預算表，然後每天要記錄花費，之後在英國生活，要是每兩週沒有交一次報告，就會被老娘的娘重重斥責，因此最後反而養成習慣了，無論在地球的哪一處角落花錢，都要記帳，更不用說結構複雜每年三個月的「暑假」，要存多少錢就得先知道真正有的花費是多少，因此每年四月春假過後，就是老娘痛苦的開始，因為要開始做三個月的預算與暑假路線規劃。

最終，在西西里島的四個週末遊了五座外島，在許多貴人的幫助之下，總共花了臺幣五千五，實在划算至極啊！這樣的金額可能只能從臺灣到澎湖玩個兩天一夜呢！

其中一個週末，和一位西班牙媽媽一起到本島最南端玩，還因此遭到幾位奧地利女孩們的排擠，在學校若遇到結伴而行的小團體通常頗為封閉，不似一人前往唸書的人開放心胸，什麼活動都要小團體一起，吃飯還要坐在一起不能打散。而這次去本島南端玩，很顯然地她們不想與我們一起同行，因為幾個奧地利人與一位德國人都講德文，不想要我們壞了他們的「母語行」。沒想到上車之後，大夥兒又遇到了，隨意聊了天之後，一下車，她們找了點藉口大家就各分東西，我也樂得和西班牙媽媽一起同行。旅遊嘛！有伴有時固然好，但只要能夠享受自我時光，自己一個人就算沒伴也可以很快樂！本宮對於西班牙媽媽的年齡一點兒也不介意，雖然身為媽媽，打扮卻頗為時尚。雖然途中遊玩時，因為她家游泳池修繕出了狀況導致一直不停看手機聯絡，有點敗了兩人遊玩的興致，但西班牙媽媽還是很有耐性地幫本宮照了好多照片，整體而言在一個新鮮沒去過的地方遊玩，也算是頗為開心。

再一個週末，同為宿舍的一對中年情侶，一位義大利中年大叔與奧地利時尚媽媽的組合，每年都會到西西里島遊玩。義大利佬超會做飯，每次都邀請室友們一起吃吃喝喝，本宮卻從來沒被邀請過。最後一次終於剛好在他們要吃飯時同在宿舍，義大利大叔熱情地邀請我一起用膳，本宮倒是頗為尷尬，因為與奧地利時尚阿姨關係頗為良好，之間還要拿捏被義大利大叔熱情款待的距離，真的是出門在外，做人比做事重要。

義大利佬來自於西西里島另外一座海邊城市，他在那裡有一個家，熱情邀請西班牙媽媽前去拜訪，也跟我說想去的話可以去。我在兩座城市之間猶疑，一座是人人說美可以看到完整火山的陶歐樂米那，另外一座就是那個海邊城市。西班牙媽媽擁有較多資訊但回我時總是語焉不詳，她打算住一晚，老娘卻是要當天來回一日遊，本宮為此還與學校校長討論哪趟旅行值得。主要原因是因為假日時公車班次實在太少，去海邊城市要搭乘火車，因此得先搭公車至火車站。去桃歐樂米那有直達客運，只要步行到港口就可以。

去火車站的公車站與去桃歐樂米那的客運站相差只有三百公尺，用跑都跑得到。最後決定等公車去火車站找義大利中年情侶。沒想到公車停在公車站，司機卻不見蹤影，問了車上乘客車子何時會開，乘客也回答不清楚。緊張之餘，跑到距離三百公尺的客運站前往桃歐樂米那的遊覽車前等待，想說先逮著會開且確定有司機的車，若遠遠看到前往火車站的公車抵達了，再百米衝刺。就這樣在兩個站之間來回跑了幾次，終於在公車誤點之下，坐客運前往了桃歐樂米那。這時才接收到西班牙媽媽的簡訊，得知她坐更早一班的公車早就抵達火車站。可見西班牙媽媽也不想要我與她們「中年人聚會」的旅行，也好，命運就決定了一切，一切都是最好的安排。

所謂山不轉路轉，人生的際遇是算不到的，但順勢而為在旅途中是很重要的。有時候無需太過執著過去舊有的作法，放輕鬆讓自己順著宇宙的安排，也會發現許多不同的風景。沒有期待就是最好的態度，往往會在許多角落發現不同的驚喜喔！

註：參考圖片12、65、81、83、92

那些年辦簽證的血淚史（英國）

現在的幸福孩兒們，拿著中華民國護照橫著走，到全球超過一百個國家都可以免簽、電子簽或線上簽，縱算早期曾經經歷過辦簽證的年代，多半也是靠旅行社搞定，恐怕很難想像辦簽證的艱苦。姊當年在歐洲念書，立志要在每個學期間的假期到不同國家一遊，然而，那個年代可沒有免簽這麼好康的事。亞洲是歐洲的四倍大，也頂多四十八個國家，歐洲只有亞洲的四分之一，卻有高達四十四個國家，而且不是每個國家都適用申根簽證，就算在鄰近國家，也有可能被擋下來進不去。

姊的第一個假期就是耶誕佳節，決定要造訪希臘雅典這個歷史悠久的國度與城市。然而，當年辦申根簽證可是有撇步的。首先，要辦簽證的國家必須要是第一個抵達的國家抑或是整趟旅程待最多天的國家。姊聽說義大利簽證審核最鬆，不用先把機票、訂房購妥，只要出個訂位、訂房證明即可。當年的簽證還分一次簽與多次簽，為了日後旅遊更加方便，姊不只把希臘旅程加個米蘭入境的行程，還硬是編了幾個之後的義大利旅程。果不其然，抵達義大利使館輕輕鬆鬆，等不到一小時交件後，過沒一、兩個星期真的幸運拿到半年內多次進出三十天簽證，簡直就要放煙火了！從那次開始姊就認定自己與義大利八字合！

這樣的幸運大概就與當其它同學拿了三個月的短期學生簽證，之後無法返國還要苦惱地辦長期學生簽，而姊第一次就就拿了一年半的英國簽證一樣地幸運！當然其中申請學校的血淚史日後再慢慢道來。

快樂的日子總是匆匆，暑假即將到來，又是繽紛的旅遊季節，卻又要再度煩惱簽證這張入場卷如何到手。這次因為一位法國友人盛情邀請，因此他手寫了一張邀請函，附上他的住家地址與護照影本，信誓旦旦說曾經幫助其他人拿到法國的申根簽證，於是姊姑且信之，上法國網站預約辦理簽證，老天爺，預約後居然要等約一個月才能前往辦理，簡直就是熱門的強強滾。然而此時，本宮的行程八字都還沒一撇呢！因此也就草草將機票與旅館訂妥，並沒有真的購買下去。

預約法簽還真是一位難求，到一個月以後才能辦理是基本款，還好當時不急，也就悠哉慢來。辦理簽證當天，地鐵居然大罷工，於是乎姊搭了超久的公車一路從最東塞到最西，沒想到當天法國大使館居然貼一張超小的公告在門口：由於地鐵罷工之故，使館休息一天。蝦密！法國人做事怎麼這樣！說放假就放假也沒有來信通知，重點是預約的辦簽時間並沒有被重新安排，一切又要重來！於是乎姊又搭了公車從最西到最東，回去的路特別漫長，因為正值上午尖峰時間，整整塞了兩個小時才到家，空手而歸，苦不堪言。這種情形若發生在此時，就應該要覺得苗頭不對喊停了，但當時姊不甘心，一心一意要辦法簽。想說難得有法國同學的邀請函，怎麼可以就此放棄了呢？

於是姊又再度預約了下次的法簽，於兩個禮拜後再次前往。這次不再有地鐵大罷工，早早就前往了法國大使館。裏頭的空間雖大但很封閉，進去後居然就要當場等待繳件、繳費以及取件，從早上到下午耗時將近八小時，也不能出去蹓躂，完全與關監獄沒兩樣。好不容易經過漫長的等待，到了取件時，簽證處的人員說沒有邀請函無效，因為該法國邀請人必須到戶籍當地的警察局做登記，用制式文件填寫才得生效，所以退件不核准。蝦密！姊的青春又這樣平白無故地繼上次地鐵大罷工後再次耗去。

寫到這裡，各位看官應該覺得就放棄吧！別再與法國人周旋了，或者是就別申請申根簽證了吧！確實，從這點姊的結論就是，與法國人的八字不合就像用電腦考托福IBT一樣地不人性化。雖然針對急著出國的人可以當場拿到簽證，但是對姊來說關監獄枯等就像考語文口說要對機器講一樣地不通情理。所以啦！就在兩個月的折騰後，姊聽說匈牙利的簽證既快且容易，於是決定申請該國申根簽證。

匈牙利果然在申根國家中相較冷門，幾乎可以說是要繳件就繳件，大使館前門可羅雀。就在繳交所有文件後，過沒一兩個星期簽證就下來了。但隨之而來的是令人失望的結果。姊雖然買了機票與訂了旅館，但醉翁之意不在酒，其實也不見得會去匈牙利，之後半年內的行程都是用訂立的，就為了再拚一個半年多次進出簽。沒想到匈牙利大使館很硬，硬是只給姊單次簽就算了，居然為時才兩個星期，而且待的天數僅有五天！

天哪！五天完全行不通呀！姊論文後的大解放旅行至少將近兩周吧！怎麼可以草草五天就結束了呢？！看到這張簽證簡直令人心灰意冷，覺得說什麼也不要去匈牙利貢獻經濟，怎麼會小氣到只給五天呢？這張完全沒有CP值的簽證害姊浪費了機票費與簽證費，因為到最後也沒有使用。於是乎姊又回到了當年不費吹灰之力的義大利使館，想說再也不要尋花問柳了，要好好珍惜身邊八字合的另一半啊！

於是再度回到義大利使館申請申根簽證，在沒有購買任何機票與訂房的情況下，姊再度悠哉地與義大利人打交道。就在論文快要寫完的前兩個星期，老娘拿到簽證放眼一看，呀比！果然沒讓本宮失望！又是一張半年多次進出三十天的申根簽證！你說你說，你倒是說說，義大利人是不是很會做觀光？像我們這麼優質的觀光客，就是要這樣大大方方地給簽證啊！這麼阿莎力我們難道還不會去那裏貢獻經濟嗎？從此以後姊就與義大利結下了不解之緣。

爾後姊雖然花了史上最高英鎊一比六十七的驚人匯率，但在英國保守黨上台之前，幸運地拿到兩年工作簽。前往大倫敦地區簽證大本營括伊頓辦理工作簽證，雖然加上交通時間也約莫整整一天，但一次拿到兩年簽證就是爽，完全沒有那種在法國簽證處枯坐等待最後連張貼紙都沒拿到的委屈。

半年的時間實在太少就是咻一溜煙又要到期，與申根簽證的奮鬥又要重新開始。但別忘了，人生就是要找與自己八字合的市場與國家，如果合了，就這麼繼續合下去吧！於是乎姊又到義大利使館報到，每次都是如沐春風，毫無沉重之感，兩個小時內繳件就可閃人，裏頭的位子舒服之感就像是招待貴賓，不像是法國簽證處的鐵椅一般地冷冰冰（說它的壞話停不下來XD）再次申請簽證一如往常地順利，沒想到拿到後，一陣驚喜又在後頭！轉圈圈轉圈圈轉圈圈轉圈圈！本宮有沒有看錯？一如往常地拿到半年多次簽，但這次居然有九十天！意思就是在半年內可以多次進出申根國家，且總天數可以待到長達九十天！你說說你說說你說說！義大利人是不是很會做生意？有錢幹嘛不賺呢？整個申根地區都受惠啊！姊簡直就是停不下來的腳步歡快！

這段漫長的簽證血淚史，沒想到申根國更在緊接著一年宣布持中華民國護照可以免簽九十天！天哪！姊終於終於終於於要告別申請簽證的痛苦了！中華民國萬歲萬歲萬萬歲！

然而，老天爺不會這麼放過你的。既然你這麼會辦簽證，一定要賦予你這項重責大任。姊在之後居然誤闖旅遊業，開始幫也許這輩子永遠無法免簽的大陸子民辦起申根簽證來。天哪哪哪哪！為蝦密本宮如此命苦，好不容易擺脫厚厚一疊文件，卻又要再度面對令人眼花的申請……而就在多年後，姊更在因緣際會之下成為中東國家簽證申請達人，那些文件更是多達十種以上，且要跑的相關單位與接觸人員不勝枚舉，簡直就是逼姊上梁山自己開簽證代辦公司啊啊啊！

所以啦！老娘在之後基本上都不去要簽證的國家，如果免簽給得不夠阿莎力，諸如美國這種還要上網給錢的國度，姊也是無法，因為要我們去貢獻經濟，為什麼就不能學學歐洲國家阿莎力一點呢？許多東南亞國家諸如泰國有時也是令人百思不得其解，明明咱們這麼會貢獻經濟，為何就是偶施小惠免簽，而且還要造成大家作業上的困擾，硬是要大家送護照去泰國辦事處貼張簽證貼紙，怎麼就這麼不相信咱們呢？

所以啦！常出國的孩子們就知道一本護照的強大有多麼重要。咱們在世界免簽總數上也許沒有如此方便，但許多國家到大陸需要辦簽證，我們佔了歷史之便只要帶張臺胞卡就可以到大陸或是在那裡轉機，所以歸納起來，姊可說只要咱們征服了東南亞十國像歐洲完全免簽，基本上中華民國國籍可以稱上好用到爆了。沒親辦簽證別說您了解辦簽證的苦，尤其是那種短期簽，花上的時間、金錢若與拿到的方便不成正比，真的是會有許多感觸啊！一個旅人的寶貴時間，就被這些繁文縟節與文件給淹沒了！

特別感謝：

Ling, Phil
Irene, Yohan
Misty, James
Linda, Lee
Vicky, Sheyma
Antonny
Grace, Roger
Momo
Tongsan, Zong
Katai, Judith, Carola
Lily, Yvonne
David, Petru, Arnau
Ciaoying, Jiaying, Yinping
Elvan, Jacopo
Sergio, Javier
Betty, Tony
Mom, Dad
Robin

1

2

3

1 | 一降落巴類了抹機場就可以看到島嶼獨特山岩

2 | 因為班機被取消隔天一大早一座小機場擠得人山人海（見 P14「甚麼？我的廉價航空班機被取消了？」篇）

3 | 聖家堂能夠繼續蓋下去的資金都來自私人捐募

4

5

6

有看沒有懂的希臘文對照後建築物才知道是教堂｜4

東倫敦清真寺為該區大量巴基斯塔與孟加拉移民的精神中心｜5

抵達帕德嫩神廟前會經過一系列的古蹟｜6

7

8

9

7｜米蘭大教堂建成共花六個世紀，是義大利最大、歐洲第三大及世界第四大的教堂

8｜ 19 世紀新月式的建築排列屬攝政風格，在英國各大小城市時常可見

9｜在晚上的泰晤士河畔可以看到一些船隻上的趴踢

10

11

12

10｜用看起來有戰鬥力的狗來照看自己的行李也是一種聰明的方式

11｜威尼斯除了有大大小小的運河還有許多建築物間的甬道

12｜西西里外的群島總是有許多小山洞折射海水產生美麗的顏色（見 P316「順著宇宙的輪廓走一切都是最好的安排」篇）

13

14

15

13 | 蒙特佩麗椰林立著各家酒吧舞廳供年輕人社交供年輕人社交之這家燈光亮到不行

14 | 忽然來的一場暴風雨把大家都困在已經關門了的超市前（見 P49「山不轉路轉人生永遠要有的 B 計畫」篇）

15 | 因斯布魯克的輕軌站有設計感好認，可以抵達山上（見 P49「山不轉路轉人生永遠要有的 B 計畫」篇）

16

17

18

16 ｜看起來很有原木風情的河岸舒適青年旅館還有很多插座喔（見 P49「山不轉路轉人生永遠要有的 B 計畫」篇）

17 ｜佩斯土為一座來自希臘錫巴里斯的殖民者創建於西元前 7 世紀末，充滿神廟的城市

18 ｜佩斯土占地 120 公頃，已挖掘的三座神廟只占地 25 公頃其餘為私人土地

19

20

21

19 | 蒙特佩麗榔的輕軌站在白天總是聚集了人潮

20 | 蒙特佩利耶的輕軌彩繪列車成為裝飾城市的一大亮點

21 | 坐法國國鐵到站後還可以反應是否滿意喔

22 | 搭乘火車時就可以看到一個國家是否注重建築物的美觀

22

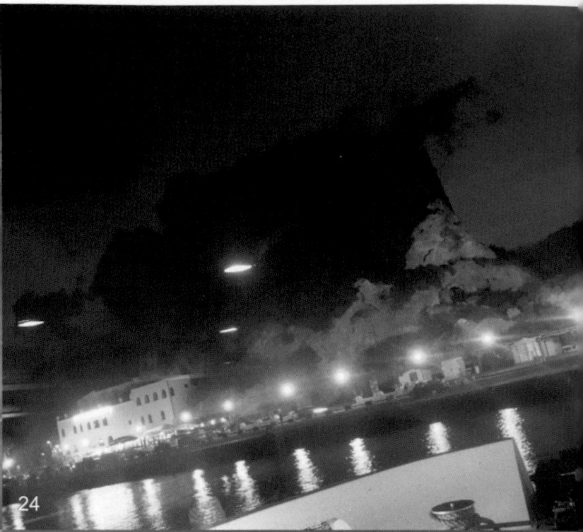

23 ｜ 16:20 的火車於 16:13 抵達月臺只是剛好而已

24 ｜在義大利參觀外島一日遊往往早出晚歸，回到本島時都已是晚上

25 ｜想不到火車居然有軌道可以上輪船吧還不是每班火車都會上到船上呢

26 ｜粒米你海灘既長且廣，往往要從馬路走好長的一段路才能踏到浪（見 P192「義大利電信的詭計」篇）

27

28

29

27 | 義大利海灘有一間間小木屋可長租給居民擺放私人沙灘用品

28 | 卡它尼亞的青年旅館還貼心地加上個床床簾以保隱私

29 | 在義大利與這家電信交手多次真是佩服義大利人賺錢的本事（見 P192「義大利電信的詭計」篇）

30 | 在義大利無論大大小小的城市幾乎都有跳上跳下觀光列車
31 | 就在市中心的卡它尼亞魚市場最好在早上前往參觀，接近中午就已收攤
32 | 卡它尼亞兩座圓頂不同顏色分屬不同教堂

30

31

32

33

34

33 ｜下榻的義大利旅館若在歷史建築內往往具有超挑高且典雅的頂棚畫

34 ｜左前遠方就是卡它尼亞著名的武次塔門，一穿越就到了城外混亂的公路上

35 ｜夏季的西班牙海岸充滿了擁抱陽光的人潮

35

36

37

38

36—城市公園的草地上常見運動的人們兩兩抬舉訓練核心

37—蒙特佩麗椰的夜店週末晚上大排長龍後才能入內

38—在給研究生使用的討論空間建築仍注重有新穎活潑的斜窗與跳色設計（見P276「英國的生活」篇）

39

40

41

39 | 大教堂是米蘭最大的地標

40 | 因為班機被取消被司機放下錯站所見到的西樂河（見 P14「甚麼？我的廉價航空班機被取消了？」篇）

41 | 英國倫敦切爾西花展示家裡擁有庭院不可錯過的大展

42

43

44

42—英國皇家園藝學會編年史

43—都鐸王朝 (1485-1603) 建築式風格在倫敦街頭隨處可見

44—英國切斯特曾是過去羅馬帝國的防禦堡壘重地

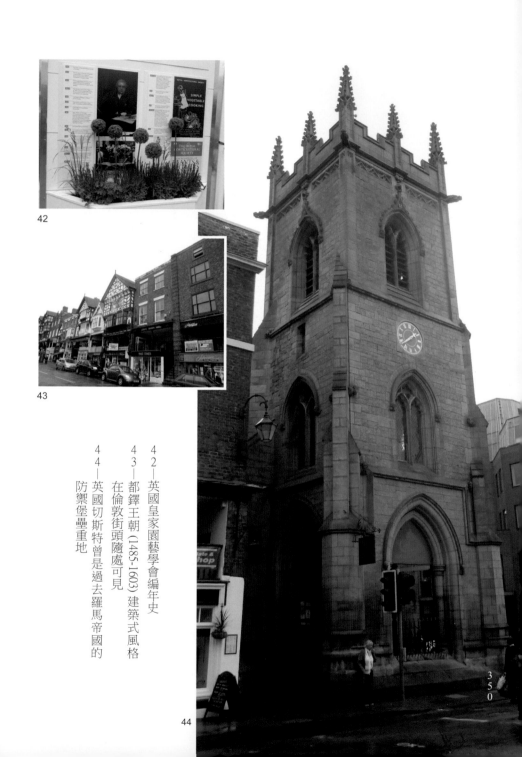

45—切斯特位於英格蘭，昔為羅馬帝國時期修建的軍事要塞
46—也許還要再蓋四年才會完成的聖家堂
47—巴賽隆納大學在市區與近郊各地擁有不同學院的校區

45

46

47

48

49

50

在歐洲街頭時常可以看到很有水準的塗鴉｜ 48

難得位於雅典市中心歷史悠久的體育場｜ 49

在歐洲教堂點蠟燭就好像在華人廟宇點香一樣地具有儀式感｜ 50

51 | 英國一些機構的洗手間弄得很像冷冰冰的集中營

52 | 英國過去殖民過大半南亞因此可以看到聚集地有著孟加拉市集

53 | 南亞人的傳統服飾與首飾可以在東倫敦找到

54 | 英國的大學許多教室的桌子都可以自由組合以便小組討論（見 P276「英國的生活」篇）

55 56

57 58

55 | 倫敦的地鐵英文名叫做「管子」從車廂的形狀就可以窺知一二

56 | 在西敏寺大教堂有時可以看到學生團體在觀禮

57 | 威尼斯著名的面具是為過去上流社會隱蔽自己的身份在狂歡節使用

58 | 擅長製造餐廳氣氛的雅典在晚上也利用美麗的燈創造視覺美感

59

60

59 | 希臘講求對稱，左邊的曲左膝，右邊的曲右膝

60 | 義大利即便在工業區都要畫上有趣的塗鴉讓市容不至於太過醜陋

61 | 河岸步道一大早七點就有許多自由車騎士在運動（見 P49「山不轉路轉人生永遠要有的 B 計畫」篇）

61

62

63

64

62 | 義大利港口往往停著許多私人船隻做當地租賃旅遊，或是富豪們出海享受的交通工具

63 | 佩斯土的雅典娜神廟建於西元前 500 年

64 | 大廣場旁的噴水池總是充滿著吃飽飯來喝水的鴿子與海鷗

65

66

67

65 | 義大利的教堂外時常會撞見正在舉行婚禮的俊男美女新郎新娘（見 P316「順著宇宙的輪廓走一切都是最好的安排」篇）

66 | 里米尼的海岸從零號到一百多號為歐洲最長的觀光沙灘海岸（見 P192「義大利電信的詭計」篇）

67 | Grand hotel 里米尼有著氣派的花園與建築

68

69

70

義大利餐廳外不時會有一些藝術表演者增加用餐氣氛｜ 68

往聖馬力諾的客運在利迷尼可以搭乘，沒多久就可抵達另一國度｜ 69

位於卡它尼亞廣場的大象噴泉大象噴泉是建築師｜ 70
Giovanni Battista Vaccarini 在 18 世紀的作品

71

72

73

71 ｜現為卡它尼亞市政廳的大象宮（見 P192「義大利電信的詭計」篇）

72 ｜義大利旅館房間的挑高天花板還有頂棚畫可以欣賞

73 ｜利迷你除了零號海灘其他號碼都需付費進場就可以躺在沙灘椅上

74 ｜運氣好時在西風帶的歐洲可以看到襯托美麗建築的粉紅色天空

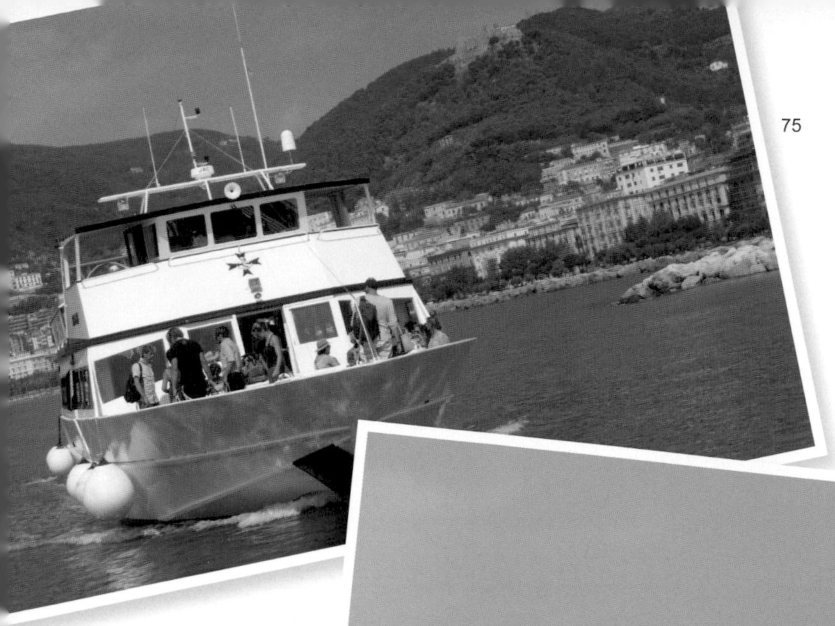

75

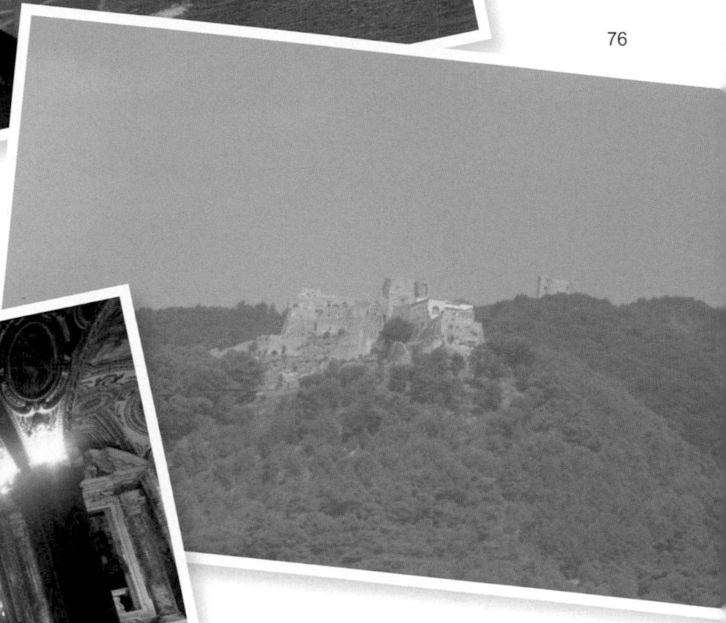

76

77

75｜薩雷諾有著密集的船班到阿馬非海岸各小鎮（見 P106「蝦密！我的班機又又又又又又又又被取消了！！！」篇）

76｜建於 3-6 世紀阿雷契斯城堡座落薩雷諾山上，為羅馬帝國當時的防禦城堡

77｜薩雷諾主教座堂建於 11 世紀，興建在一座古羅馬神廟的廢墟上（見 P106「蝦密！我的班機又又又又又又又又被取消了！！！」篇）

78

79

80

78—蒙特佩利耶火車站是跨國火車的交通轉乘要衝，在白天有其設計透光感

79—El Molino 是巴塞隆那的一家夜總會，在 20 世紀初改名為小紅磨坊，後因佛朗哥極權西班牙語化刪除紅色一詞

80—歐洲國內航空往往是小飛機需要到機前爬樓梯登機

81

82

83

84

81｜西西里島最有名的甜點CANNOLI（見P316「順著宇宙的輪廓走一切都是最好的安排」篇）

82｜梅西納港的七公尺高金色聖母瑪莉亞

83｜夜晚的西西里島港口總是映照著船隻與月兒倒影（見P316「順著宇宙的輪廓走一切都是最好的安排」篇）

84｜米蘭世界博覽會的主題館說的是糧食與浪費的切身問題（見P138「王后的插隊術」篇）

85

86

87

88

85｜世界博覽會規模之大要通過的長廊沒有三兩下是無法輕易抵達會場的

86｜米蘭中央車站有地方可以寄放行李做一日遊（見 P91「火車是這世上最好搭也最難搭的大眾交通工具」篇）

87｜義大利古董車車遊每年聚集了來自世界各地的愛車同好者共襄盛舉（見 P192「義大利電信的詭計」篇）

88｜搭乘義大利國鐵的快速火車往往高朋滿座

89

90

91

92

89｜義大利的熱門餐廳在用餐時間總是門庭若市

90｜粒米你參展的古董車車主不只能開車到徒步區給眾人觀賞，車主還會做復古打扮

91｜出海的行程交給當地旅遊團可以一次造訪超過一個島

92｜搭乘火車一定要提早找對月臺確認資訊並將票在前面綠白色機器打印（見P316「順著宇宙的輪廓走一切都是最好的安排」篇）

93

94

95

96

93 ｜ 城市大的公園總是可以看到不同組主人的同種狗互相玩耍

94 ｜ Martorell 博物館收藏地質與古生物學物件，建築為新古典是建築於 19 世紀建造

95 ｜ 巴黎隨便一座花園都有著鐵椅供曬日光浴「花都」不是叫假的

96 ｜ haves斯塔布拉瓦海岸有著大大小小的小鎮在夏季充滿遊客

97

98

99

100

97 ｜卡它尼亞的魚市場在戶外，臨海的城市總是可以買到新鮮漁貨（見 P192「義大利電信的詭計」篇）

98 ｜戶外下棋也是有使用時間的到點管理員可是一分鐘都不能等

99 ｜葛拉西亞節慶以廢物利用（圖為保麗龍）做街道社區比賽聞名

100 ｜巴賽隆納的三龍城堡最初是一座為 1888 年巴塞羅那世界博覽會修建的展館

Walker 01

王后飄歐記

國家圖書館出版品預行編目 (CIP) 資料

王后飄歐記 / 賀紅著 . -- 一版 . -- 新北市 : 優品文化, 2020.11 368 面 ; 14.8x21 公分 . -- (Walker ; 1)

ISBN 978-986-99637-2-5(平裝)

1. 遊記 2. 歐洲

740.9 109015969

作　　者‣賀紅

總 編 輯‣薛永年

美術總監‣馬慧琪

文字編輯‣ Joyce

出 版 者‣優品文化事業有限公司

電話：(02)8521-2523

傳真：(02)8521-6206

Email：8521service@gmail.com

（如有任何疑問請聯絡此信箱洽詢）

印　　刷‣鴻嘉彩藝印刷股份有限公司

業務副總‣林啟瑞 0988-558-575

總 經 銷‣大和書報圖書股份有限公司

新北市新莊區五工五路 2 號

電話：(02)8990-2588

傳真：(02)2299-7900

網路書店‣www.books.com.tw 博客來網路書店

出版日期‣2020 年 11 月

版　　次‣一版一刷

定　　價‣350 元